中国保险学会课题研究系列报告

中国地震巨灾保险
推行模式与政策体系

中国保险学会 ◎ 编著

中国金融出版社

责任编辑：王慧荣
责任校对：刘　明
责任印制：张也男

图书在版编目（CIP）数据

中国地震巨灾保险推行模式与政策体系/中国保险学会编著. —北京：
中国金融出版社，2022. 1
ISBN 978-7-5220-1492-0

Ⅰ.①中… Ⅱ.①中… Ⅲ.①地震保险—灾害保险—保险制度—研
究—中国 Ⅳ.①F842.64

中国版本图书馆CIP数据核字（2022）第030514号

中国地震巨灾保险推行模式与政策体系
ZHONGGUO DIZHEN JUZAI BAOXIAN TUIXING MOSHI YU ZHENGCE TIXI

出版
发行 **中国金融出版社**

社址　北京市丰台区益泽路2号
市场开发部　　（010）66024766，63805472，63439533（传真）
网 上 书 店　www.cfph.cn
　　　　　　　（010）66024766，63372837（传真）
读者服务部　　（010）66070833，62568380
邮编　100071
经销　新华书店
印刷　北京侨友印刷有限公司
尺寸　185毫米×260毫米
印张　13.25
字数　252千
版次　2022年5月第1版
印次　2022年5月第1次印刷
定价　50.00元
ISBN 978-7-5220-1492-0
如出现印装错误本社负责调换　联系电话（010）63263947

出版说明

当前，重大地震灾害事件时有发生，损失程度和影响日益加剧，地震巨灾风险治理已经成为人民生活安定、经济持续发展和社会治理的突出问题。

《中华人民共和国国民经济和社会发展第十四个五年规划和2035年远景目标纲要》提出要"统筹发展和安全，建设更高水平的平安中国"，"优化国家应急管理能力体系建设，提高防灾减灾抗灾救灾能力"，"发展巨灾保险"等发展目标和任务，这是在我国巨灾风险威胁加剧背景下作出的科学研判，是建设和发展中国巨灾保险制度的明确指引。将地震巨灾保险制度发展作为我国巨灾保险制度建设的突破口，与时俱进地构建可持续发展的巨灾风险管理机制和体制，是建设我国地震巨灾保险制度的核心诉求，是整体提升国家防灾减灾抗灾救灾能力的关键。

经过多年实践，我国的地震巨灾保险发展取得了一定的积极成果，也遇到了一些困难和瓶颈，在思想观念、理论支撑、技术应用、制度设计、推行模式等方面亟待创新突破。可以说，我国正处在地震巨灾保险制度发展和完善的关键时期。

为进一步推进我国地震巨灾保险的发展，为人民生命财产安全提供充足保障，2018年底，中国保险学会与中国财产再保险责任有限公司共同开展国家重点研发计划《重大自然灾害监测预警和方法》专项《地震保险损失评估模型及应用研究》项目研究，经过详尽的实地走访和充分的资料调研，与南开大学灾害风险管理与巨灾保险研究中心研究团队合作，于近期形成了研究成果，并付梓出版。本书科学界定了地震巨灾保险的概念、性质、范畴和制度设计原理，综合解析典型地震巨灾保险制度发展特征，客观分析、评估和总结了近年来我国开展的地震巨灾保险试点项目和实践成果，对我国地震巨灾保险制度设计和推行模式的研究具有创新性和重要突破，最终从政府、保险业、社会及综合支持层面，提出了具有先进性、针对性和可操作性的建议。

在课题研究过程中，中国保险学会相关同志，中再财险张仁江、左惠强、周俊华、丁元昊、王琪、赵梦頔，南开大学刘玮、李强、孙双琳、朱芷昕、翟一擎、梁玉双、李泽醇等同志为课题研究的顺利开展投入了大量的时间和精力，贡献了具有开拓性的学术思想、科学论证、创新观点和研究建议。

张丽平、王和、钱振伟、叶涛、魏钢、赵洋等专家学者多次参与座谈讨论，提出了极具价值的参考建议。

中再财险、云南财大、人保财险、诚泰保险等相关机构积极配合课题组的调查研究，为课题组提供了大量的一线经验和数据。

本课题组对各相关单位、部门和各位同仁的大力支持表示衷心感谢！

我们以此研究，希望能推进地震灾害风险管理与地震巨灾保险的理论发展，助力中国地震巨灾保险制度构建取得突破性进展，为政府相关部门制定政策和制度建设提供决策参考。

由于地震巨灾风险管理属于自然科学与社会科学的交叉学科领域，理论基础和研究方法尚处于起步发展的探索性阶段，受时间及编者水平所限，本书难免有局限和疏漏之处，恳请各位读者和专家批评指正。

课题组

2021年10月

目 录

第一章

绪　论

第一节　地震巨灾与中国地震灾情特点分析

一、地震巨灾的特点

地震具有突发性、成纵性和继发性等特点，其带来的严重次生灾害也会对社会产生很大影响。地震灾害的负面影响是"短"与"长"的结合，地震可以突然发生，在瞬间在一定范围内造成巨大破坏；而当一个区域发生强烈地震后，为调整区域应力场或岩石破裂的延续活动，地震活动将在较长时间内成纵性出现，造成连续灾害。地震不仅能造成直接的建筑物损坏和人员伤亡，还能诱发多种次生、衍生灾害，造成更大的社会影响。

一般意义上，地震的直接（原生）灾害主要有地面破坏（地裂缝、地面塌陷、沙土液化）、建筑物与构筑物破坏、山体等自然物破坏（山崩、滑坡、泥石流等）、水体震荡（海啸、湖震）、地光烧伤等。地震引发的次生灾害主要有火灾、水灾（水坝决口、堰塞湖垮坝）、核泄漏或毒气泄漏、瘟疫等。其中火灾最为常见。原生与次生灾害的多重耦合，造成了地震巨灾风险的复杂性。

对地震危害的严重性进行评价时，必须纳入人类活动的指标，既包括自然因素，也包括社会因素。一般来说，震级、震源深度、震中烈度等致灾因子特征和地震区域土质、土层厚度、地下水位、地形起伏程度、断裂带分布等孕灾环境因素，直接影响了地震灾害自然属性意义上的破坏力。而当人口稠密、经济发达、社会财富集中、疏于防范的地区发生地震，往往造成的损失更大。

地震灾害是能够预防的，通过综合的防御工作可以最大限度地减轻社会损失。但减轻后的损失对民众和政府来说仍是沉重的负担，及时的经济补偿可以使生产和生活快速恢复正常，使国民经济保持连续和稳定。过分依赖财政解决震后重建问题将给政府带来巨大压力，而地震保险的出现有望减轻这种压力。

二、中国地震的灾情特点与社会影响

以六盘山—岷山—横断山为分界，黑河—腾冲线为大体界线，中国地震在整体上有西多东少的阶梯状分布特点，突出表现为时、空分布上的不均匀，其中以青藏高原、横断山脉一带分布最为密集。具体表现为6级以上地震多分布于我国云贵高原中部、青藏高原南北两部分、辽东半岛及台湾岛地区。

中国的地震带主要有以下几条。

（1）龙门山断裂带：我国西南部一条较为活跃的断裂带，位于四川省西部，属逆冲式断裂带。近两百年中，共发生十余次6级以上强震，包括2008年震级8.0级的汶川大地震和2013年震级7.0级的雅安地震。

（2）横断山脉：作为我国规模最大的地震断裂带，在过去的数百年间有二十余次6级以上强震发生。主要影响云贵高原北部及四川省南部。震发地点多为人口稀疏地区。

（3）长白山地震带：我国东北部仅有的火山地震带。其地震与火山活动表现为同期性，震级多为5.0~6.0级。

（4）喜马拉雅地震带：我国地震活动最为频繁的地震带，基本每年均有6~7级地震发生。受地形条件限制，历史上邻国受该地震带影响较大，而我国受影响较小。

（5）新疆南天山地震断裂带：位于我国最西端，历史上活动较剧烈。此外，由于当地的塔里木地缘构造系统同样具有诱发中强程度地震的能力，南天山地震断裂带成为新疆乃至全国地震发生最集中的地区。

（6）昆仑山地震带：在历史上鲜有强震发生。最近的一次较大地震为2001年昆仑山口的8.1级地震，无人员伤亡。

注：图中红色区域为中国典型地震带，依据中国火山地震图绘制。

图1-1 中国地震带分布

（资料来源：自然资源部，审图号GS（2020）4630）

中国地震灾情的东部、西部差异也很明显：与地震活动地区分布的西强东弱相反，灾情的基本特征是东强西弱。

表1-1 中国东西地震灾情对比（1950—1994年）

地区	总死亡人数（人）	总毁坏民房数（间）	总直接经济损失（万元）	平均死亡人数（人）	平均毁坏民房数（间）	平均直接经济损失（万元）
东部	251659	9639153	3496121	1936	74147	26893
西部	26306	1223379	738393	81	3753	2265

注：直接经济损失以1990年为基年。

资料来源：楼宝棠. 中国古今地震灾情总汇［M］. 北京：地震出版社，1996.

地震造成经济损失和人员伤亡，对一个国家的经济增长有显著影响。通过梳理国内外研究学者对灾害与经济关系的文献可以发现，"自然灾害对短期经济增长有负向影响"这一结论是没有争议的，但从长期来看，灾害对经济增长没有影响、有正向影响和负向影响都是可能的。其中，导致结论出现差异的关键因素是政策因素，即灾后重建政策的及时性、科学性、执行力等直接影响了灾后经济恢复的成果。

以汶川特大地震为例，郑长德（2008）指出该次地震在全国范围内对经济增长影响有限，相反，对四川省的经济增长产生了较大的影响。[1]唐彦东等（2014）从新古典增长理论角度入手，实证研究了汶川地震对阿坝州的经济增长影响，指出经济最终会重新回归平衡增长路径[2]。杨凌和寇宏伟（2017）从理论和实证两个方面分析了汶川地震对四川省地区生产总值造成的影响，得出震后的恢复重建政策对四川经济，特别是长期的地区生产总值增长，发挥了积极有效作用的结论。[3]

表1-2 十个极重灾区县（市）在汶川地震中的地区生产总值衰退程度

县（市）	2007年地区生产总值	2008年地区生产总值	衰退程度
都江堰市	1162156	766471	34.05%
彭州市	1084228	1008940	6.94%
什邡市	1272761	926148	27.23%
绵竹市	1425244	1043541	26.78%
安县	507278	491681	3.07%

---

① 郑长德. 汶川大地震对全国及地区经济增长的影响分析及对策研究［J］. 西南民族大学学报，2008，29（7）.

② 唐彦东，于汐，刘春平. 汶川地震对阿坝州经济增长影响理论与实证研究［J］. 自然灾害学报，2014（5）.

③ 杨凌，寇宏伟. 自然灾害的经济影响研究——以汶川大地震为例［J］. 科学管理，2017，38（6）.

续表

县（市）	2007年地区生产总值	2008年地区生产总值	衰退程度
北川县	131631	101694	22.74%
平武县	163343	131282	19.63%
青川县	137825	114518	16.91%
汶川县	287721	136884	52.42%
茂县	101301	66008	34.84%

资料来源：《中国民政统计年鉴》（2008—2009）。

表1-2数据充分证明了"地震灾害短期内对经济增长产生负面影响"的结论。通过比较各县（市）的经济衰退程度可以发现，基本上经济越发达的区域经济遭受的打击越大，这可能与城市建设工程的复杂程度有关。

通过整合移动平均自回归（ARIMA）模型，可以对四川省在汶川地震前的全省地区生产总值进行拟合，并利用模型进行灾后经济预测。数据主要来源于1995—2017年《四川统计年鉴》，以1994年为基年参照对GDP进行平减处理。得出结果如表1-3所示。

表1-3 四川省地区生产总值实际值与预测值对比

年份	地区生产总值实际值	地区生产总值预测值	实际经济增长率	预测经济增长率
1994	110.6			
1995	123.1			
1996	135.2			
1997	150.3			
1998	163.8			
1999	175.8			
2000	193.4			
2001	209.2			
2002	229.7			
2003	254.8			
2004	286.1			
2005	319.3			
2006	360.8			
2007	415.3			

续表

年份	地区生产总值实际值	地区生产总值预测值	实际经济增长率	预测经济增长率
2008	461.8	476.3	11.20%	14.69%
2009	526.4	546.4	13.99%	14.72%
2010	609.1	626.4	15.71%	14.64%
2011	705.9	714.8	15.89%	14.11%
2012	792.8	812.2	12.31%	13.63%
2013	868.9	918.9	9.60%	13.14%
2014	939.2	1034.4	8.09%	12.57%
2015	1006.9	1158.9	7.21%	12.04%
2016	1073.3	1292.5	6.59%	11.53%

资料来源:《中国财政年鉴》(1995—2017)。

值得注意的是,虽然2008年以后的地区生产总值实际值均低于预测值,但增长率在2010年和2011年出现了反超,相比2013年以后大幅下跌的增长率,刚刚经历巨灾的2008年与2009年的经济增长率并没有较预测值相差很多。

在汶川特大地震发生后,国务院发布的《汶川地震灾后恢复重建总体规划》提出,用3年左右的时间使灾区经济达到或超过灾前水平。这可以部分解释2008—2011年的经济增长情况,也侧面印证了"灾后重建政策对灾后经济恢复起到关键作用"的结论。2011年4月底,汶川地震灾区41130个国家重建项目累计投资8851亿元。相比之下,截至2009年5月10日,在汶川地震中保险业共处理有效赔案23.9万件,结案率为96.7%,已赔付保险金11.6亿元,预付保险金4.97亿元,合计支付16.6亿元。虽然保险赔付额在当时已经超过人们的预期,但相比灾后重建的国家投入数额,保险业的贡献十分微小。可以预见的是,随着地震巨灾保险的优化与普及,保险将在地震灾后恢复重建工作中发挥更多的作用,为政府减轻财政负担。

三、中国的地震巨灾保险

地震保险在我国起始较晚,发展较为曲折。1951年普通火险办法中规定地震保险,然而不久后长达十年的保险停办使地震保险发展停滞。1979年,国内保险业务恢复,地震保险被列入基本保险责任范围。受唐山大地震的影响,中国人民银行于1986年将地震保险划为"财产保险的除外责任"。1992年《国务院办公厅转发国家地震局关于一九九二年及未来几年地震趋势和防震减灾工作意见报告的通知》(国办发〔1992〕12号）提出"开展地震保险是实现社会互助、减轻国家财政负担、提高抗震救灾能力的有效途径"；1998年3月施行的《中华人民共和国防震减灾法》（以下简称《防震减灾法》）第二十五条规定"国家鼓励单位和个人参加地震灾害保险"。2000年7月，中国保险监督管理委员会（以下简称保监会）正式将地震保险列为附加险种。2003年，保监会牵头成立了地震保险专题工作组，制订了地震保险初步方案。2006年《国务院关于保险业改革发展的若干意见》出台，标志着我国第一次出现"地震险"，但较高的费率导致民众参与热情较低。2008年12月，《中华人民共和国防震减灾法》修订，鼓励个人及单位投保地震保险。总体上，地震救助在我国普遍被认为是一种社会保障，主要依赖政府责任，民众将地震保险看作一笔债务。据统计，我国在历次大地震后的保险赔偿占补助总额的比重甚至不足5%，远低于世界平均水平的30%。

2008年汶川地震使地震保险缺位的现实再次成为社会各界关注的焦点，基于地震风险损失巨大以及商业保险公司承保能力的限制，政府参与成为巨灾保险进一步发展的必然之选。2013年，党的十八届三中全会明确提出"完善保险经济补偿机制，建立巨灾保险制度"；2014年，国务院出台《国务院关于加快发展现代保险服务业的若干意见》（国发〔2014〕29号），要求"加快巨灾保险制度建设，逐步形成财政支持下的多层次巨灾风险分散机制"；2015年，在保监会的支持下，45家财产保险公司根据"自愿参与、风险共担"的原则共同组建了"中国城乡居民住宅地震巨灾保险共同体"（以下简称住宅地震共同体），采用市场化的运作机制分担灾害损失，深圳、宁波、云南、四川等地区先后启动巨灾或地震保险试点，并取得了一定的进展和成果，广东等地也积极筹划；2016年，保监会、财政部会同相关部门制订了《建立城乡居民住宅地震巨灾保险制度实施方案》，同年首款全国性巨灾保险产品"中国城乡居民住宅地震保险"正式全面销售，截至2017年8月，已为全国150万居民以4000万元的保费提供了690亿元的保障，范围覆盖全国，重点针对新疆、四川、山西、河北等地。2018年5月，中国再保险（集团）股份有限公司（以下简称中再集团）发布我国首个拥有自主知识产权的地震巨灾保险模型，我国地震保险正迎来一个蓬勃发展的春天。

通过巨灾保险平滑地震灾害造成的财政波动性风险有着重要的经济学意义。一方面，保险作为国际通用的灾害风险管理工具，在转移巨灾风险和提高救灾效率方面有着重要作用。巨灾保险将自然灾害损失从受灾者转移到保险公司，保险公司运用大数法则平衡损失风险，可以有效降低巨灾造成的经济损失，保障灾民利益。一般而言，在损失发生后，保险公司的理赔可以在较短时间内完成，巨灾保险赔付可以较迅速地到位，从而有力地支持灾害救助与灾后重建。另一方面，保险公司通过再保险和巨灾证券等机制，可以将巨灾风险损失进一步转移、分散到全球保险业和其他金融市场中，从而显著减少自然灾害损失对一国经济的冲击。由于自然灾害发生的不确定性，在我国以财政支出为主要救灾资金来源的条件下，灾害发生后只能通过改变已有的财政计划，动用其他领域的资金进行救灾，这不仅会限制财政政策的有效性，也会影响国民经济的稳定。在我国进入经济新常态、财政收入增速逐渐放缓的形势下，自然灾害对国家财政造成的波动性将会产生越来越大的负面作用。因此，通过巨灾保险机制，平滑我国自然灾害造成的财政波动性风险，意义十分重大。

第二节　中国地震巨灾风险应对：现状与挑战

2019年1月21日，习近平总书记在省部级主要领导干部坚持底线思维着力防范化解重大风险专题研讨班开班式上强调，要提高防控能力着力防范化解重大风险，保持经济持续健康发展和社会大局稳定。同年5月12日是我国第十一个全国防灾减灾日，中国地震局原局长郑国光在《有效防范化解地震灾害重大风险》一文中写道："防震减灾工作不是中心却影响中心，不是大局却能牵动大局，做好了社会效益难以估量，做不好可能会使多年经济建设成果毁于一旦，甚至会干扰和影响现代化建设和深化改革的进程"。党的十八大以来，以习近平同志为核心的党中央坚持以人民为中心的发展思想，将加强自然灾害防治工作摆在比以往更为突出重要的位置上。当下我国正进入新的发展阶段，随着经济社会的快速发展，地震多、强度大、分布广、灾情重的灾情特点会使我国的地震灾害风险越来越复杂，并呈现出许多新趋势和新特点，对我国的地震巨灾应对机制提出了更高的要求。

一、中国地震巨灾应对机制现状

（一）地震巨灾风险防控机制

1. 预警系统

地震预警指在地震发生后，根据地震产生的纵波传播速度比横波快的原理，通过技术手段首先检测纵波并加以分析，从而判断出震源深度以及震级。相较于纵波，横波产生的破坏具有毁灭性。地震预警旨在于横波到达之前通知地震信息并组织人员撤离，从而减少伤亡损失。根据地震预警时间和人员伤亡关系的理论预测，提前3秒预警，人员伤亡比将减少14%；提前5秒预警，伤亡比将减少22%；提前15

秒预警，伤亡比将减少53%。

我国目前采用全自主知识产权的"ICL（成都高新减灾研究所）地震预警技术系统"，其核心技术以及各项检测指标都已达到世界领先水平。四川省地震预警重点实验室主任、成都高新减灾研究所所长王暾表示，我国高度重视灾害预警工作，在汶川余震区发展的具有我国完全自主知识产权的地震预警技术系统的平均响应时间、盲区半径、震级偏差等关键核心技术均优于日本，处于世界前列[①]。

2010年1月，中国地震局正式启动国家烈度速报与预警工程项目。成都高新减灾研究所与市县应急管理部门于2011年开始向社会提供地震预警服务，于2014年联合建成了延伸至我国31个省份、覆盖面积220万平方公里的全球最大地震预警网——大陆地震预警网，截至2020年7月已成功预警芦山7级地震、鲁甸6.5级地震、九寨沟7级地震、长宁6.0级地震等57次破坏性地震。

2018年7月，中国地震局印发《国家地震烈度速报与预警工程项目总体实施方案》，标志着我国预警系统进入全面建设时期，计划在2022年完成全部建设任务。项目包括台站观测系统、数据处理系统、紧急地震信息服务系统、通信网络系统、技术支持与保障系统五大子系统。计划在全国建设3个国家级中心，31个省级中心、173个市级信息发布中心，包括15391个台站。项目目标为在全国构建地震烈度速报与预警观测网络，建设"国—省"两级处理、"国—省—市"三级发布平台，建设地震烈度速报与预警技术系统，在华北、南北地震带、东南沿海、新疆天山中段、西藏拉萨重点区形成完善的地震预警能力和基于乡镇实测值的烈度速报能力，其他一般区内形成远场大震预警能力和基于县级城市实测值的烈度速报能力，强化地震参数与地震动参数速报能力，大幅提升地震观测数据获取能力，为防震减灾、应急指挥、快速救援等提供有力保障。项目建成后，将实现震后5~30秒完成地震预警信息的发布，震后1~2分钟完成发震时刻、震中位置和震级等基本参数的发布，震后2~5分钟生成8公里控制精度的仪器烈度分布图，震后30分钟至24小时给出灾情评估结果，并建成较为完善的地震信息服务网络，向社会公众、学校和特殊行业提供紧急地震信息服务，为公众逃生避险、政府应急决策、重大工程地震紧急处置、相关科学研究提供及时丰富的地震科技服务。

在信息共享方面，各省级地震局通过"中国地震局应急信息共享平台"将除涉密和敏感信息以外的其他信息向中国地震局快速上报。

2. 法律体系

1997年12月29日颁布的《防震减灾法》是我国第一部也是目前唯一一部针对防

[①] 资料来源：极目新闻，"四川泸县6级地震，多地网友凌晨收到预警，该系统此前成功预警64次"。

震减灾工作的国家法律。在总结2008年汶川地震抗震救灾经验后，全国人民代表大会常务委员会对《防震减灾法》进行了修订，对防震减灾规划、地震监测预报、地震灾害预防、地震应急救援、灾后过渡性安置和恢复重建以及监督管理和法律责任等进行了更加明确、细致的规定。

表1-4 国家防震减灾法律体系

分类	名称	公布日期	实施日期	修订后公布日期	修订后实施日期
国家法律	防震减灾法	1997-12-29	1998-03-01	2008-12-27	2009-05-01
国务院行政法规	破坏性地震应急条例	1995-02-21	1995-04-01		
	地震预报管理条例	1998-12-17	1998-12-17		
	地震监测管理条例	2004-06-04	2004-09-01		
	汶川地震灾后恢复重建条例	2008-06-08	2008-06-08		
国务院部门规章	震后地震趋势判定公告规定	1998-12-29	1998-12-29		
	地震行政执法规定	1998-08-10	1998-08-10		
	地震行政复议规定	1999-08-10	1999-10-01		
	地震行政法制监督规定	2000-01-18	2000-03-01		
	地震行政规章制定程序规定	2000-01-18	2000-03-01		
	建设工程抗震设防要求管理规定	2002-01-28	2002-01-28		
	水库地震监测管理办法	2011-01-26	2011-05-01		

在省级层面，我国31个省份（不含港澳台）共颁布实施了地方性法规41部、政府规章49部。在地方性法规方面，31个省份均颁布了防震减灾地方性法规，其中山东省和甘肃省最多，均为3部；在政府规章方面，除湖南省外，各省级行政区划均颁布了相关的政府规章，其中山东省最多，为8部。

经过数十年的发展，我国目前已经形成以《防震减灾法》为中心、行政法规和部门规章为辅佐、地方防震减灾法律法规为补充的防震减灾法律体系，为推进我国震前预警、震后救援、科技创新、科普宣传等工作提供了坚实保障，在多次抗震救灾工作中成效明显。

然而我国目前的防震减灾法律体系依然存在问题。林鸿潮等（2018）指出，现行的防震减灾法律体系仍属于单一型模式，缺少自然灾害防治方面的综合立法。这与我国现行的防灾减灾救灾机制不匹配，会出现难以应对新型灾种和复合型灾种等问题，不符合救灾实践中统一领导、综合协调的原则。[①]王萍（2020）认为我国

---

① 林鸿潮，张璇. 推进综合减灾立法 提高灾害应急能力［J］. 紫光阁，2018（3）.

防震减灾法律体系滞后性明显，《防震减灾法》自1998年颁布实施以来，仅在2008年汶川地震后进行过修订，相比之下，日本的《灾害对策基本法》先后经历了20余次的修订完善。我国的防震减灾法律体系缺乏动态立法的理念，使我国的地震巨灾应对机制无法适应新时代防震减灾工作的新形势、新任务和新要求。[①]此外，有关"地方化"防震减灾法律体系的探索和实践仍然不足，缺乏地方特色的法律法规不符合我国地震灾情复杂的特点，会出现多震地区和少震地区一个样、经济发达地区和经济欠发达地区一个样等问题。

3. 科普宣传教育

2008年汶川大地震以后，我国将每年5月12日定为防震减灾日，各地地震部门会开展防震减灾知识宣传工作。

我国防震减灾科普工作开展较早，早期主要采用宣传展板、宣传单页等形式，随着互联网和多媒体技术的进步，宣传形式逐渐向多手段融合方向发展：各级地震局官方网站均设有地震科普专栏，公众只需要访问网站就可以获取相关知识；省级以上地震机构以及部分市县级地震机构设有官方微博和微信公众号，除了科普知识，还会推送工作进展和地震学最新动态。

4. 应急避险

应急避难场所关乎城市安全，是现代化城镇用于民众躲避自然灾害及其他灾害的安全场所，是保障市民安全的重要公共服务设施。陈志芬等（2010）认为，应急避难场所是城市防灾减灾工作的重要保障条件之一，随着城市规模的日益扩大和城市人口的不断增加，城市受到各种灾害的影响越来越大，因此对应急避难场所的需求也日趋迫切。[②]目前很多国家和地区都建立了应急避难场所，其中欧洲、美国、日本等国家和地区的建设和管理较为完善。中国应急避难场所的建设则起步较晚，于2006年开始实施。

我国重视应急避难场所的建设工作，国内大部分城市均出台相关政策信息，从数量上看，各城市的应急避难场所较为可观。然而，国内应急避难场所的宣传十分欠缺，导致民众不知道震后应该到什么地方去避险，甚至不了解地震应急避难场所的开放时间和功能等重要信息。此外，我国的应急避难场所建设呈现出"重数量、轻质量"的倾向，在这种建设理念下，我国应急避难场所不达标准的问题尤为严重，灾害发生时，应急避难场所无法正常使用的情况也有发生。

---

① 王萍. 对我国防震减灾法律体系的分析思考［J］. 四川地震，2020（1）.

② 陈志芬、李强、陈晋. 城市应急避难场所层次布局研究（Ⅱ）——三级层次选址模型［J］. 自然灾害学报，2010，19（3）.

在应急避难设施方面，据李玟玟等（2019）的计算，若以GB 21734—2008《地震应急避难场所场址及配套设施》（中国地震局，2008）为标准，我国样本数据中只有3%满足建设标准。[①]其中，避难场所设置最多的四个区域分别是京津冀地区、珠三角地区、辽宁省、四川省及周边地区。

（二）现有地震巨灾财政救灾与恢复重建机制

我国坚持震后恢复重建政府主导、市场运作与社会参与相结合的原则。首先，地方政府应发挥积极领导带头作用，建立完善的恢复重建机制，确保相关部门能够发挥各自作用；其次，尊重市场运作规则，依照市场规律办事；最后，充分调动社会力量参与到恢复重建中去，发挥社会力量的作用。

以汶川特大地震为例，国家审计署2008年的信息披露，截至2008年11月底，中央和地方各级财政安排抗震救灾资金共计1287.36亿元，国内外捐赠款物640.91亿元。根据保监会2009年的统计，汶川地震中保险业的赔付为16.6亿元，不到汶川地震中直接损失（8452.15亿元）的0.2%。在保险严重缺位的情况下，政府财政支出成为我国灾害救助的主要资金来源。财政救助效率高、反应快的特点使其在灾害救助与灾后重建过程中能迅速到位并发挥作用。然而，由于地震灾害的不确定性，年度财政预算并不能预见当年救灾支出的数额，故在发生严重灾害时通常需要缩减其他方面的财政支出来用于救灾，这种支出带来的波动风险会影响财政预算的计划实施和国民经济的正常运行。

表1-5 部分地震救灾款物基本情况

单位：亿元

地震灾害事件	截止时间	中央财政救灾资金数额	地方财政救灾资金数额	中央慈善机构拨入救灾款物数额	省外转入救灾款物数额	省内募捐救灾款物数额
青海玉树地震	2010-09-30	13.75	1.28	2.11	17.12	9.79
四川芦山地震	2013-07-12	15	7.36	0.19	3.83	23.5
云南鲁甸地震	2014-09-20	54	0.67	1.86	12.36	14.82
云南景谷地震	2014-11-07	2.6	0.36	0.22	1.65	0.80

资料来源：冯选选. 地震救灾款物与灾后恢复重建跟踪审计研究［D］. 昆明：云南财经大学硕士学位论文，2017.

---

① 李玟玟、王媛、陈安，等. 城市安全观背景下中国应急避难场所现状［J］. 科技导报，2019, 37（16）.

13

在2003年"非典"后，我国逐步建立起了以政府财政资金为主，市场信贷和保险资金、社会捐赠资金为辅的多元化应急公共投入格局，以代替原有的几乎完全依靠政府财政资金投入的模式。在应急财政资金投入政策方面，2006年发布的《国家突发公共事件总体应急预案》强调，"重大及以下突发事件由地方政府负责，只有发生跨省级区域或超出事发地省份处置能力的特大突发事件，才启动国家应急响应"，民政部2011年印发的《自然灾害生活救助资金管理暂行办法》也规定，"对遭受特大自然灾害的省，中央财政给予适当补助"。这表明只有特大突发事件才会得到中央财政支持，重大及以下突发事件由地方政府消化。

表1-6　2000—2015年中央政府救助与自然灾害损失比较

年份	自然灾害总损失（亿元）	中央自然灾害生活救助支出（亿元）	自然灾害总损失增速（%）	中央自然灾害生活救助投入增速（%）	中央救助比率（%）
2000	2045.3	35.2	—	—	1.72
2001	1942.2	41.0	−5.0	16.5	2.11
2002	1717.0	40.0	−11.6	−2.4	2.33
2003	1884.2	52.9	9.7	32.3	2.81
2004	1602.3	51.1	−15.0	−3.4	3.19
2005	2042.1	62.6	27.4	22.5	3.07
2006	2528.1	79.0	23.8	26.2	3.12
2007	2363.0	79.8	−6.5	1.0	3.38
2008	11752.4	609.8	397.4	664.2	5.19
2009	2523.7	199.2	−78.5	−67.3	7.89
2010	5339.9	237.2	111.6	19.1	4.44
2011	3096.4	128.7	−42.0	−45.7	4.16
2012	4185.5	163.4	35.2	27.0	3.90
2013	5808.4	178.7	38.8	9.4	3.08
2014	3373.8	124.4	−41.9	−30.4	3.69
2015	2704.1	148.5	−19.9	19.4	5.49

资料来源：《中国民政统计年鉴》（2001—2016）。

根据《自然灾害生活救助资金管理暂行办法》，中央财政按以下项目对遭受特大自然灾害的地区安排补助资金：（1）灾害应急救助，用于紧急抢救和转移安置受灾群众，解决受灾群众灾后应急期间无力克服的吃、穿、住、医等临时生活困难；（2）遇难人员家属抚慰，用于向因灾死亡人员家属发放抚慰金；（3）过渡性生活救助，用于帮助"因灾房屋倒塌或严重损坏无房可住、无生活来源、无自救能力"的受灾群众，解决灾后过渡期间的基本生活困难；（4）倒塌、损坏住房恢复重建补助，用于帮助因灾住房倒塌或严重损坏的受灾群众重建基本住房，帮助因灾住房一般损坏的受灾群众维修损坏住房；（5）旱灾临时生活困难救助，用于帮助因旱灾造成生活困难的群众解决口粮和饮水等基本生活困难；（6）冬春临时生活困难救助，用于帮助受灾群众解决冬令春荒期间的口粮、衣被、取暖等基本生活困难；（7）中央级救灾储备物资采购和管理费，用于采购中央级救灾储备物资；（8）补助民政部和财政部指定代储单位管理中央级救灾储备物资费用支出，按每年实际代储物资金额的3%核定。以汶川地震为例，表1-7将灾害损失数目和灾后救助资金数目进行了比较，发现仍存在巨大资金缺口，即使将表1-7中2008年全年的自然灾害生活救助资金全部投入该次事件中也无法填补缺口，自然灾害生活救助资金并未起到应有作用。

表1-7　2008年汶川地震中的部分数据

单位：亿元

直接经济损失	四川政府地震灾后重建支出						全国捐赠资金	保险业有效赔付
8452.15	2298.22						652.5	16.6
	2008年	2009年	2010年	2011年	2012年	2013年		
	560.1	684.32	808.82	132.49	82.91	29.58		

资料来源：根据《中国财政年鉴》（2009—2014）及公开资料整理。

杨旭升（2015）提到，地方政府在救灾工作中有"列而不支、列而少支"的现象，救灾款物从申请到发放至灾民手中的时间过长。[①]王伟进和焦长权（2019）指出，在公共安全领域，地方财政占比明显较低的是地震及地震灾后恢复重建事务。作为具有很强负外部性的地震灾害本应在国家层面受到更多的财政投入，然而2016年这两项支出中地方财政仅占比分别为52%和74%。[②]朱俊杰（2019）则认为，在现有的应急财政资金中，预备费是响应公共突发事件的第一套机制，然而无论是中央预备费还是地方预备费，由于计提的预备费增长速度均低于本级政府一般公共预

---

① 杨旭升. 浅析自然灾害生活救助资金管理使用中存在的问题及建议——以河南省为例［J］. 中国减灾，2015（10）.

② 王伟进，焦长权. 从矛盾应对走向矛盾预防——从财政支出看我国社会治理的演变趋势［J］. 财政研究，2019（9）.

算支出额的增长速度，预备费计提比例呈现明显下降趋势，究其原因是缺乏风险意识，这对我国应急财政的管理提出了严峻挑战[1]。

二、中国应对地震巨灾风险面临的挑战和新要求

余华茂（2019）指出，我国应急公共投入资金主要有财政、保险、信贷和捐赠四种获取渠道，其中财政资金的比重最大，用于应急管理的财政资金又由预备费、预算稳定调节基金、专项拨款和应急领域预算支出四部分组成，其中应急领域预算支出占比最大。[2]信贷则由银行等金融机构提供，以弥补应急财政资金供给的不足，为灾后企业和群众快速恢复生产生活提供巨大帮助。

从性质上来看，财政资金具有公助性，过度依赖财政资金度过危机会给政府带来巨大的压力和负担；信贷资金具有自助性，虽然享有优惠政策，但事后企业和个人仍需偿还本息；捐赠资金具有他助性，捐赠者无偿提供资金，并不能成为稳定的护盾。而保险作为一项具有互助性的资金来源，可以通过市场机制进行有效的风险转移，具有极大潜能，能够为应急公共投入资金进行强有力的补充和支持。但我国的保险业在防范和应对突发事件中的作用还不明显，与世界平均水平仍存在差距。巨灾试点工作的不断开展证明了我国保险业在应急方面正在快速发展，但推进过程中遇到的阻碍是不能够忽视的：复杂的灾害特征使巨灾保险的推广和落实工作不能采取"一刀切"的方式，开辟出一条兼顾地区灾害特征不同和经济发展差异的推广之路是当下亟须解决的问题。

正如前文所论述的，地震作为一种典型的自然灾害，不仅会对地区的经济发展造成强烈的负面影响，还会通过财政支出波动的方式间接影响更大区域的经济运行。目前国内的地震巨灾保险试点推广进度还不足以形成保护资金链，潜藏的巨大资金池还未被激发。推广速度受阻的原因众多，包括地震巨灾保险自身的供需矛盾，地震巨灾保险制度缺少依托，没有统筹性、全国性的中央地震巨灾基金充当兜底角色，缺乏指导各地地震巨灾保险制度建设的平台。由于单纯的商业保险难以应对地震造成的巨大损失，设置专门的补偿机制尤为重要。同时，还要打破供给端的顾虑，应通过税收减免等手段，调动保险公司参与地震巨灾保险的积极性。另外，如果由政府充当购买地震巨灾保险的客户，虽然可以降低救灾支出对财政波动性的影响，但在地震灾害较少的年份，保费支出可能反而成为一笔负担。因此，建立合

---

① 朱俊杰. 论我国应急财政的问题及改进对策——基于预备费视角［J］. 财政监督，2019（2）.

② 余华茂. 中国应急公共投入效率研究［D］. 南昌：江西财经大学博士学位论文，2019.

理的保险分摊机制也是保险业需要解决的关键问题。

在硬件方面，地震预警系统要提高台站建设效率和地震定位精度；搭建通畅高效的信息共享平台，确保震后的快速响应。震后响应机制方面的各部门职能和责任规定模糊导致恢复重建工作难以有序进行的问题也需要得到解决。首先，应在预案中对各相关部门之间的协调机制作出明确规定；其次，恢复重建工作的流程要明晰；最后，对相关单位的职责应作出明确规定，明确各单位的角色定位，确保各部门通力合作，实现最优救援。

第三节 地震巨灾风险管理与巨灾保险研究进展

一、研究现状

（一）国外研究现状

国外学者针对巨灾保险的研究开展较早，已经建立了较为完备的理论体系，指导实践的开展。H. Kunreuther（2015）认为，巨灾保险可以加速受灾建筑物、关键基础设施系统等的恢复过程[①]。Noy和Nualsri（2011）指出，巨灾不仅造成了政府财政收入的减少，其带来的救助和重建工作还会增加政府的财政支出，这加剧了财政波动发生的风险。同时，他们分析不同国家地震灾害前后财政季度收支状况的面板数据，发现发展中国家在受灾后还会出现其他方面的财政支出紧缩，这干扰了国家原有财政计划的实施。Hazell（2011）发现，保险在发展中国家具有潜在作用，可以显著减轻政府面临灾害时的财政负担。[②]Surminski等（2016）主张保险机制会导致企业、个人和政府在恢复过程速度上的韧性降低[③]。M. Pauly（2006）建议强制投保以风险为基础的综合保险，替代事后政府援助，以减少灾害事件发生后的重大

---

① Kunreuther H. The Role of Insurance in Reducing Loss from Extreme Events［J］. The Geneva Papers on Risk and Insurance–Issues and Practices，2015，40（4）：741–762.

② P. Hazell. Potential Role for Insurance in Managing Catastrophic Risk in Developing Countries［J］. International Food Policy Research Institute，2011.

③ S. Surminski，L M. Bouwer，J. Linnerooth–Bayer. How Insurance Can Support Climate Resilience［J］. Nature Climate Change，2016，6（4）.

支出。[1]

关于政府财务波动的问题，Borensztein等（2005）认为，政府对灾害地区进行财政救济类似一种政府对外负债，而这个债务可以通过保险的方式来分担。[2]事实上，已经有很多国家的政府通过保险机制进行了分担巨灾风险的实践。例如，墨西哥于1996年设立了由国家财政定期注入资金的自然灾害基金（FONDEN），当灾害发生时该基金可以代替国家政府进行救灾支出。加勒比海各国于2006年在世界银行的领导下成立了加勒比地区巨灾风险保险机制（Caribbean Catastrophe Risk Insurance Facility，CCRIF），当其中一国遭受自然灾害时，CCRIF可以迅速向该国政府提供流动性支持应用于救灾。

然而，对于政府应当在巨灾保险市场中发挥怎样的作用，学者间存在较大分歧，主张市场机制的学者对政府的干预大都持批评态度，而保险学界的文献大都认为政府的介入增加了风险的可保性而对其持较欢迎的立场。Priest（1996）反对政府干预巨灾保险市场，他主张完全依靠市场的自发调节力量来达到均衡，政府的过多介入只会带来弊端。[3]Lewis和Murdock（1997）则认为巨灾保险制度的构建和发展离不开政府主导，政府干预可以弥补巨灾市场本身的不足。[4]Freeman和Scott（2005）[5]、Schwarze和Wagner（2010）[6]认为，政府对巨灾市场的干预应考虑到各国保险市场的发展程度、风险状况和政治文化等因素。

随着巨灾保险的发展，以促进保险市场发展为干预指导思想的"市场增进论"（Market Enhancing View）受到欢迎，并得到包括瑞士再保险公司和世界银行等研究机构的认同和推广。Lewis和Murdock（1999）作为最早正式提出"市场增进论"的学者，主张政府干预应当致力于弥补市场自身的不足，从而更好地发挥私人保险市场的基础作用。[7]政府干预以增强私人保险市场的发展效率为目的，并不是挤出

---

[1] H. Kunreather，M. Pauly. Rules Rather than Discretion：Lessons from Hurricane Katrina［J］. Journal of Risk and Uncertainty，2006，33（1）.

[2] M E. Borensztein，M O. Jeanne. Sovereign Debt Structure for Crisis Prevention［M］. International Money Fund，2005.

[3] Priest G L. The Government，the Market，and the Problem of Catastrophic Loss［J］. Journal of Risk & Uncertainty，1996，12（2-3）：219-237.

[4] Lewis C M，Murdock K C. The Role of Government Contracts in Discretionary Reinsurance Markets for Natural Disasters［M］. Social Science Electronic Publishing，1997.

[5] K. Scott，P K. Freeman. Comparative Analysis of Large Scale Catastrophe Compensation Schemes［M］. 2005.

[6] R. Schwarze，G G. Wagner. The Political Economy of Natural Disaster Insurance：Lessons from the Failure of a Proposed Compulsory Insurance Scheme in Germany［J］. European Environment，2007.

[7] C. Lewis，K. Murdock. Alternative Means of Redistributing Catastrophic Risk in a National Risk-Management System［M］. National Bureau of Economic Research Inc.，1999.

和替代私人保险市场，即政府和私人保险市场之间应该实现有效的合作关系。Yin和Kunreuther（2008）通过制度比较得出结论，私人保险公司不能自发地在巨灾保险市场上发挥其应有的作用，但是政府不可能完全取代私人保险公司，因此只有政府和私人保险市场建立合作关系，才能共同推动巨灾保险市场的发展与完善。[①]至此，政府和社会资本合作（PPP）巨灾保险制度模式逐渐成为巨灾保险制度研究的主流观点。

很多学者对日本、新西兰、土耳其等国的地震巨灾保险产品进行了研究，为发展模式设计思路和构建巨灾风险分散体系的借鉴提供参考。如Tsubokawa（2004）总结了日本巨灾地震保险的设计思路和效果，并试图优化保险费率，使其能够根据风险科学有效地确定；[②]Charleson（2012）从房屋成本的角度，对新西兰地震保险计划进行了定价设计；[③]Owen（2019）的研究指出，新西兰地震保险计划的量化实施效果呈现递减趋势，可以通过修改项目的结构来纠正；[④]Gurenko（2006）介绍了在世界银行协助下完成设计实施的土耳其地震保险及其发展过程，认为其强制性特征符合设计意图[⑤]。

在巨灾保险定价方面的研究中，Calder等（2012）指出国外承保巨灾风险的保险公司间已经接近达成"由于巨灾风险发生概率低、损失巨大的长尾特点，不能仅依据过去损失数据来定价"的共识。[⑥]为了解决上述问题，概率巨灾模型作为一种巨灾风险的估计方法在保险业得到广泛应用，Dietz和Walker（2019）提出了模糊条件下保险人决策问题的最大安全参数原则，以弥补目前保险公司依赖简单的经验法则来计算模糊的保费问题。[⑦]

此外，国外一些国家，如日本、墨西哥等已经建立了地震预警系统并且取得了

① Haitao Yin，H. Kunreuther. Risk-Based Pricing and Risk-Reducing Effort：Does the Private Insurance Market Reduce Environmental Accidents［J］. Journal of Law & Economics，2008.

② H. Tsubokawa. Japan's Earthquake Insurance System［J］. Journal of Japan Association for Earthquake Engineering，2004，4（3）：154-160.

③ A W. Charleson，N J. Allaf. Costs of Base-isolation and Earthquake Insurance in New Zealand［C］. // Proceeding of 2012 NESEE Conference. New Zealand Society for Earthquake Engineering，2012.

④ S. Owen，I. Noy. Regressivity in Public Natural Hazard Insurance：a Quantitative Analysis of the New Zealand Case［J］. Economics of Disasters and Climate Change，2019（3）.

⑤ E. Gurenko. Earthquake Insurance in Turkey：History of the Turkish Catastrophe Insurance Pool［M］. World Bank，2006.

⑥ A. Calder，A. Couper，J. Lo. Catastrophe Model Blending：Practicalities［R］. GIRO Conference and Exhibition，2012.

⑦ S. Dietz，O. Walker. Ambiguity and Insurance：Capital Requirements and Premiums［J］. Journal of Risk and Insurance，2019，86（1）.

一定的成效。在地震预警领域的学术研究中，美国在发文量上优势明显，居世界首位，其后是日本、意大利、中国、印度、德国等国家。

在地震风险管理和地震保险模式方面，日本、美国、土耳其、新西兰等国家在逐步形成并拥有自己特色的完备体系。通过分析以上国家的地震保险和再保险模式可以发现，政府在地震巨灾保险市场中扮演的角色取决于当地保险市场的发达程度、当地地震灾害的潜在风险大小等因素。在再保险方面，美国加利福尼亚州（以下简称加州）地震保险主要以证券的形式进行风险分散，这与美国其他巨灾保险的运作方式是相似的。在其他国家的产品中，政府则充当最后兜底角色。

表1-8　国外地震保险模式对比

国家	投保人约束	保险人约束	对象及定位	机构	政府角色
日本	自愿	自愿	居民住宅	JERC	无限兜底
美国	自愿	强制	居民住宅	CEA	提供贷款担保
土耳其	强制	代销	居民住宅	TCIP	无限兜底
新西兰	强制	强制/代销	居民住宅	EQC	无限兜底

表1-9　国外地震再保险模式对比

国家	再保险运营机构	再保险分层安排	非传统再保险工具	政府定位
日本	JERC	三个方向	私人保险公司、政府	政府兜底
美国	CEA	五层	证券、政府担保	政府担保贷款
土耳其	TCIP	六层	基金	政府兜底
新西兰	EQC	四层	基金、政府兜底	政府兜底

（二）国内研究现状

冯俏彬等（2011）认为自然灾害对发展中国家的财政冲击比发达国家更加严重，像中国这样主要依靠国家财政进行救灾的国家，面对重大灾害救助时可能会引起国家财政的波动性风险。而保险机制可以从地理和行业两方面有效分散灾害损失与政府负担，发挥社会的公共管理功能。[①]

[①] 冯俏彬，刘敏，侯东哲. 我国应急财政资金管理的制度框架设计——基于重大自然灾害的视角［J］. 财政研究，2011（9）：5.

在政府角色方面，卓志和段胜（2016）认为政府应当保持对市场的适度干预，提高对市场主体激励机制的有效性。[①]同时，巨灾保险作为公共产品具有正外部性特征，政府干预并主导巨灾保险制度的构建具有必然性。王和（2020）提出，我国在建设巨灾保险制度上需要充分发挥社会主义制度的优势，以政府为主导，充分发挥市场配置资源的作用，构建一种政府、市场和社会齐心协力、齐抓共管、优势互补、分工合作的机制。[②]魏华林和张胜（2012）将国际经验用于我国国情进行分析，得出采取"政府主导，市场运作"是一种较好选择的结论。特别是在我国保险市场不成熟的情况下，政府的积极参与是巨灾保险市场能否成功的关键。[③]要注意政府不能代替保险公司的工作，以防造成"挤出效应"。随着商业保险承保能力和资本市场风险分担能力的逐渐积累，政府的参与程度可以逐步降低。

国内有关巨灾保险定价的研究主要是通过数值模拟和结合目前已有实践进行的。郝军章和崔玉杰（2016）在POT模型框架下，以1961—2011年中国发生的4.5级以上地震为样本，讨论了地震的巨灾风险度量与保险模式机制。[④]刘昕龙等（2017）研究地震巨灾保险共同体的风险转移效率，探讨了不同模式下巨灾风险转移效率及破产概率。[⑤]李云仙等（2017）提出用混合模型对地震巨灾风险进行评估，并讨论了混合模型的贝叶斯统计分析方法。[⑥]田玲和姚鹏（2013）以地震巨灾为例，研究了关于我国地震灾害损失分布函数。[⑦]李曼等（2019）以农房为研究对象，构建地震指数保险指标体系，并从数据可获取性及时空覆盖度、效率、居民认知度和基差风险等角度对不同的地震指数进行对比分析，选择适用于中国农房地震指数保险的最优指标。[⑧]

在探索实践方面，自2014年5月深圳率先开展巨灾保险试点以来，我国的巨灾保险已经逐渐形成三种代表模式：四川模式（巨灾保险"住宅地震型"）、宁波模

① 卓志，段胜.中国巨灾保险制度：政府抑或市场主导？——基于动态博弈的路径演化分析[J].金融研究，2016（8）：85-94.

② 王和."新型举国体制"下巨灾保险新出发[J].清华金融评论，2020（5）：85-89.

③ 魏华林，张胜.巨灾保险经营模式中政府干预市场的"困局"及突破途径[J].保险研究，2012（1）：21-29.

④ 郝军章，崔玉杰.基于POT模型的巨灾风险度量与保险模式研究——以地震风险为例[J].数理统计与管理，2016，35（1）：10.

⑤ 刘昕龙，姜世杰，李哲.地震巨灾保险共同体的风险转移效率研究[J].保险研究，2017（4）：18.

⑥ 李云仙，董志伟，钱振伟.基于混合模型对地震巨灾风险的分析[J].数理统计与管理，2017，36（4）：9.

⑦ 田玲，姚鹏.我国巨灾保险基金规模研究[J].保险研究，2013（4）.

⑧ 李曼，田玲，方建，等.中国农房地震指数保险指标设计研究[J].保险研究，2019（4）.

式以及云南模式（政策性地震指数保险）。

四川省通过前期试点经验，创新了"保费补贴、防灾防损、纠纷调处"的四川特色制度，通过"直接保险—再保险—地震保险基金—政府紧急预案"四个层次实现风险分担。云南省大理州政策性地震指数保险是我国首款指数型巨灾保险，将地震指数保险启动赔付震级设置为5.0级，并以每0.5级为一档，进行差异化赔付。与传统的损失补偿型保险产品不同，巨灾指数保险赔付以气象、地震等部门发布的连续降雨量、台风等级、地震震级等参数作为触发条件。当这些客观参数达到设定阈值时，保险公司无须查勘定损即可按照合同约定，将保险赔付资金支付给被保险人。指数保险的优点在于克服了传统巨灾保险所面临的信息不对称问题，减少了道德风险和逆向选择问题，同时免去了灾后理赔查勘的过程与成本。

在试点工作推行的过程中，保监会、财政部于2016年5月印发《建立城乡居民住宅地震巨灾保险制度实施方案》，提出选择地震巨灾保险为突破口，先行建立城乡居民住宅地震巨灾保险制度，45家财产保险公司根据自愿参与、风险共担的原则，发起成立中国城乡居民住宅地震巨灾保险共同体（以下简称住宅地震共同体）。2016年12月，中国城乡居民住宅地震巨灾保险运营平台在上海保险交易所正式上线运行，为住宅地震共同体提供承保理赔交易结算等一站式综合服务。

住宅地震保险制度建立了包含原保险人、再保险人、住宅地震专项准备金、财政支持在内的多层次损失分担机制；形成了住宅地震专项准备金积累机制；构建了由行业集中提供服务应对重大灾害的保险理赔机制；并在现有住宅地震保险产品基础上，增设3年、5年、10年的投保选项，出台多年期住宅地震保险。截至2018年底，住宅地震保险已累计为全国超过600万户家庭提供了超过2600亿元的风险保障。

虽然我国的地震巨灾保险试点工作在推广中不断获得成功，但仍然暴露出许多问题，如指数保险的保险赔付并不以被保险人的实际损失为基础，有可能出现损失补偿与实际损失不匹配的基差风险，影响其巨灾风险转移作用的发挥。

从国际经验和我国试点情况来看，决定巨灾保险制度运行效率的关键因素在于政府以及以保险公司和投保人为主体的市场。李琛（2017）认为高风险地区应实施政策性专项巨灾保险，以强制或半强制方式推行。[①]王瀚洋和孙祁祥（2020）在借鉴国际对于PPP巨灾保险模式研究的基础上，认为PPP巨灾保险模式是可行的市场化巨灾风险管理的策略，政府在其中发挥补充和监管功能。[②]刘康等（2020）提出可参考美国独立险种的模式，在立法层面对巨灾保险实施强制投保，或采取附加险种

[①] 李琛. 我国巨灾保险发展回顾与立法前瞻［J］. 理论月刊，2017（1）：8.

[②] 王瀚洋，孙祁祥. PPP巨灾保险的理论评述［J］. 财政研究，2020（11）.

的模式，保证投保覆盖面以分散风险，并结合我国巨灾保险指数试点，逐步探索财政支持下的多层次巨灾风险分散机制[1]。

二、最新进展与当前的使命

（一）多样化风险分散和转移机制

传统上的救灾资金一般来自灾后融资，灾后融资是一种被动管理手段，可能会带来较高的成本，且来源复杂，造成管理困难。当从地震灾害管理转向地震灾害风险管理时，资金也相应地从传统的灾后救灾融资转向灾前风险融资，保险市场和资本市场可以发挥关键作用，有助于分散和转移地震灾害风险。

从国际经验看，当意识到面临风险的不确定性大到一定程度或实际遭受损失超过一定比例时，保险公司一般会提高保险费率甚至取消承保，有的保险公司甚至因此倒闭。选择性风险转移的解决方案出现在20世纪90年代，通过如保险风险证券化，打包巨灾风险为可在资本市场上交易的金融产品，将风险转移到资本市场。从1992年正式形成巨灾保险衍生品市场开始，已经有巨灾期货、巨灾期权、巨灾互换、行业损失担保、巨灾风险信用融资、或有资本票据、巨灾权益卖权和巨灾债券等十多种交易方式，目前交易最为活跃和最具代表性的是巨灾债券。

为了降低保险业自身风险，增强地震灾害风险保障的可持续性，建议借鉴国际市场的经验，将巨灾保险衍生品作为地震（再）保险的补充手段，将国内累积的地震巨灾风险转移到更大的"资金池"。除此之外，进一步研究适于我国国情的地震灾害风险分散和转移手段，同时需防止现有资本和新措施带来新风险。

在政府角色方面，王和（2020）提出了融入巨灾保险以后中国巨灾风险管理的"新型举国机制"，巨灾风险治理应当重视"新型举国体制"的建设，在明确属性和定位的基础上，突出政府的主导、引导和协调作用，重点解决好政府与社会、政府与市场的两个关系，有必要把巨灾保险的试点和制度设计放入中国特色社会主义市场经济发展和灾害防范体系的发展全局考虑，进行不断完善。[2]

（二）系统性的产学研合作

Tadesse等（2015）指出，如果将保险、信贷、储蓄和社会安全网的进一步整合

---

① 刘康，黎晨曦，雷越. 巨灾保险：发展现状、国际经验及政策建议［J］. 现代金融导刊，2020（9）：6.
② 王和. "新型举国体制"下巨灾保险新出发［J］. 清华金融评论，2020（5）.

或捆绑来推动保险的普及，可以覆盖除适合保险覆盖的高影响和低频率事件外的更多风险，便于加强风险管理。[1]Reguero等（2020）首次提出将工程性减灾和保险方式转移风险相结合的韧性解决方案，将基于生态系统的工程性解决方案与私人市场交易中的保费调整相结合，有助于将投资引向更长期的韧性建设。[2]由此，巨灾保险正在随着社会和风险的复杂性发展，越来越被放入整体灾害风险管理体系和社会治理体系中进行综合性的、跨学科的、系统性的研究。

"产学研"合作已经不是一个新概念，作为推进高等院校和科研院所科技创新成果转化的有效途径，它将政府、企业和高校及科研院所紧密地联系在一起。中国地震保险界的"产学研"一体化的合作机制目前已经基本建立。从20世纪90年代开始，地震部门就与当时的中国人民保险公司开始了地震巨灾保险工作的积极探索。1990年9月，云南省地震局和中国人民保险公司云南省分公司联合开展了《昆明地区地震保险的科学性研究》，为健全完善我国的地震保险制度提出了可供操作的具体方案。2015年，云南省地震局联合中国保监会云南监管局、诚泰财险保险股份有限公司（以下简称诚泰保险）、昆明理工大学组成云南省地震保险模型工作组。诚泰保险与云南财经大学共同构建和运行了全国首家产学研一体化的巨灾风险管理研究中心，同时，诚泰保险与地震、国土、气象等部门签订战略合作协议。2016年5月，中国保险学会与中国地震学会达成战略合作，共建地震灾害风险与保险实验室，推动地震灾害风险评估及损失补偿机制研究。2016年10月，中国地震局地球物理所与中再集团签订了有关支持中国地震风险与保险实验室的合作备忘录，并合作开展"地震保险软件平台V1.0"的研发。2017年4月，中国地震局与中国保监会签署战略合作协议，推进地震科技与保险的融合发展，并责成中国地震灾害防御中心牵头，联合工程力学研究所、地球物理研究所、中国人民财产保险股份有限公司（以下简称人保财险）等多方力量开展研讨，共同筹建"中国地震灾害风险与保险重点实验室"。2017年9—11月，地球物理研究所和中再集团的精算及巨灾模型专家就共同探索开发符合中国地震灾害特点和管理体制的地震巨灾保险模型进行了深入研讨，并研发"地震保险软件平台V2.0"。2018年5月，中国地震灾害防御中心与人保财险签署框架合作协议，双方着力在人才联合培养、地震保险政策研究、技术系统

① M A. Tadesse, B A. Shiferaw, O. Erenstein. Weather Index Insurance for Managing Drought Risk in Smallholder Agriculture: Lessons and Policy Implications for Sub-Saharan Africa [J]. Agricultural and Food Economics, 2015, 3 (1): 26.

② Reguero B G, Beck M W, Schmid D, Stadtmüller D, Raepple J, Schüssele S, Pfliegner K. Financing Coastal Resilience by Combining Nature-based Risk Reduction with Insurance [J]. Ecological Economics, 2020 (169).

研发等方面深化合作。

第四节 本书研究重点与创新

一、研究重点

通过以上第二节和第三节的论述可以看出，我国当前的地震巨灾应急体系在硬件设施上已经具备一定的防灾减灾能力：领先的地震预警系统能够在地震到达之前疏散民众，减少伤亡损失；信息共享平台可以有效地整合全国各地信息，方便研究工作的进行；"产学研"一体化使研究脱离纸上谈兵，实践拥有科学引导。然而这些工作大都集中在灾前和灾中时期，我国地震巨灾应急体系在灾后重建环节仍显乏力，体现在财政支持力度不够、法律法规建设欠缺、责任关系错杂混乱等方面。其中，财政支撑不足的问题直接关乎地方经济能否平稳增长，亟须解决。

随着经济社会的快速发展，地震灾害风险越来越复杂，开始呈现以下新的特点。链式效应，即地震灾害风险与其他风险因素相互交叉关联，使风险链条不断延长，地震不仅会造成房屋倒塌，还会引发火灾、水灾、滑坡、泥石流等灾害，也会触发社会功能瘫痪、生产停工、人力资本损失、商业中断、非物质文化遗产不可复原等间接损失。蝴蝶效应，地震可能会造成其他次生衍生灾害和社会动荡，导致小风险演化为大风险，局部风险演化为区域性或系统性风险。放大效应，随着信息技术的快速发展，灾害流言往往通过人际传播和社交媒体滋生蔓延，甚至有人捏造谣言制造社会恐慌，借机炒作煽动群众情绪，可能形成舆论旋涡，将自然灾害风险演化为社会政治风险。新的地震灾害风险趋势对我国的地震应急管理体制提出了严峻挑战，尤其是事中和事后两个环节，及时的财力人力救助是防止事态进一步扩大的关键。然而过往的数据表明，我国地震灾害救助仍然非常依赖政府的财政资金，不仅对政府造成巨大的财政压力，还会频繁出现救助资金下发缓慢等问题，严重影响灾区人民的生活恢复。

虽然我国的社会主义制度拥有"集中力量办大事"的优势，但如果每一次的重大地震灾后重建都采取举国筹资的方式来解决，必将对整个国家的经济运行产生负面影响。地震巨灾保险作为一种资源储备和经济补偿手段，能够在灾后快速理赔，为灾区快速恢复生产生活秩序提供可靠的保障，缓解政府和社会灾后恢复重建的财政压力。其取之于民、用之于民的资金蓄水池功能，可以在灾情少的年份积累财富，在灾情严重的年份进行补偿。

因此，本书将以中国地震巨灾保险的推行模式及政策体系为重点研究对象，目标找寻适合中国地震灾情特点的地震巨灾保险模式，并为如何推行该模式和该模式落地实施所需要的立法及政策支持提出建议，突破中国地震巨灾应急体系建设的瓶颈，寻找一条地震巨灾保险在中国发展的特色之路。

二、创新创造

本书将按照以下内容进行展开。第一，从巨灾保险和地震巨灾保险的内涵、外延及理论基础展开，介绍地震巨灾保险的社会属性和经济属性，解释地震巨灾保险提升城市韧性的机制，并分析其与金融市场结合的可行性；第二，分别展示国外地震巨灾保险典型模式和国内地震巨灾保险试点实践成果，从对比中寻找国外地震应急管理体系可供借鉴的经验，在实践成果中发现当下推广工作的不足之处；第三，重点提出我国地震巨灾保险制度构建的思路，详细介绍依据和原则，对整个体系的构建进行描述；相应地提出适应该地震巨灾保险制度的推广模式，对所选模式进行量化分析，并综述配套的落地实施和协作支持体系；第四，为地震巨灾保险制度在我国的顺利开展找寻依托，设计相关政策方案，通过模拟分析得出结论；第五，从四个方面提出政策建议，以顺应新时代发展、响应国家号召为原则，为推进中国地震巨灾保险创新模式的工作提供支持。

基于既有研究基础和实践积累，本书力图在以下几个方面作出创新突破。

第一，对我国地震巨灾保险实践进行总结。从2013年巨灾保险进入试点阶段以来，中国在巨灾应对、参与主体配合、巨灾保险经营和风险控制等多方面均积累了很多经验和数据，有成功之处，也有待改进与完善之处。特别是全国形成了城乡居民住宅地震巨灾保险制度框架，这一制度从落地后效果如何，是否达到了预期？有哪些地方需要改进和优化？本书通过对试点的总结评价及与国外地震巨灾保险制度的对比，尝试回答这些问题。

第二，提出我国地震巨灾保险制度体系的创新构建思路。通过对我国地震巨灾保险实践的总结，准确识别目前地震巨灾保险存在的空白、短板与不足，基于问题解决和困境突破的思路，构建面向居民和企业的专项地震巨灾风险保障制度（公共部门和私人部门）与商业灾害保险有机衔接的地震巨灾风险保障制度体系，与面向政府公共财政救灾与重建巨额支出责任风险保障的金融保险综合支持体系衔接，构成多层次、多元化的地震巨灾保险制度体系。

第三，在地震巨灾保险制度框架下，进行推行模式的选择。针对地震巨灾保险制度体系中的每个组成部分，本书均提出了相应的推行模式，并依据理论依据、国情特征、灾情形势等，对推行模式选择的必然性和科学性进行论证。特别论证了目前全国城乡居民住宅地震巨灾保险制度的优势，并对其实施及风险分散模式等提出了改进方案。在构建政府与私营部门合作的关系模式上，本书尝试通过数值模拟等方法，设计出更有实践意义的具体方案。

第四，进一步构建与提出的我国地震巨灾保险制度体系设计和模式选择相配套的立法及政策支持体系。制度构建与模式推行离不开立法保障和相应的政策支持。本书尝试对创新的制度体系和推行模式所需的立法保障提出基本思路和框架，并对政策支持体系提出具体设想。

第五，本书突破单一视角，突破了传统巨灾保险仅指巨灾保险产品的局限，将巨灾保险政策支持体系、风险分散体系等同巨灾保险产品体系一起纳入巨灾保险制度中，并尝试对巨灾保险的各个参与主体均提出相关建议。政府层面（各级政府）、商业保险公司层面、社会个体及集体层面的多个主体，在地震巨灾保险制度体系中面对不同的利益诉求和能力范围，需要协作配合才能保证制度的顺利实施和推行。本书尝试站在每一层面的主体立场上，对其提出建议，以确保地震巨灾保险制度运行能实现整个社会利益最大化。

第 二 章

地震巨灾保险：
相关解析

第一节　巨灾风险管理与巨灾保险

一、巨灾风险与巨灾风险管理

（一）灾害理论

社会与自然双重属性特质形塑了灾害多学科交叉研究现状。无论是自然科学，如地质学、气象学、环境科学等，还是社会科学，如人类学、社会学、历史学、伦理学等，都将自己研究的学科内容作为灾害研究中的核心部分。灾害的定义是灾害研究领域最核心最基础的概念。在自然科学家视角下，灾害被定义为由于自然变异、人为因素或自然变异与人为因素相结合的原因所引发的对人类生命、财产和人类生存发展、环境造成破坏损失的现象或过程（马宗晋等，1998）[①]。经济学家认为灾害的本质问题是经济损失，社会学家认为灾害是一种社会结构和社会过程的结果，历史学家认为灾害是一部人类与灾害相抗争的历史，而人类学家则认为灾害的核心是对灾害进行文化构建等。

自然科学领域的灾害理论主要有致灾因子论、孕灾环境论、承灾体论以及区域灾害系统论。致灾因子论的主要内容包括对致灾因子的分类，一般方法是首先将致灾因子划分为自然致灾因子与人为致灾因子。然后根据致灾因子产生的环境，进一步将自然致灾因子划分为大气圈、水圈所产生的致灾因子——台风、暴雨、风暴潮、海啸、洪水等；岩石圈所产生的致灾因子——地震、火山、滑坡、崩塌、泥石流等；以及生物圈所产生的致灾因子——病害、虫害等。对人为致灾因子，一般划分为技术事故致灾——空难、海难、陆上交通事故等；危险品爆炸、核外泄；管理失误致灾——城市火灾、各种医疗事故等；国际或区域性政治冲突致灾——战争、动乱等。

孕灾环境论的主要内容包括区域环境演变时空分异规律（气候变化、地貌变化以及土地覆盖变化过程）的重建，编制不同空间尺度的自然环境动态图件。在这些图件的基础上，建立环境变化与各种致灾因子时空分异规律的关系，即建立渐变过程与突变过程的相互联系，从而寻找在不同环境演变特征时期，区域自然灾害的空

[①] 马宗晋，张业成，高庆华，等. 灾害学导论［M］. 长沙：湖南人民出版社，1998.

间分布规律，进而结合区域承灾体的变化，对未来灾情进行评估。

承灾体论的主要内容包括承灾体的分类，一般方法是把人类划分为富人、中等收入人、穷人三种，或妇女、儿童、老人、残障人及正常男性，这是因为收入不同的人群抵御自然灾害的能力不同，一般二者呈正相关关系，而身体状况不同对灾害应急反应的能力也不同。在灾害发生后，妇女、儿童、老人、残障人易受灾害的影响，是承灾的脆弱群体，这在历次自然灾害的死亡、伤残人员统计中都有明显反映。把财产划分为不动产和动产两部分，不动产主要包括各种土地利用（如房屋、道路、农田、牧场、水域、森林等）和自然资源（矿产、土地资源、生物资源等），动产包括运输中的货物、各种交通工具等。在对承灾体分类的基础上，进行承灾体的脆弱性（易损性）评价，如把不同建筑结构——土结构、砖木结构、钢筋混凝土结构的建筑物分别划分为易灾建筑、次易灾建筑和不易灾建筑等。

区域灾害系统论指，致灾因子、孕灾环境与承灾体的相互作用都对最终灾情的时空分布、程度大小造成影响。灾害形成就是承灾体不能适应或调整环境变化的结果。因此，在灾情形成过程中，致灾因子、孕灾环境与承灾体缺一不可。上述三种灾害理论都有其突出的特点，即强调主导因素而忽视次要因素，都有其片面性。实际上，对于区域灾情的发展来说，这三种因素在不同时空条件下，对灾情形成的作用会发生改变。因此，灾害是地球表层异变过程的产物，是致灾因子、孕灾环境与承灾体综合作用的结果。

社会科学领域对灾害的经典理论基于"事件—功能"导向。Fritz（1957）认为："灾害是一个具有时间、空间特征的事件，对社会或社会其他分支造成威胁与实质损失，从而造成社会结构失序、社会成员基本生存支持系统的功能中断。"[1] 依照这一经典的逻辑，灾害被视为一个在一定时空范围内，对社会整体造成负面影响的、外部的、突发的、瞬间作用的事件。危险源仍是自然的、客观的、外部的；危险源和社会结果之间的"关系链"具有非连续性、中断性、静态性，社会在灾害发生之前是稳定的，造成负面社会后果的则是突发并瞬间起作用的、来自外部的灾害事件。伴随着灾害的全过程，整个社会系统实则经历了一个"稳定—中断—调整—恢复"的循环。[2]

随着"事件—功能"导向的灾害理论研究范式在理论和现实层面遭受新的挑

[1] Fritz, C. E., Williams, H. B. The Human Being in Disasters: A Research Perspective [J]. The Annals of the American Academy of Political and Social Science, 1957, 309（1）: 42-51.

[2] 陶鹏、童星. 灾害概念的再认识——兼论灾害社会科学研究流派及整合趋势 [J]. 浙江大学学报（人文社会科学版），2012，42（2）: 108-120.

战，新的研究范式开始涌现。从危险源分析视角，灾害被认为是由危险源与社会背景要素相互作用的结果，即由社会文化系统的失败而造成社会成员面对外部和内部威胁时的脆弱性表现。[1]灾害的发生不仅是极端事件的后果，更是脆弱性的作用结果。危险源分析视角的灾害认知，从以结果为导向的灾害认知转向了灾害社会因素的考察，直接开启了以脆弱性和恢复力概念为基础的相关研究，深化了对灾害本质的认识。危险源视角从传统的灾害影响分析，转向对灾害中人为因素的作用研究，进而赋予灾害可管理的特征，改变了被动应对灾害的局面。

政治经济学的观点从政治经济和世界体系的视角出发，拒斥了灾害发生的外因理论，强调灾害研究关注主要群体间的权利与社会资源的分配模式同自然互动过程，也是一个挑战经典灾害认知范式的重要理论。从全球来看，发达国家和发展中国家遭受灾害事件影响不同，发展中国家之所以容易遭到极端环境事件的影响，是由其在国际分工体系中的附属性和边缘性角色所造成的。[2]在一国内部，应将群体的经济能力、政治能力、社会资源等维度纳入，以考察社会群体的灾害脆弱性。[3]

灾害认知的转变已将灾害研究推向更为广阔的认识视域，人们开始重新审视传统灾害认知与理论。灾害研究深入社会背景因素分析层面，并扩展到政治、经济、社会、文化系统对灾害影响的研究。然而，不论是自然科学或社会科学领域的哪种灾害认知理论，均包含危险源（有可能造成灾难后果的极端事件）、关系链（危险源和结果之间因和果的复杂关系）和结果（对受损客体和受损程度进行界定）这三大灾害构成要素。不同学科的理论从各自的角度对这三要素作出差异性阐释，构成了灾害理论研究的复杂图景。

（二）巨灾风险

巨灾风险（Catastrophe Risk）中巨灾（Catastrophe）一词最早来源于古希腊语，原意为流星（Falling star），后衍生出衰落和悲惨的结局两个词义。[4]巨灾风险用在灾害学领域，指由于超过某一量级灾害的发生，对承灾体中的大量个体造成的生命、生产和生计以及社会的巨大损失的灾害风险。在灾害管理学中，灾害、巨灾和

① Bates, F. L., & Peacock, W. G. Living Conditions, Disasters and Development: An Approach to Cross-cultural Comparisons [M]. University of Georgia Press, 2008.

② Susman, P., O'KEEFE, P. H. I. L., Wisner, B. 14 Global Disasters, a Radical Interpretation//[M]. Interpretations of Calamity: from the Viewpoint of Human Ecology, 2019: 263.

③ Cyr, J. F. S. At Risk: Natural Hazards, People's Vulnerability, and Disasters [J]. Journal of Homeland Security and Emergency Management, 2005, 2(2).

④ 王田子, 刘吉夫. 巨灾概念演化历史初步研究 [J]. 保险研究, 2015(8): 67-79.

紧急情形（Emergency）都是表述不同受损程度的相关概念，在学术研究和实践领域存在混用和互换的情况，例如在保险领域，就存在灾害保险（Disaster Insurance）和巨灾保险（Catastrophe Insurance）两种表达；在灾害管理中，应急管理（Emergency Management）和灾害管理（Disaster Management）具有同样的意思。Quarantelli（2000）将紧急情形定义为"非预见但可预测的小范围常规事件"，其影响范围不是全社会的，并且不需要超出常规的资源或手段来使社会从紧急情境中返回正常；而灾害则是影响整个社区，并且需要社区外部资源来处理和恢复，巨灾是极端严重的灾害，影响到整个国家，且依靠社区和邻近地区的资源无力应对和恢复，他依受损程度将相关概念排序为紧急情形—灾害—巨灾。[①]故此，因灾往往会给国家安全、社会稳定、经济发展和人民生活造成巨大影响，如1998年长江洪灾、2008年汶川地震和2011年东日本大地震引发的核危机，再如2019年末暴发的新冠肺炎疫情。

国际组织和保险机构一般用事故造成的损失程度来区分各种灾害事件。例如，1994年联合国减灾十年委员会将巨灾定义为同时满足死亡人数超过100人、财产损失超过GDP的1%、受灾人数超过该国总人口的1%以上三个条件的巨大灾害。美国保险服务所（ISO）在1997年提出"将巨灾定义为损失金额超过2500万美元，影响到1000个以上被保险人的灾害"。国内的马宗晋等以经济损失和人口伤亡为变量，将灾害分为微灾、小灾、中灾、大灾和巨灾，将巨灾定义为人口死亡大于10万人且财产损失大于10亿元的灾害。[②]

金融保险业是对巨灾风险研究开展较早的领域，对于巨灾风险的定义方式主要包括：一是泛指巨大的灾害；二是指特定灾害事件造成的损失风险，特别是自然灾害，如地震、台风等；三是造成保险标的损失达到某一程度阈值的灾害风险；四是指受灾体没有应对能力，须依靠外界帮助的灾害风险。如卓志等提出"巨灾指一定物理级别以上的，造成直接财产经济损失，深度达到一定比值，或者人员伤亡达到某一数额的自然灾害"，[③]就采用损害阈值的方式定义巨灾风险，为巨灾保险的相关理论研究提供了指导。

在财政科学中，将巨灾风险理解为造成重大财务损失的或有风险，如魏钢和于晓非（2020）从巨灾风险技术面和巨灾风险财务面两个维度衡量巨灾风险的机制和尺度，其中巨灾风险财务面指巨灾造成的经济损失，按发生的时间顺序和前后因果

① Quarantelli, E. L. Emergencies, Disasters and Catastrophes Are Different Phenomena [J]. Disaster Research Center, 2000.

② 马宗晋，赵阿兴. 中国的地震灾害概况和减灾对策建议 [J]. 中国地震，1991（1）：91–96.

③ 卓志，丁元昊. 巨灾风险：可保性与可负担性 [J]. 统计研究，2011，28（9）：74–79.

关系，分为直接损失和次生灾害损失，次生灾害的损失规模和传播及再传播程度和范围远远大于灾害本身。从技术层面，巨灾风险表现为致灾因子和人类社会因素相互作用导致的大量损失或持续负面影响的严重不确定性；而在财务层面，巨灾风险体现为不同受灾体因未来灾害事件的发生而背负的巨额或有负债。

1. 巨灾风险分类

巨灾风险按不同的标准有多种分类方法。比较有代表性的分类方法是将其按致灾因子的种类分为自然灾害巨灾风险、人为事故巨灾风险及公共卫生巨灾风险等。自然灾害巨灾风险指由自然力造成的具有潜在巨大破坏力的灾害风险，根据自然灾害的种类不同，又可分为地质巨灾和气象巨灾两类。地质灾害指以地质动力活动或地质环境异常变化为主要成因的自然灾害，即在地球内动力、外动力或人为地质动力作用下，地球发生异常能量释放、物质运动、岩土体变形位移以及环境异常变化等，危害人类生命财产、生活与经济活动或破坏人类赖以生存与发展的资源、环境的现象或过程。主要包括地震、崩塌、滑坡、泥石流、地裂缝、地面沉降、地面塌陷、岩土膨胀、砂土液化、土地冻融、火山、地热害等。气象巨灾指大气剧烈变化对人类的生命财产和国民经济建设及国防建设等造成的直接或间接的损害，主要包括台风（热带风暴、强热带风暴）、暴雨（雪）、雷暴、冰雹、大风、沙尘、龙卷、大（浓）雾、高温、低温、连阴雨、冻雨、霜冻、结（积）冰、寒潮、干旱、干热风、热浪、洪涝、积涝等。

人为事故灾害指成因与人类活动有关的重大事件，人为灾害的具体形式包括重大火灾、爆炸、航空灾难、航运灾难、公路/铁路灾难、建筑物/桥梁倒塌以及恐怖活动等。

公共卫生事件巨灾指发生不可预测，造成或可能造成广泛社会公众健康严重损害的重大传染病疫情、群体性不明原因疾病、重大食物和职业中毒以及其他严重影响公众健康的灾害事件风险，如2019年底暴发的新冠肺炎疫情。

根据巨灾风险发生频率，可以分为常态巨灾风险和极端巨灾风险。常态巨灾风险指年内至少发生一次以上，标的之间彼此相容的巨灾风险，如财产险承保的暴风、暴雨等气候性灾害。极端巨灾风险指年内发生的概率很小，标的之间彼此相容的巨灾风险，如强烈地震、特大洪水、恐怖活动和重大突发疫情等巨灾。

2. 巨灾风险的特征

随着气候变化和人类活动对自然界造成的影响，巨灾风险发生的概率和严重程度都在增加，叠加人口和财富的增长及城镇化进程导致的人口、财富和资源的高度集中，使巨灾风险的受灾体风险暴露程度和耦合的复杂性显著增加。此外，随着全球化和信息化的进程，灾害链条在长度、广度和密度的量级上都显著增加，使巨灾风险表现出前所未有的新型特征。巨灾风险包含四个基本特征：（1）与低概率的灾害事件（自然/人为）相关联；（2）可能造成严重的人身伤亡或财产损失；（3）持续影响大量风险暴露主体；（4）可能产生剧烈的财务冲击。

巨灾风险会对居民产生严重影响，个体往往没有足够的资源来抵御灾害。当低概率—高损失的灾害事件造成严重的人员的伤亡和财产灭失时，将难以通过非正式的风险转移和传统风险管理手段实现巨灾风险的防范化解。此外，巨灾风险是系统性的，当大量的居民因为一次事件而集体损失时，风险会传导至保险人甚至整个金融系统。

巨灾风险对企业的影响具有一定的相似性，且由灾害引起的责任风险更为棘手，巨灾可能中断企业的生产，形成产品及服务的延迟交付、断供等违约责任，实际损失将超出技术意义上的财产灭失。而当巨灾事件对产业链关键节点造成毁灭性的打击时，可能造成产业链的崩溃，引发社会性经济问题。

可以看出，巨灾风险的威胁是同时在微观和宏观层面并存且相互传导的，这给决策者带来困难，一方面，为了应对风险，需要占用大量资金作为储备；另一方面，当巨灾真正发生时，又难以保障计划内的救灾重建资金的充足。政府的巨灾风险可以进一步引申为在承担灾害治理责任与发展之间的平衡，难以通过单一的事前或事后措施与工具进行公共巨灾风险管理。

（三）巨灾风险管理

由于巨灾风险对居民、企业、政府的威胁不断加重，进行巨灾风险管理是必要且急迫的。巨灾风险管理指在特定巨灾风险环境中，将风险的不良影响最大限度地降低的管理过程，包含巨灾风险的识别、度量与评估、预防、降低、转移、分散、应对及沟通等措施，每一个环节都相互关联且具备适应性的反馈调节机制。可以看出，巨灾风险管理分为灾前和灾后两个阶段，灾前主要包括风险识别、度量与评估、降低、分散、转移、风险沟通等措施，灾后的巨灾风险管理主要包括灾害应对、恢复重建等。风险管理的重心放在事前风险管理阶段，以从根本上降低、转移，甚至消除风险是巨灾风险管理的内在要求。

1. 巨灾风险识别与度量

巨灾风险评估模型是巨灾风险管理的基础。巨灾风险评估模型通过对致灾因子、受灾体和孕灾环境等要素的独立建模分析，并串联每部分的分析结果以得出风险管理者所需要的分析结果，把受灾体的脆弱性分析和致灾因子的危险分析以及整体孕灾环境的风险评估作为整个风险管理框架的基础，评估出潜在巨灾风险，作为巨灾风险管理策略选择和执行的参考依据。

目前认为，巨灾风险评估模型作为一种特定的巨灾风险管理与精算评估工具，在巨灾风险量化分析中最为有效。巨灾风险评估模型在国际上得到广泛重视和研发，地震、洪水和台风等灾种的巨灾模型技术上已经较为成熟。

1985年美国联邦应急署（FEMA）委托应用技术委员会（ATC）执行了ATC-13加利福尼亚州地震灾害评估数据（ATC-13）计划，这个计划提供了各类建筑物、公共设施、经济损失和人员伤亡的易损性评估资料，建立了当时最完整的地震灾害评估系统。在这个计划之后，出于美国的银行业、保险和再保险业和政府部门的需求，催生了巨灾风险评估模型。在美国，有三大专业的自然灾害风险评估企业，分别是阿姆斯风险管理公司（RMS）、EQECAT公司以及环球公司（AIR）（Peter Chessmen，2009）。一些政府机构也积极加入这一研究领域并开发出应用成果，其中较有影响力的是美国联邦应急管理署（FEMA）和澳大利亚地球科学局（Geoscience Australia）。FEMA于1997年公布并发行了HAZUS 97软件，在这套主要以分析地震灾害损失评估的系统整合了地理信息系统、地震学、统计学、数学和相关计算机技术。1999年FAMA推出了HAZUS软件的更新版，该版本突出了针对桥梁等公共设施的地震灾害损失分析；2003年HAZUS软件升级为HAZUS-MH，纳入了洪水灾害、飓风灾害等其他可能造成巨大影响的自然灾害。另外，还有一些基于世界一流大学的研究机构，例如，英国的伦敦大学学院（University College London），澳大利亚的Risk Frontiers，麦考瑞大学（Macquarie University），也有专门研究巨灾模型的团队。再保险公司和一些再保险中介经纪公司，例如慕尼黑再保险公司（Munich Re），瑞士再保险公司（Swiss Re），怡安集团（Aon），佳达再保险经纪公司（Guy Carpenter），中再集团等，也有公司自己的巨灾评估模型。

我国系统化的巨灾模型实践和应用起步较晚。2005年，中国人民财产保险公司引进AIR公司的地震巨灾保险模型，在汶川地震中有较好的损失评估结果。2007年，中国地震局工程力学研究所与RMS公司共同研制开发出适用于我国的地震风险评估模型Hazus-China（陈洪富，2013）[①]。中国财产再保险有限责任公司（以下简称中再产险）于2010年引入RMS公司的巨灾模型，并于2011年引入AIR公司的巨灾模型。2018年5月12日，中再集团推出了我国首个拥有自主知识产权的地震巨灾模型"中国地震巨灾模型"，2019年8月22日，模型更新完善为可商业化应用的"中国地震巨灾模型2.0"，2020年11月15日，"中国地震巨灾模型3.0"正式发布，标志着我国地震巨灾模型逐渐走向成熟（陈亚男等，2021）。中再集团持续推进巨灾模

---

① 陈洪富. HAZ-China地震灾害损失评估系统设计及初步实现［J］. 国际地震动态，2013（3）：45-47.

型研发，不断迭代升级开发中国地震巨灾模型，加速打造台风、洪水巨灾模型，尽快实现主要巨灾模型全覆盖。

我国台湾地区1998年引入美国FEMA的HAZUS模型，以此为基础进行了一系列的本土化改进，构建了更适用于当地情况的地震损失评估系统TELES。

2. 巨灾风险预防和降低

通过风险标的规划、设计、投资、保护等工程性措施与合同、制度、融资等非工程性措施的有机结合，政府联合市场主体和非营利机构构建灾害管理体系，可以降低巨灾风险，避免风险或者减轻风险的危害。

基于风险评估部门提供的数据、信息与知识，准备高质量、最新的致灾事件区划图，政府能够制定风险敏感性社会发展规划，明确发展项目和土地资源分配机制，识别理想的安全区域，优先安排发展基础设施项目。政府基建部门规划并建设可抵御巨灾风险的安全可靠的关键性基础设施，包括生命线工程系统、高潜在损失的设施和关键设施。生命线工程是社会经济运行的基础和骨干，包括排水设施、燃气设施、电力设施、交通设施、通信设施等。高潜在损失的设施是可能对社会公众安全产生严重威胁的大型设施或建筑物，包括核电站、水利工程、军事设施、危化品工厂等。关键设施指为社会公众提供公共服务，并在应急救援过程中发挥重要功能的设施，包括医院、公安局、消防局和学校等（温家洪，焦思思，涂家畅等，2019）。评估关键性基础设施的容量和能力，制订维护和更新计划，构筑巨灾风险保障体系，预防并降低巨灾风险。

3. 巨灾风险转移和分散

巨灾风险转移和分散主要指将巨灾风险可能造成的损失在更大范围、更多主体之间进行分散，由社会公众共同承担巨灾损失。由于巨灾难以预报和风险的复杂性，人们无法在技术上完全规避巨灾风险的发生。为巨灾风险造成的巨额损失提供多层次、多元化的风险转移和分散机制，是巨灾风险管理的重要举措。

巨灾风险转移分散机制可以被视为巨灾风险管理的筹资机制，为灾害风险管理提供财务保障，是巨灾风险管理体系中非工程性措施的核心部分。巨灾风险管理资金筹备主要包括两方面内容：一是筹措灾害发生前为降低巨灾风险而实施的各种工程和非工程性措施所需的经费，例如城市建筑的防震加固、堤坝建设和加固、关键基础设施建设、避免场所建设等所需经费；二是筹措灾害发生后用于救灾、恢复和重建所需的资金支出。

最常见的巨灾风险融资机制是政府财政资金。除单纯依靠政府承担巨灾风险分散的职责外，还有以下方式进行巨灾风险资金筹集。

（1）特别税收：政府在灾后开征特别税收，专门用于灾后重建。哥伦比亚在

Armero 灾后曾经使用过这种方法，但从世界范围看，这种方法使用较少。

（2）国际援助：国际援助可以分为官方援助和非官方援助。非官方援助一般由非官方的国际机构、私人慈善机构等提供；而官方援助包括外国政府、官方的国际机构等提供的援助。

（3）经济合作与发展组织（OECD）、世界银行等国际组织提供大量的灾后国际援助。OECD为其成员提供援助。而世界银行在1988—2000年向56个国家提供了灾后重建项目的支持。另外，地区性的国际组织，如亚洲开发银行、加勒比开发银行等也提供灾后重建项目的支持。

（4）国际货币基金组织（IMF）则提供另外一种形式的灾后援助。从1962年开始，IMF为成员提供一种特殊的贷款，以维持成员在灾后的国际收支平衡表的平衡——一个国家在遭受巨灾袭击后，往往会形成出口急剧下降、进口短期内迅速上升的局面，从而破坏国际收支平衡。IMF可以迅速提供贷款，然后要求在3~5年内归还。

（5）保险/再保险：商业保险/再保险在发达国家是一种常规的巨灾风险转移机制，但在发展中国家，巨灾保险并不发达。发达国家通过再保险向国际再保险市场转移巨灾风险，但发展中国家大多自留巨灾风险。发达国家商业巨灾保险的发展经验表明，商业巨灾保险/再保险只能部分化解巨灾风险，政府公共部门和私人部门合作（PPP）的保险计划是国际趋势。一些国家已经通过政府支持的国家巨灾保险计划来化解巨灾风险。

（6）非传统资本市场风险转移机制：传统保险业化解巨灾风险的局限性在美国1992年的安德鲁（Andrew）飓风和1994年的加州地震开始暴露。传统保险市场存在局限的原因之一是保险业的资本相对于巨灾保险的需求显得不足。因此，如何利用巨大的资本市场来化解巨灾风险成为一种战略选择，因此，非传统风险转移工具得到了广泛关注。

（7）国家巨灾基金：指非保险形式的灾害基金。国家在每年的预算中拨出一定的资金放入国家灾害基金，当遭受巨灾灾害时，可以动用该基金。国家灾害基金往往不足以应对巨灾，因为在非灾害年份，将预算用于其他用途的诱惑往往使灾害基金提留不足。

（8）国际合作：国际援助一般都是事后的，但也有一些预先安排的国际性的灾害基金，如由加勒比发展银行（Caribbean Development Bank，CBD）管理的加勒比减灾基金（Disaster Mitigation Facility for the Caribbean）拥有300万美元左右的资金帮助成员国。由美洲开发银行（Inter-American Development Bank）管理的防灾基金可以为每个成员国提供500万美元的资金。预先安排的国际资金数额一般都不大，且有严格的用途限制，在灾后恢复中无法起到关键作用。

构建巨灾保险制度作为巨灾风险分散转移的核心机制，已经成为世界各国的通行做法。以巨灾保险制度来构建巨灾风险分散机制，一方面可以缓解完全由国家财政负担灾害资金筹备，财政压力过大的问题；另一方面采用精算方法和金融工具及技术分散灾害损失具有科学性和高效性。此外，利用保险合同的方式可以增加风险分散的公平性和效率，是社会治理体系和能力现代化的重要工具。

2017年颁布的《中共中央 国务院关于推进防灾减灾救灾体制机制改革的意见》指出，加快巨灾保险制度建设，逐步形成财政支持下的多层次巨灾风险分散机制。采用巨灾保险制度作为我国巨灾风险管理的主要工具是国家顶层设计的重要方面。此外，随着证券市场和资本市场的发展，利用资本市场采取金融工具化解巨灾风险的时机已经成熟，可以将保险链接资本市场，共同分散巨灾风险，构建巨灾风险分散转移的非工程性金融支持体系。

4. 巨灾风险应对

鉴于存在剩余风险，灾难事件难以完全避免，巨灾事件一旦发生，事件应急响应方案是巨灾风险管理的重要组成部分，包括突发事件预警信息发布系统能力建设、突发事件应急预案体系、灾害应急准备和响应措施制定、救灾物资储备和补助机制确定、防灾减灾人才培养和专业应急救援队伍建设等。

5. 巨灾风险沟通

巨灾风险管理信息传递、沟通与共享体系的构建，可以为风险管理的顺利实施提供保障，以实现较好的风险管理效果。其中，加强跨部门业务协同和互联互通，建设权威、科学、公开的灾害大数据和灾害管理综合信息平台，实现各种巨灾风险隐患、预警、灾情以及救灾工作动态等信息的共享。健全重特大灾害信息发布和舆情应对机制，完善信息发布制度，拓宽信息发布渠道，确保公众知情权。在风险沟通中注意提升专业知识的清晰度与可接受性，充分动员民众参与风险决策，通过有公信力的程序来安置民众意见，加深民众对风险决策的理解，从而更易接受风险管理的结果。

当前我国巨灾风险管理实践的范畴相对狭隘，事前管理工作集中在强度更高、覆盖范围更广的基础设施建设领域，事后管理工作则包含了有规划的预案响应和临时性的支援恢复工作，且各条路径处于相互隔绝状态。尽管数字化、信息化的应用程度持续提升，防御性基础设施、预警监测系统以及补偿性的救助恢复方案仍无法解决所有问题。当灾害的量级足以突破物理防护网时，灾区恢复与重建工作的资金积累与供给没有规制性的保证，这在一定程度上与巨灾风险管理的原则相左。而巨灾风险管理的核心要义是风险的"减量"，即通过工程和机制设计的结合将潜在的巨额损失进行剥离与削减，特别是关注事前的风险融资，实现经济、心理、社会等层面的韧性。通过巨灾风险事前风险融资机制构建经济韧性、社会韧性和公众心理韧性对于微观个体、中观区域以及宏观国家或经济体而言具有同样重要的作用。

二、巨灾保险

（一）巨灾保险的界定

保险的狭义定义，是被保险人用于转移自身风险的金融工具。然而这种定义不能简单地移植到巨灾保险的概念界定中，否则会进入巨灾保险只是在传统保险的基础上扩大了保障责任的误区。巨灾保险的保障对象为巨灾风险，而巨灾风险的特性对传统保险提出了现实挑战：（1）承保对象发生概率低，（2）损失规模有悖大数法则，（3）损害对象的属性具有准公共产品属性。巨灾风险的上述特点决定了巨灾保险与传统保险不同，巨灾保险不仅指一种或一系列产品的组合，而是包括保障个体、企业及政府财政的系列巨灾保险产品，配套的政府部门的政策和法律支持体系，巨灾风险分散制度体系和保险设计的防灾减灾激励措施等综合性、多层次、多元化、多维度的综合制度体系。

狭义上，巨灾保险指分散化解重大自然灾害、人为事故灾难、公共卫生灾难等对国家经济、社会、生命安全和生活及政府财政带来巨大损失风险的一系列保险保障制度安排。广义上，巨灾保险不仅包括系列保险保障制度，还涵盖保险链接资本市场的风险分散制度体系、政府制定的与巨灾保险配套的财政补贴和税收优惠及其他政策和法律支持体系、保险业通过巨灾保险工具参与巨灾风险防范化解降低及风险沟通的各种措施体系。总之，由政府和保险业共同进行巨灾风险管理的系列巨灾保险产品体系、相关政策制度体系、多元主体协调体系等都是巨灾保险制度体系的组成部分。

本书的巨灾保险采用了广义的概念，是一种科学化和制度化的巨灾风险管理机制，它激励居民、企业、政府主动参与巨灾风险防灾防损，且在遭遇极端自然灾害、人为事故灾难时获得制度化的经济补偿，以进行灾难救助和灾后重建。在宏观层面，巨灾保险体现的是一个体系——巨灾保险体系，是全社会应对巨灾风险的风险管理制度体系的重要组成部分，涵盖了巨灾保险产品体系、巨灾保险承保风险的分散体系、巨灾保险政策支持体系等。其中，巨灾保险产品体系包含了一般性的商业灾害保险、政策性的专项巨灾保险产品、高水平的商业巨灾风险产品补充和平滑政府财政遭受的救灾重建巨额支出冲击风险的保险与金融融资策略；巨灾保险承保风险分散体系包括保险人激励防灾减灾的措施、巨灾再保险安排、巨灾债券及其他巨灾金融衍生工具体系、政府兜底责任及比例回调机制的制度安排等；巨灾保险政策支持体系包含政府针对巨灾保险投保人的保费补贴制度、针对巨灾保险的保险人以及投保人的税收减免或优惠制度、巨灾保险准备金或巨灾基金的管理制度、巨灾保险推行方案管理制度等。

巨灾保险作为一项体系化的建设工程，除了涉及针对受灾主体的横向切割，还应当充分考虑风险在纵向的剥离与科学分担。在中观层面，巨灾保险是平台化的，政府、保险行业、资本市场、企业、居民等作为参与主体在平台中配置各种风险分散工具，获得较为全面的巨灾风险保障。多层级嵌套的巨灾风险分层架构同时是解决巨灾保险的可持续性和可负担性问题可选路径，平台化的巨灾保险兼具资金账户管理和方案协调功能，能够联系实际与发展阶段，确定各类巨灾保险方案的风险承担比例，降低风险管理的社会成本。

各种巨灾保险方案同步运行，是巨灾保险制度在微观层面的呈现形式；涉及广泛的保险标的和保险保障范围，这也是巨灾保险的基本特征之一。针对不同情况采取不同的风险分散方式，体现了巨灾保险的体系化设计思想，也是建立完备的巨灾保险制度的本质体现。针对居民的巨灾保险，需要尽可能地提升居民抵抗灾害能力，在这一前提下，首先由政府提供基本的政策性巨灾保险保障，再通过商业灾害保险补充实现保险机制对巨灾风险的有效覆盖。针对企业的巨灾保险，则更加依赖传统企业财产保险和责任保险产品体系的建设，渐进式地探索和扩充保险及其他风险融资机制的应用。针对政府的巨灾保险，则应为政府履行公共治理责任的预算稳定提供保障，平衡公共财政。不论针对何种主体，巨灾保险作用的充分发挥，需要链接资本市场进行更为彻底的风险分散，当前内地保险公司可以在香港地区发行巨灾债券，为构建多层次的巨灾分散机制提供了制度基础。

（二）巨灾保险的基本特征

1. 巨灾保险的保障范围

所有的巨灾种类，如自然灾害中的地震、洪水、飓风或台风等，人为事故中的恐怖袭击，公共卫生事件中的重大传染病等，均可以作为巨灾保险的承保风险。

巨灾保险体系针对企业和居民受灾体的巨灾保险产品涉及的承保责任，既包含灾害导致的人身伤亡、财产损失，也包括巨灾风险衍生的责任风险、营业或收入中断等各种衍生灾害风险。巨灾保险体系针对政府面临财政巨支出责任风险的巨灾保险产品涉及的承保责任，则包括政府作为被保险人面临的涉灾巨额支出短缺风险，如财政救灾责任、灾后恢复重建责任等。以上两类巨灾保险产品所承保的触发保险赔付的巨灾风险可以是自然灾害中的每一灾种或人为灾害，其中，在某一自然灾种灾情严重地区可作单一灾种的专项巨灾保险，也可以采用多灾种的综合性巨灾保险的形式。

巨灾保险保障范围的广泛性再一次印证了不能简单地将其理解为保险解决方案或单一的风险管理工具，而应将其视为综合灾害风险管理的政策制度安排的基本逻辑。

2. 巨灾保险的保险标的和责任范围

巨灾保险保障的主体包括政府、居民、企业等，保险标的是与各主体相关的财产和人身安全及相关责任的履行。虽然针对不同的巨灾风险类型，有不同的保险标的，但对于大部分风险而言，保险标的均包括以下方面。

（1）针对居民的保障：

- 居民的生命和身体损伤，以及因灾导致的医疗费用及健康损失；
- 居民的住宅，是维持生存的最基本的要素；
- 居民住宅内附属财产和机动车辆等其他财产；
- 居民因灾导致停工停产的生计和收入损失；
- 居民因灾产生的第三者责任。

（2）针对企业的保障：

- 企业工厂、生产及营业场所等建筑物损失；
- 企业生产及经营场所的其他财产损失；
- 企业因灾导致的营业中断或活动取消造成的利润、收入和成本等多种损失；
- 企业因灾产生的对雇员及顾客的第三者责任。

（3）针对政府的保障是基于国家责任面临的巨额财政支出：

- 因灾造成的基础设施及公共建筑物损失的修复建设资金支出；
- 灾后应急响应、灾难救援、社会救助支出；
- 灾后恢复重建产生的财政巨额支出等。

相比于一般商业保险，巨灾保险承保标的范围更加宽泛和复杂，不同标的的属性需要进一步精细化分类讨论，巨灾保险的核心议题也在于如何充分转移不同类型的受灾主体难以承受的灾害损失。巨灾风险本身也是一个综合的概念，因此其风险事故也可能呈现出多元或综合的状态。台风、洪水、地震等的危害形式、危害程度等评价指标方法拥有各自领域的操作流程，需要按照标准对各主体的具体财产和责任进行划分。

3. 巨灾保险的准公共物品属性的分类界定

在以萨缪尔森和马斯格雷夫为代表的新古典范式公共产品理论中，可以通过排他性和竞争性两个特征来对商品和服务进行划分。排他性指如果某种商品和服务的使用者不愿意支付激励价格，将被排除在享受该商品和服务之外；竞争性指一个人对某种商品和服务的使用会使其他人能够消费的数量减少。按照两个特征排列组合，可以将商品和服务分为四大类：私人产品、纯公共产品、共同资源和自然垄断。纯公共产品具有非竞争性与非排他性，私人产品与之相反，具有完全的竞争性和排他性。

虽然在理论上可以将商品和服务清晰地划分为四类，但现实中纯粹的公共产品和私人产品较为少见，商品和服务的排他性和竞争性往往是一个程度上的问题，有赖于技术条件和具体环境。Buchanan（1965）[①]在萨缪尔森公共产品的基础上，首先提出了准公共产品的概念，按照排他性和竞争性等特征的显示程度，将公共产品细分为纯公共产品和准公共产品，准公共产品是介于私人产品和公共产品之间的商品和服务，它同时具有私人产品和公共产品的部分特征。在现实生活中，大部分产品是既非纯公共产品，又非私人产品，而是两种产品性质兼而有之，例如，共同资源和自然垄断都可以被归类为准公共产品。

准公共产品的概念范围非常广泛，即除纯粹的公共产品与私人产品之外，都属于准公共产品。因此判断一个准公共产品的特性的关键在于这种产品更偏向私人产品，还是纯公共产品。

私人产品应由私人市场来提供。私人产品供给存在的前提条件是明晰的产权、可执行的合同和自由市场，只要消费者有需求，供给方有供给意愿，私人物品市场就存在，并可以自行达到市场均衡。政府在其中的职能是制定双方交易规则，维护市场秩序，处理由不完全竞争导致的市场失灵问题。

纯公共产品边际成本为零，私营部门出于成本效益的角度考虑不愿意提供该产品，而且非排他性使"搭便车"问题更为严重，从而造成公共产品的供给短缺，因此根据公共经济理论和各国实践经验，一般认为，纯公共产品公共提供，由政府全额负担，通过税收为其融资。

准公共产品同时具有私人产品和纯公共产品的部分特征，可由不同主体混合提供，私营部门通过产品收费，政府通过税收、补贴等多种方式为其融资。政府通过在公共管理中引入市场机制，以及一系列政策安排和经济刺激创造一个有效的市场，激励和促进私营部门进入市场参与产品或服务的供给。

研究巨灾保险产品的属性对于确定该产品提供的主体有着重要意义和理论价值。当前文献在研究讨论巨灾保险的准公共产品属性时，并没有区分巨灾保险的不同的具体标的，统一认为其具有准公共产品属性，并没有进一步讨论其所属的准公

---

① Buchanan J M. An Economic Theory of Clubs [J]. Economica, 1965, 32（125）：1-14.

共产品的类型，"一刀切"地提出政策性巨灾保险的理论框架并不严密，从而引起认识上的混乱以及实践上的困境。

基于巨灾保险保障的不同标的，针对个体层面的巨灾保险产品或服务主要包括居民的基本生存权的巨灾伤亡保险、基本生活资料的居民住宅巨灾保险、居民基本健康权利的基础医疗保险、居民主要财产如家庭财产保险和机动车辆保险、保障社会稳定和安全的第三者责任保险、保障居民基本生计和发展的收入中断保险等。

在上述巨灾保险产品中，保障基本生存权的巨灾伤亡保险、保障基本生存资料的居民住宅巨灾保险、保障社会稳定的第三者责任保险等具有利益外溢型准公共产品的特征，具有一定程度的非竞争性和非排他性，其一部分利益由投保者享有，而另一部分利益会外溢，惠及投保人之外的所有公众。应由政府通过对投保人和私营部门的财政或税收补贴等方式来参与提供这类巨灾保险产品，并可以根据不同地区产品利益的非排他性的强弱，来确定投保产品的强制程度。例如，针对地震巨灾高风险地区，地震巨灾保险方案的非排他性较强，应采用强制程度较高的参保方式，而在巨灾低风险地区，巨灾保险产品利益的非排他性较低，主要效用由投保人享有，则可采用自愿投保的方式。

对于非基本生活资料的机动车辆、住宅内部财产、高于基本医疗的补充医疗保险等，由于产品的效用主要由投保人自身享用，溢出效应较少，可以由纯商业保险公司提供。

企业层面的巨灾保险、企业巨灾第三者责任保险以及巨灾营业中断保险等产品的效用更多地体现为排他性和竞争性，产品的效用主要由投保的企业享有，因此该类企业层面的巨灾保险产品具有更多的私人产品的特性，可由商业保险公司提供。然而，其中企业第三者责任险具有一定程度的非他性，效用会外溢至社会，因此可以在巨灾高风险地区采用政府提供补贴并强制投保的方式。

政府层面的财政指数型巨灾保险产品，具有明显的地域性和非竞争性，可以类比公共基础设施、水利电力等公共产品，可以采用政府通过招投标方式授权经营的方式，委托中标企业经营。

需要强调的是，由于准公共产品的范畴宽泛，且缺乏严格的理论上的划分标准，划分准公共产品的类型并按照相应的方式设计产品的提供方式这个问题在一定程度上是实证问题，而不是理论问题。而这一问题正是本书第六章巨灾保险模式设计与选择的前提。

4. 巨灾保险的可保性

可保性是巨灾风险能否通过保险市场转移的基础。一种风险的不可保性意味着保险人无法开发出相关保险产品来转移该风险，即风险可保性决定了该险种能否存在（田玲，2013）。

可保性风险指可被保险人所接受的风险，也即可以向保险人转移的风险（魏华林，林宝清，2006）[1]。Hartwig和Gordon（2020）[2]提出风险的可保性应满足的条件包括风险可以在数量众多的风险单位中得到分散；损失是意外发生的，并非人为因素的影响；损失可以被准确测算和计量；损失发生的概率可以准确计算，可以为损失进行建模并定价；损失不应超过保险人承受的范围；保险人为接受风险转移收取的保费应该是投保人能够负担的。基于这些可保性标准，以下几方面因素可能影响巨灾保险的可保性。

第一，巨灾风险的低频高损特征。一般来说，可保性风险存在着门槛概率（threshold probability），事故发生的概率越低，其可保性越小（Kunreuther，1996）。巨灾事故的高损失导致赔付超出了保险公司保证稳健经营的偿付能力的阈值，使保险公司不愿意承保此类风险。

第二，巨灾风险具有模糊性。现有的技术和历史数据无法准确度量巨灾风险发生的概率及造成的损失分布。保险公司具有模糊厌恶的特征，经营中会规避此类模糊风险。即使可以提供保险产品，也会为巨灾产品定出远高于其精算公平保费的费率，使巨灾保险产品对投保人而言无法负担。

第三，巨灾风险具有高度关联的特征。巨灾事件会对同一个地区的大量标的产生破坏性影响，由于标的之间具有高度关联性，一次事件的风险单位巨大，保险人难以聚合足够多的同质独立的风险单位，无法通过大数法则对风险进行分散。

巨灾风险虽然并不是传统意义上的可保风险，但可保性并不是一个取值0-1的离散二值变量，仅有可保和不可保两种选择，可将其可保性视为一个介于传统的容易承保与非常难以承保的巨灾风险之间的一个连续变量。一方面，风险的可保性是动态变化的，具有时间特征，随着科学技术水平的提高，人们对巨灾风险有了更深的理解，不断发展的巨灾模型弱化了巨灾的模糊性。通过分析和整合巨灾模型中的灾害模块、易损性模块和金融模块，保险公司已经可以对巨灾损失进行较为准确的描述，也基本上解决了关于巨灾损失的模糊性问题，成为分析巨灾风险可保性的有力工具（Grossi and Patel，2005）。另一方面，政府部门在巨灾保险经营和风险分散中承担着越来越重要的作用，极大地拓宽了保险人应对巨灾风险的偿付能力，在PPP巨灾保险模式下，可由公共部门承担超出保险人承保能力的巨灾损失部分，不

① 魏华林，林宝清. 保险学［M］. 北京：高等教育出版社，2006.
② Hartwig R，Gordon R. Uninsurability of Mass Market Business Continuity Risks from Viral Pandemics［J］. American Property Casualty Insurance Association，2020.

断地拓宽可保性边界。此外，资本市场的发展，为巨灾保险融资提供了渠道，也使巨灾成为可保风险。

5. 巨灾保险参与主体的多元性

巨灾保险的保障对象和参与主体具有身份上的重合性，这是由巨灾风险管理的复杂性决定的，即必须有政府、保险市场、资本市场和公众的参与，才能实现巨灾保险的顺利、长期运行。

在政府层面，主要的参与方式有：（1）构建体系架构与组织形式，以主导政策性巨灾保险制度为切入点，进行提供给各模块对接接口的巨灾保险方案设计，推动"保基础"和高质量保障相结合，均衡优化风险保障和社会福利；（2）制定科学的分担机制，包括保费分担机制和风险分散机制；（3）设立多层次的巨灾基金，优化对巨灾风险的纵向分散；（4）为巨灾保险制度运行提供法律及政策环境；（5）主动进行自身的巨灾风险分散，强化财政韧性。

在保险市场和资本市场层面，以市场化的运作机制最大限度地参与政策性保险和商业化巨灾产品体系的供给之中，包括：（1）深度参与政策性巨灾保险制度，提升基础保障的风险控制和转移能力，强化市场对巨灾风险资金池的科学运作；（2）优化巨灾模型，加大科技赋能，准确反映实际的巨灾风险；（3）配置巨灾债券、巨灾基金等风险分散工具；（4）科学设计针对不同灾种巨灾保险工具，丰富商业供给；（5）加强防灾防损工作和激励。

在公众层面，则强调巨灾风险防范意识的增强，提升风险资产配置的素养，强化灾害治理的公众参与与监督。

6. 对制度保障的依赖性

经验表明，巨灾风险意识的非连续性和巨灾保险的市场失灵导致巨灾保险的正常运行高度依赖法律和政策框架的支持。巨灾保险具有准公共物品属性的特征，立法保障是巨灾保险制度构建的必备要素，而其他市场化的巨灾保险产品体系也需要相应的激励机制和运行政策保障。如何搭建符合中国国情、灾情的巨灾保险法律和政策支撑框架是发展巨灾保险的重点问题，相关思路和原则将在第七章中重点论述。

（三）巨灾保险实施方式

巨灾保险的实施方式主要强调的是通过市场自发形成交易，还是通过政府的介入形成交易。一般而言，可以根据政府在其中介入程度不同，将保险的实施方式分为商业（自愿）保险、强制保险（法定保险）和政策性保险三大类。商业保险指保险双方当事人通过签订保险合同，或是需要保险保障的人自愿组合、实施的一种保险；强制保险又叫法定保险，是国家对一定的对象以法律、法令或条例规定其必选投保的一种保险，其保险关系不是产生于投保人和保险人之间的合同行为，而是产生于政府的法律效力；政策性保险往往指政府为了政策上的目的，运用普通保险的技术而开办的一种保险，由政府提供保费或税收等政策支持的保险制度。政策保险一般包括社会政策保险和经济政策保险两大类别。具体到巨灾保险的实践中，也存在三种实施方式。

1. 商业性的巨灾保险

商业性的巨灾保险指完全依靠市场自发调节产生的有效需求和有效供给，需求主体和供给主体自愿完成市场交易的巨灾保险。典型代表是英国的洪水保险，以及我国目前市场上由不同财产保险公司提供的部分附加型的地震、洪水、飓风等巨灾风险扩展条款或附加险。潜在的受灾主体可以根据自身的风险厌恶程度、风险转移需求和可负担能力进行保险产品的选择，而各保险公司可根据自己积累的巨灾风险数据、财务赔付的可偿付能力和再保险或资本市场的安排进行产品的开发或供给。

2. 强制性的巨灾保险

强制性的巨灾保险指根据某个国家或地区的法律法规的相关规定，对某些巨灾风险实施强制性的投保约束或承保约束。潜在的受灾主体必须对满足一定特征，包括风险种类、风险损失程度、风险损失载体或风险事故类型等条件的风险采用投保的方式转移，而承保主体必须对满足一定触发条件的巨灾风险进行承保或进行再保险。实践中，这种强制性的规定可以是直接在法律法规中具体说明的，也可以是通过附加一些其他的行政手段，如税收优惠或政府其他支付条件来实现。例如，美国的洪水保险计划就是在《联邦洪水保险法》《国家洪水保险计划》《洪水灾害防御法》的规定下，强制性地规定如果居民或企业不购买洪水保险，则不能享受相应的经济优惠政策（如所得税减免、灾害救济或贷款资格等），从而强制实施了洪水保险。

3. 政策性的巨灾保险

政策性的巨灾保险指政府为实现一定的政策目标，借助普通保险的经营技术和市场基础开展的一种巨灾保险。从其性质和政府的目的来看，政策性的巨灾保险既是一种社会政策保险，也是一种经济政策保险。具体表现在：巨灾保险的实施一方面可以帮助政府实现社会稳定的基本目标，也可以帮助政府实现财务稳定的目标。在政策性保险中，政府往往起到一个支持者或引导者的角色，而不是直接的保险供给者，如为了促进出口贸易而开展的出口信用保险等。政策性的巨灾保险和一般的政策保险一样，往往是在政府的支持下由市场供给。典型的例子为美国加州的地震保险，其是由可以享受免收联邦所得税的加州地震局（CEA）向公众提供的住宅地震保险。CEA是全球最大的住宅地震保险机构之一，拥有约90亿美元的保险赔付能力，该机构资金的组成来源于保费、成员投入、投资收益等，与政府财政没有关系，类似于一个政府特许经营的私营再保险公司。

巨灾保险依据其保障标的的不同属性，应采用不同的实施方式。针对保障居民基本生存权的居民住宅、人身安全及第三者责任的巨灾保险应采用政策性保险形式，特别是在灾情严重影响民生地区，可考虑采取强制保险的方式。而对于居民其他财产及企业财产巨灾风险，可采用商业保险形式。

第二节　地震巨灾保险的理论解析

一、地震灾害风险的特征

（一）不可预测

地震预测的要素有地震发生的时间、地点、规模（烈度、震源深度等），以人类现有的技术手段，通过地质构造和板块运动的变化可以在长期进行粗略的地质灾害预测，但从短期来看，无法进行地震预测。一方面，地震灾害的不可预测性导致不确定性增加，传统的风险的计量手段失效；另一方面，地震灾害风险的最大可能损失的估计超出了一般的风险暴露，任何工程防御和风险转移的保护网都可能会被突破。近年来，短暂的地震预警技术给受灾地区提供了十几到百余秒的避险逃生的机会，但仍不足以防范地震灾害风险。

（二）易引发次生灾害

地震灾害不仅会直接造成建筑物与工程设施的破坏和人员伤亡，而且往往会引发一系列次生灾害，甚至造成更大的破坏。地震灾害除了可能引起的火灾、洪水（形成堰塞湖）、山体滑坡、泥石流、海啸等次生灾害风险，还会造成工业品泄漏污染、传染病暴发等衍生灾害风险。因此，地震灾害风险是以地震的发生为前提的一揽子灾害风险的汇集，需要多维度的应对策略的综合利用。

（三）破坏性强

强烈的地震及余震往往给受灾地造成毁灭性的打击，基础设施、救援力量的集体灭失或瘫痪，会极大地延误相关救援和恢复工作的开展，进一步加剧地震灾害破坏的不确定性。地震灾害风险的威胁还体现在持续的负面影响，地震破坏后的重建周期往往较长，给灾区的经济社会重回正常运行轨道造成了巨大的阻力。

（四）分布广泛

我国有23条地震带，历史上的主要地震发生在这些区域，但强烈的地震灾害风险依然威胁着非地震带地区，结合地震的不可预测性，没有任何一个地区可能永远不受地震风险的袭扰。而往往是在缺乏足够的防范时，地震灾害风险可能造成的危害更加难以承受。

二、地震巨灾保险的性质

（一）地震巨灾保险的概念界定

地震巨灾保险保障由于地震灾害及其引发的次生灾害造成的居民、企业及政府等主体的直接和间接经济损失。在广义巨灾保险框架下，本书所指的地震巨灾保险包括地震巨灾保险产品体系、地震巨灾保险政策支持体系、地震巨灾风险保险链接资本市场风险分散体系等。其中，地震巨灾产品体系包括保障居民基本生存要素的城乡居民住宅地震巨灾保险，保障居民人身安全的寿险、基本医疗保险、商业补充医疗保险及意外伤害保险等，保障居民其他财产的家庭财产保险和机动车辆保险等，保障地震灾害导致的第三者责任保险等；保障企业由于地震灾害损失的企业财产保险、企业第三者责任保险、营业中断保险和活动取消保险等；保障政府财政的地震巨灾财政指数保险等。地震巨灾保险政策支持体系包括政府为巨灾保险顺利推行制定的立法、保费补贴、税收优惠、地震巨灾基金积累、政府兜底责任和比例回调、各方协同等政策方案。地震巨灾风险分散体系包括保险人层次、再保险层次、巨灾债券或其他保险链接证券市场的巨灾衍生品层次等风险分散工具的设计与构建。

（二）地震巨灾保险的属性界定

（1）针对居民的地震巨灾保险。第一，城乡居民住宅地震巨灾保险保障全体民众的基本生活资料，具有普惠性质，属于准公共产品范畴。第二，城乡居民因地震灾害产生的意外伤害风险，保障居民的基本生命和健康权，属于准公共产品范畴。第三，居民因地震造成的第三者责任风险，具有较强的外部性，关系社会的安全与稳定，属于准公共产品范畴。

居民的住宅附属物和其他财产及机动车辆等财产损失，具有较强的排他性和竞争性，属于私人产品的范畴。

（2）针对企业的企业财产地震巨灾保险效用基本由投保企业享有，具有排他性和竞争性，因此属于私人产品的范畴。企业地震第三者责任保险和企业因地震导致的营业中断保险和活动取消保险等，除惠及投保企业外，效用还会部分溢出，对社会公众产生正的外部性，属于准公共产品范畴。

（3）针对政府的地震巨灾财政指数保险，具有明显的地域特征，对某一行政区域内的居民有显著的效用溢出，具有非排他性，也属于准公共产品的范畴。

（三）地震巨灾保险的供给形式

产品的属性决定了其提供的主体和形式，同样地，地震巨灾保险不同产品的属性也决定了应采用差异化的供给形式，保险产品实施方式、强制程度、政府在地震巨灾保险中的角色与作用也不同。

（1）城乡居民住宅地震巨灾保险为准公共产品，应采用政策性保险的实施方式，由政府和保险公司等私人部门共同提供。在全国开展政策性住宅地震巨灾保险时，政府应为其顺利实施提供保费补贴、税收优惠等政策支撑，来确保居民可以负担保费且保险公司愿意承保。对于灾情严重地区，可以考虑通过强制投保的方式提高参保率，保障更广泛群众的利益。

（2）保障居民的意外伤害、基础医疗等的地震保险，在城乡居民基本医疗保障体系中已经涵盖，在地震巨灾保险体系中可以不用重复投保。

（3）居民的补充医疗保险和更高层次的意外伤害保险，以及家庭财产保险和机动车辆保险等属于投保人个人受益的产品，可以由商业保险公司按照地震巨灾风险特征，充分考虑保险人自身的偿付能力和风险偏好的前提下，利用地震巨灾模型和精算技术，设计出真实反映地震风险的保险产品，提供给潜在受灾体，由其自愿选择投保。

（4）针对地震灾害企业财产保险、活动取消保险，属于私人产品性质，由商业保险公司提供产品，企业自愿购买。

（5）地震灾害的企业第三者责任保险及营业中断保险等，具有部分外部性，属于准公共产品范畴，由商业保险公司在政府相关政策支持下提供，在一定程度上（如部分地区或行业）强制企业投保。

（6）针对财政风险的地震巨灾财政指数保险，在地震灾情严重地区，类似于电力、水力等公共基础产品，有准公共产品属性，应在部分地区要求政府投保，由中央财政提供政策支持。该产品的提供由商业保险公司通过招投标的方式，由中标的公司或由多家公司构成的共同体经营。

（四）地震巨灾保险体系中政府的角色与作用

1．立法和政策环境建设者

建立地震保险制度，首先必须要有法律法规的支持。地震保险制度比较成熟的国家和地区，都是在大地震发生后一两年内颁布了专门的地震保险法律法规。发生大地震后，民众对地震风险及其灾害损失有切身感受，在这样的背景下建立地震保险制度，有利于推行和推广。制定地震巨灾保险法律及相关实施细则，建立地震巨灾保险法律体系，明确地震保险的运作模式、实施方式、资金筹集渠道及风险分担机制等，通过实施细则进一步明确地震保险的保障责任范围、经营原则、基本条款以及承保、理赔程序等，确保地震保险制度建设稳步有序地推进。

2．地震保险管理机构设立与监管者

地震保险制度的建设是一个系统而复杂的工程，不仅仅是地震保险产品的开发和推出。从国外经验看，地震保险制度的内涵十分宽广，既涉及经济领域，也涉及法律领域；既包含政策性强制保险，也包含商业性自愿保险；既需要政府部门的引导和推动，也需要金融、税收政策的激励；既需要商业保险公司的积极参与，又需要财政、民政、地震等多部门的配合和支持；既涉及保险市场领域，又涉及资本市场领域。这些内涵既相互独立，又相互联系、相互影响。由此可见，建立地震保险制度需要多部门、多领域加强合作，需要社会各界共同参与。因此，为了更好地协调各方面的关系，统筹安排各部门的工作，确保制度建设协同有序，政府的职责包括设立专门的地震保险管理机构，研究确定我国巨灾保险制度建设的整体规划，通过规划明确制度建设的总体框架，包括指导思想、基本原则、总体要求及推进的步骤、措施与安排等。

3．地震保险基金管理者

国外经验表明，只有建立地震保险基金，通过保险和再保险运作机制，才能有效保障地震保险制度的稳定运行。但是，地震保险单靠保险公司商业运作难以为继，需要国家财政对地震保险基金投入一定的启动资金，并对超出保险公司承保能力部分的地震风险责任给予一定的财政担保。地震风险是我国典型的巨灾风险之一，在地震保险基金筹集方面，应充分发挥政府财政、商业保险以及社会各界的作用。一是根据各地区地震风险的实际情况，由国家财政和地方政府财政按一定比例直接拨付；二是从投保人交纳的保险费中按一定比例提取；三是通过社会捐赠与资助。同时加强基金的监督管理与运用，保障基金的安全与增值。

4.地震巨灾宣传教育者

长期以来，人们对地震风险形成了两种心理：一种是由于地震风险在时间上、空间上以及损失程度上的不确定性所形成的侥幸心理；另一种是由于受我国长期实行计划经济体制的影响，形成了对政府的依赖心理。

因此，政府必须开展广泛的宣传教育。一是对地震保险的宣传教育。提高地震保险的覆盖率，这既是地震保险制度建设成功的关键，也是地震保险经营的内在要求。如果参与率低，一旦发生地震灾害，很多人得不到保障，有悖于制度建设的初衷；不仅如此，如果参与率低，地震风险就难以分散，地震保险基金也难以建立。汶川大地震和玉树大地震唤醒了人们的保险意识，政府应以地震为契机，加强宣传和引导，提高地震保险的参与率。一方面，地震保险的推广和宣传具有较大的外部性，商业性保险公司缺乏动力，政府责无旁贷；另一方面，较之商业广告，政府推行的地震保险公益宣传更有影响力，更容易得到公众的信任，更有助于增强公众的风险意识。二是对防震减灾的宣传教育。防震减灾是地震保险制度的有机组成部分。政府应结合我国国情，进行全民教育，全面提升社会公众防震减灾素质。例如，通过设立地震博物馆、举办地震知识讲座等，普及地震避难和自救知识；组织开展各种防震减灾知识宣传活动，提高社会公众防震减灾的参与程度，掌握自救互救技能，最大限度地降低地震灾害的损失。

5.住宅地震共同体机制推进者

政府可通过提高财政支持力度，明确各级财政责任，推动中央财政专项补贴的落地。在"政府推动，市场运作"的原则下，政府对巨灾保险制度实施提供的支持不仅包括立法层面，还应包含财政支持，并涉及对保费端和理赔端两个方面的支持。同时优化税收机制，实行适度的税收优惠。共同体不具有法人地位，各成员公司在销售环节、手续费和出单费环节、再保险环节会面临复杂的增值税问题，产生较高的操作成本、额外税收成本和潜在风险，在一定程度上限制了保险公司在开办住宅地震保险的积极性。因此，需要从顶层设计层面，对共同体优化税收机制进行优化。

三、地震巨灾保险的基本原理

（一）地震巨灾保险的可保性

目前，由于地震巨灾模型的不断改进和完善，地震巨灾已经成为可保风险，在世界各国得到广泛承保。地震巨灾模型是地震学、工程学、城市设计规划科学、计算机科学、金融学、保险学及财政学等多学科不断融合发展的结果，其理论框架和技术体系是不断完善发展的探索过程。HAZUS地震模型的完善，特别是中再"中国地震巨灾模型3.0"的推出，将基于物理机制和保险及精算技术，有效提高我国地震风险评估和管理的科学性和合理性，为地震巨灾保险产品定价、风险分散体系设计提供技术支撑，更好地在供给侧帮助商业保险公司提供地震巨灾保险产品。

（二）地震巨灾保险经营模式的理论创新

在地震巨灾保险发展初期，以促进保险市场发展为干预指导思想的"市场增进论"受到欢迎，并得到包括瑞士再保险公司和世界银行等研究机构的认同和推广。Lewis和Murdock（1999）作为最早正式提出"市场增进论"的学者，主张政府干预应当致力于弥补市场自身的不足，从而更好地发挥私人保险市场的基础作用。[1]

随着地震巨灾保险的发展，以及美国加州北岭大地震（1994年）、中国汶川地震（2008年）、新西兰系列地震（2010—2011年）和东日本大地震（2011年）等特重大地震的发生，保险业界、各国政府及学者们均意识到，地震巨灾保险不是仅靠市场的力量就能够提供的，特重大地震灾害的损失远远超过一个行业或一个地区所能够承受的范围，必须有政府的强力干预及支持，才能保证地震巨灾保险长期稳定持续的运行。在此背景下，PPP地震巨灾保险模式开始占据人们的主要视野，成为世界各国构建地震巨灾保险的首选。Yin和Kunreuther（2008）通过制度比较得出结论，私人保险公司不能自发地在巨灾保险市场上发挥其应有的作用，但是政府不可能完全取代私人保险公司，因此只有政府和私人保险市场建立合作关系，才能共同推动巨灾保险市场的发展与完善。[2]至此，PPP巨灾保险制度模式逐渐成为巨灾保险制度研究的主流观点。

在PPP地震巨灾保险制度模式下，政府通过税收优惠、保费补贴，以及参与风险分散等多种方式参与地震巨灾保险制度的经营和运行，为保险业提供了强力的政策、资金和资源等支撑，进一步从供给侧扩大了地震巨灾保险的可保边界。

（三）地震巨灾保险的风险分散原理

随着对地震巨灾风险的研究深入，地震巨灾保险风险分散理论逐渐出现。

① C. Lewis，K. Murdock. Alternative Means of Redistributing Catastrophic Risk in a National Risk-Management System [M]. National Bureau of Economic Research Inc.，1999.

② Haitao Yin，H. Kunreuther. Risk-Based Pricing and Reducing Effort：Does the Private Insurance Market Reduce Environmental Accidents [J]. Journal of Law & Economics，2008.

1．风险平衡理论：风险年度平衡理论向风险时期均衡理论转变

与普通风险相比，地震巨灾风险更适合在时间跨度上实现纵向分散，即用非巨灾业务年度的保费收入和盈余弥补巨灾业务年度的赔付和亏损。传统保险经营强调风险年度平衡，即本会计年度由包括风险附加保费在内的保费构建的保险基金来实现对所承保的各风险单位实际损失的赔偿或给付。而风险时期均衡理论认为，通过风险时期均衡方法，在经过一段时期经营后再计算承保风险的损益，将年度随机的利润和损失转化为时期内的年平均利润或损失，求得好的和坏的损失经验均衡。实践中，保险公司可运用风险时期均衡理论审核风险的可保性，拓展风险可保性边界，极大地弱化了传统可保条件。

2．风险分散理论：风险实现跨区分散与跨时分散相结合

经典的Arrow-Broch模型基于完美市场的假设，讨论市场均衡时风险在不同个体间的帕累托最优分配问题。随着跨区分散与跨时分散风险管理理论的发展，新型风险管理技术被普遍应用，为保险公司承保高风险作了理论和技术准备。该理论的推进实质上是在时空跨度上扩展运用大数定律。保险公司是进行风险管理的金融中介，具有在代际（跨期）间熨平风险的优势。金融市场提供的金融衍生工具和风险转移合约，扮演着管理金融风险的角色，能有效分担横向风险。地震巨灾风险在全球范围内就具备一定的可保性。而再保险理论与实践的发展，推动全球性的跨区域再保险体系的建立健全，则为保险公司适当放宽承保条件作了转嫁分担风险的财务安排。保险公司可将超过其自身承担能力的风险责任转嫁给再保险人，从而使自身赔付分布得以修正，减少发生超赔的可能性，稳定自身经营，保证了保险的可持续发展。

3．风险分解理论：保险证券化理论与金融工程理论的发展

在地震风险的相关性日益增强、地震巨灾损失不断扩大及可保风险逐渐泛化的条件下，保险风险证券化应运而生。保险证券化引发了一场传统再保险经营理念的变革，它通过保险和金融市场的结合，实现了保险风险管理方法的转变。可保风险泛化理论、保险功能深化回归理论、风险管理整合层级理论为保险证券化提供了理论基础。作为一项风险管理创新，保险风险证券化的运行方式就是通过证券的创造和发行将承保风险转移到金融市场上，将地震巨灾风险联结于全球资本市场，从而实现风险的有效分散。伴随着金融创新浪潮的出现，金融工程学逐渐发展为西方国家金融领域最前沿最尖端的科学，是金融创新最核心的部分，包括创新型工具与金融手段的开发和实施，以及对金融问题的创造性解决。随着金融工程理论的发展，学者们提出了如灵敏度分析、波动性方法、在险价值（Value at Risk，VAR）、压力测试及极值理论等丰富的风险管理方法，为巨灾风险管理工具的设计、开发和推广奠定了理论基础。

第三节　地震巨灾保险与一般灾害保险

一、地震巨灾保险与一般灾害保险的关系

地震灾害和一般灾害都可能同时造成受灾体的财产损失、人员伤亡以及相应的公共财政支出。因此，地震巨灾保险和一般灾害保险在巨灾保险制度框架下是具有风险的连续性和责任的接续性的，可以在受灾体遭受的灾害损害时提供责任范围内经济赔付。

地震巨灾保险同一般灾害保险都具有明显的正外部性，解决的是在灾害发生后的较大范围地区的破坏性影响，缓解人们的生活状态受到的严重冲击，消除或降低危及经济和社会发展稳定的不确定性。

虽然政府和其他社会组织往往会对遭受灾害的人群进行一定程度的救助，但是这些救助方式净福利效应仍为负，特别是对非受灾地区而言，统筹性质的灾害"一对一"帮扶计划可能改变它们的发展计划。而当巨灾保险充分发挥作用时，事前风险融资的边际效果是极为显著的。虽然当前巨灾保险的损失赔偿水平并不足以支持受灾体的全面恢复，但在一定程度上增强了风险的吸纳能力，也即韧性。从这个角度来看，地震巨灾保险和一般灾害保险不仅能够降低灾害损失对受灾体的负面冲击，同时还能够降低灾害损失对其他主体乃至整个社会的不利影响，有助于维护经济社会发展的持续和稳定，增进社会福利。

二、地震巨灾保险与一般灾害保险的区别

地震巨灾风险的特征决定了其特殊性，可以将其与一般灾害保险区分开来。从宏观层面来看，地震巨灾保险更强调政策性巨灾保险制度的建立，传统的商业保单往往对地震风险的应对能力是不足的。

从微观层面来看，地震巨灾保险的风险损失和发生频率的可识别性和可测性更低。一方面，由于地震巨灾风险往往缺乏有效的历史数据，且其风险损失与受灾体的脆弱性存在着非线性关系。地震巨灾风险损失有明显的"厚尾"或"长尾"分布特征，且风险单位在空间或时间上会相互影响。因此，地震巨灾保险定价和责任划分比一般灾害保险更加困难。另一方面，地震巨灾风险的转移或管理的需求意愿不

同，需要构建更为差异化的地震巨灾保险方案。此外，由于地震巨灾保险在承保风险上的特殊性，承办保险公司在产品设计、保费收取、准备金提取、风险管控等经营管理上，都和普通的灾害保险有显著区别。

在基本特征的基础上，地震巨灾保险在保障责任、保障范围、保险价格、参与主体等要素方面还表现出自身的特征。一是所保障标的灭失的系统性。地震巨灾保险比一般灾害保险的保险标的更难进行概括，一次严重的地震灾害造成的损失突破了对风险单位的定义。二是保障水平难以控制。地震巨灾保险强调的是应对或转移地震灾害所造成的众多受灾主体的经济损失，在进行保险方案设计时，需要平衡保障水平与击穿风险的矛盾。三是定价的困难程度。常规的保费费率厘定的主要理论依据主要是大数法则和各类经验得出的统计预测模型或生命表。在预定赔付率、投资回报率的基础上，利用期望效用理论得出纯保费，进而根据经验确定附加保费，最终得到总保费。而针对地震巨灾保险而言，风险发生的低概率和高损失特征决定了很难得出可负担的公平费率。

第四节　地震巨灾保险与灾害治理和应急管理

一、灾害治理与应急管理

（一）灾害治理

灾害治理指在灾害不同周期通过有效的预防、应急以及重建规划、计划、管理等，减少和避免灾害的发生的一个复杂的社会过程。灾害治理包括四个基本内涵。一是全灾种灾害治理。自然灾害、人为事故和公共卫生灾害等灾种之间无法进行明确划分。由于灾害日益复杂，原生灾害容易演变为次生、衍生与复合型灾害，其治理难度也越来越大，需要进行全灾害治理。二是全过程治理。根据全生命周期理论，灾害治理应实施于灾害全过程，灾前、灾中与灾后治理同等重要，尤其要把治理的重心前移至灾前防控。三是多元共治。政府在灾害治理过程中扮演着重要角色，同时，市场和社会力量也同等重要，灾害治理需要以"多元协同"与"合作共治"为基本原则。四是跨专业治理。灾害治理既需要应急管理、风险管理、危机管理、安全管理等知识，也需要汲取社会学、灾害学、经济学、金融学等学科的知识

（周利敏，2021）①。

灾害治理不仅要体现纵向治理体制，即中央和地方的分权与赋权协同互补的治理结构，更需要构建横向治理体制，即公私合作治理模式，形成以党政部门为主体、国有企业和事业单位为支撑、民营企业为补偿的多元协同结构。协调整合市场和社会力量来弥补政府在技术上和效率上的不足，建立平等、合作、联动的多元协同共治格局。

在灾害治理理论方面，灾前预防阶段理论多从人类与灾害的关系出发，强调风险预防、预警与预控，形成了探索风险根源的社会建构理论。以贝克与吉登斯为代表的风险社会理论强调风险识别，认为通过风险感知、风险分析、风险预警、风险控制等，能从根本上提升灾害治理效果。旨在风险评估的脆弱性评估理论，认为脆弱性评估需要从自然脆弱性向社会脆弱性转变，社会组织、社会制度、社会文化、社会结构、社会机制等因素既是重要致灾因子或风险源，也是某些群体特别脆弱的深层原因，这一转变促进了灾害治理的重大变革。韧性理论认为，社会脆弱性虽然有利于发现风险源，但是一种消极被动的表达，韧性强调在脆弱性风险评估的基础上主动加强风险控制，脆弱性强调风险评估，社会韧性强调风险控制，二者是一体两面的关系（周利敏，2015）②。非工程式减灾理论认为，以往人们只重视工程技术减灾，而忽略了从非工程技术层面即社会层面进行减灾，西方发达国家已实现从工程式减灾向非工程型减灾转变，强调政府政策、风险管理、灾害保险、财政金融、风险数据库建设、灾害认知教育、社区减灾等手段的运用（周利敏，2016）③。

灾中应急阶段的理论框架中的社会协同理论强调在灾中要积极引导社会力量参与，只有形成多元主体参与机制以及复杂开放的应急协同网络，才能最大限度地提高应急效率（谢俊贵等，2010）④。强调灾中风险管理的社交媒体理论认为灾害发生后普遍存在"信息黑箱"状况，人们不了解灾难真实状况，有效的风险沟通关系到应急响应的成败，政府与民众之间应形成正式与非正式的沟通网络，促进"集体

①　周利敏，谭妙萍.中国灾害治理：组织、制度与过程研究综述［J］.理论探讨，2021（6）：138–146.

②　周利敏.从社会脆弱性到社会生态韧性：灾害社会科学研究的范式转型［J］.思想战线，2015，41（6）：50–57.

③　周利敏.韧性城市：风险治理及指标建构——兼论国际案例［J］.北京行政学院学报，2016（2）：13–20.

④　谢俊贵，李志钢.复杂灾害社会协同管理基本问题探析［J］.黑龙江社会科学，2010（5）：127–132.

智慧"形成（周利敏，2019）[①]。

灾后重建阶段的理论框架中的社会资本理论长期主导了灾后重建研究，它强调需要充分利用不同阶层的不同社会资本，社会资本在社区减灾、灾后重建、生计恢复、社会关系恢复等方面具有重要作用（赵延东，2007）[②]。PPP模式强调在灾后重建中，政府具有行动缓慢与效率低下等局限，市场私营组织具有扁平化、弹性与灵活性等特点，能有效弥补"政府失灵"与"市场失灵"，但也具有合法性缺乏、资源不足、各自为政等缺陷，公私双方要实现优势互补。

（二）应急管理

应急管理指在政府和其他各类社会组织领导下，防范化解重大安全风险、及时应对处置各类灾害事故的整体系统网络，包括应急管理法律法规、体制机构（包括公共和私人的部门）、应急管理体制、机制与规则、能力与技术、应急管理社会协同体系等。应急管理的对象主要是自然灾害、事故灾难、公共卫生事件、社会安全事件等突发事件，是国家治理体系和治理能力的重要组成部分，担负保护人民群众生命财产安全和维护社会稳定的重要使命。应急管理体系和能力是社会在应对突发事件上的理念、制度安排与相关资源保障的总和，其构成和演变决定了一个国家应对突发事件的能力和效率。

新中国成立初期，应急管理工作主要是分部门应对各类自然灾害和传染性疾病。改革开放以来，随着经济快速发展，生产安全事故逐步进入高发期，安全生产工作得到高度重视。2003年，我国大力推进以应急预案和应急管理体制、机制、法制（"一案三制"）为核心的应急管理体系建设（薛澜，2020）[③]。党的十八大以来，习近平总书记全面部署推进新发展阶段应急管理工作，强调坚持底线思维，着力防范化解重大风险；坚持以防为主、防抗救相结合；坚持常态减灾和非常态救灾相统一，努力实现从注重灾后救助向注重灾前预防转变，从应对单一灾种向综合减灾转变，从减少灾害损失向减轻灾害风险转变；确立了灾害风险管理理念、综合减灾理念和自然灾害防治理念。我国应急管理事业迈入新的历史发展阶段。

应急管理是社会治理的重要组成部分，系统科学理论作为社会治理遵循的重要理论，其在应急管理领域当中也具有极强的指导意义和价值。系统科学理论认为

---

① 周利敏，童星.灾害响应2.0：大数据时代的灾害治理——基于"阳江经验"的个案研究［J］.中国软科学，2019（10）：1–13.

② 赵延东.自然灾害中的社会资本研究［J］.国外社会科学，2007（4）：53–60.

③ 薛澜.推进国家应急管理体系和能力现代化［J］.中国应急管理科学，2020（2）：7–9.

一个国家或一个地区的应急管理工作是一个复杂的系统，涉及跨部门、跨层级、跨领域，融合了多目标、多主体、多需求。必须坚持系统论思想，从全局和总体上、内部联系上和动态发展上部署推进应急管理工作。应急管理的对象——各类突发事件，发生发展经历潜伏、爆发、蔓延、消亡四个时期，生命周期理论也适用于应急管理各阶段，运用生命周期理论，在灾害事件潜伏阶段，要做好预防和准备，加强风险辨识评估管控；不断健全应急救援机制，做好物资储备，编制应急救援预案及演练等。在事件爆发和蔓延阶段，做好应急响应，防止事件扩大或次生事件发生，开展有效救援等。在事件消亡结束阶段，做好恢复，包括现场清理、灾后重建、预案修订、救援评估等。

近年来，随着事件复杂程度日益增加，社会协同的需求越来越强，协同治理理论在应急管理中开始占据主流。协同治理将自然科学中的"协同理论"与社会科学中的"治理理论"交叉与结合，应急管理工作涉及的政府、非政府组织、企业和公民等治理主体，要做到综合协调和整合多元主体的资源、实施跨组织边界的协同行动，步调一致，才能形成合力。

从上述灾害治理和应急管理的理论及研究进展可以看出，未来灾害治理和应急管理重视市场和公众力量的参与，强调多元协同治理以及多元力量如何与政府有效整合；强调工程技术视角的技术治理等基础性工作与经济、制度、文化等非工程视角的有机结合。保险制度作为非工程性灾害治理和应急管理的重要工具，保险公司作为市场力量和一国金融体系的支柱产业，无论是在理论上还是实践中，协同灾害治理及应急管理，共同应对巨灾风险，都是必然且可行的。

二、保险机制参与灾害治理

保险是人类应对风险事故和损失发生不确定性的一种财务制度安排，以商业化、市场化的风险分散转移机制和经济保障为基础，是管理风险和对冲或平滑风险暴露主体财务损失的有效工具。保险作为基于财务属性的风险转移分散工具和收入再分配机制，在灾害风险管理、保障人身生命健康和企业及国家财产资金安全、灾后损失经济补偿、改善财政运行和社会治理能力方面有其特有的功能。

当前，在国家建立灾害防治体系和巨灾保险制度的战略使命推动下，保险本源的风险管理与经济补偿功能融入国家灾害治理体系，以及保险的社会管理职能服务于创新政府管理和治理能力现代化得到国家的重视。党的十八大以来，国家关于保险机制融入防灾减灾体系、加快建立巨灾保险制度、服务国家治理体系与治理能力现代化建设的战略部署和政策指引，为现代保险的功能创新和全面释放提供了重要依据。有效分散和化解重大灾害风险，政府需要也必须依靠市场的力量。

多层次的保险产品体系的构建，将保险保障的覆盖面不断扩展，是形成有效的社会保护网、提升灾害治理能力的重要组成部分。巨灾保险是保险机制发挥作用的重要力量，推进巨灾保险制度的建设，可以在现有的高度商业化的高频低损风险分散的基础上，实现对低频高损风险的进一步防范化解。

从深层次来看，我国应对重大突发灾害的救灾、重建资金来源主要依赖国家财政资金，政府是第一责任人，各级政府依据相关法规以及经济发展和人民需求等公共利益任务履行灾难救助和灾后重建责任，而现行政府涉灾财政预算资金在中央和地方普遍存在一个核心且难以解决的问题，政府涉灾财政资金的规模远远低于其涉灾或有责任。因此，基于保险的财务属性、财政学、公共财政法律及相关政策，消除资金缺口和构建国家层面的保障公共财政涉灾韧性的巨灾风险管理体系，是保险机制参与灾害治理的终极目标和创新路径。

三、地震巨灾保险融入国家应急管理体系

从应急管理研究范畴来看，其发展随着风险的变化和重大事件的出现而不断推进，其演变是从单一到综合、从笼统推论到模块化再到体系化的过程。综合国外对巨灾保险的研究，其主要研究思想均不同程度地明确了巨灾保险是灾害治理工作的核心环节之一，这与保险机制参与公共管理或应急管理的财务性风险转移职能体现与费率杠杆、事前预防作用的发挥有着密切关系。

巨灾保险制度的应用场景与应急管理环节的天然契合，地震巨灾保险制度可以帮助完善应急管理体系，有效提升防灾抗灾减灾救灾能力。从巨灾保险机制科学化、制度化融入应急管理体系研究视角，地震巨灾保险可以有效提升应急管理体系现代化水平和地震风险分散水平，以此弥补国家应急管理体系缺陷和短板。

从保险角度，提升针对地震的应急管理能力的重点在于提高体系防范和化解地震灾害风险的能力，以及震后恢复与重建的能力。将保险机制作为防范化解地震风险的工具融入地震应急管理体系建设中，有利于补齐地震应急管理各个阶段的短板，包括震前通过金融保险业对风险源和因素的辨识、预警和通过保险产品宣传提高公众风险防范意识，震后解决恢复和重建过程中公共财政涉灾资金来源与运用问题。

第 三 章

全球地震巨灾保险：
典型模式与借鉴

第一节　全球地震巨灾保险发展综述

一、地震巨灾保险的产生

人类受严重地震所害可追溯至公元526年的安提阿地震，地震发生于狄奥波里斯，即今天的叙利亚和土耳其交界地区，当时属于拜占庭帝国。据估地震强度为7级，且在随后的一年半时间里余震不断，据记载，伴随地震发生的暴风天气导致没有被震塌的建筑物起火后火势迅速蔓延，几乎摧毁了整座城市，最终造成25万~30万人死亡，公元327年君士坦丁大帝建造的安提阿金宫大教堂也未能幸免。

地震不仅带来人员伤亡，更对社会稳定与经济发展造成严重阻碍。据国际灾难数据库（CRED）统计资料显示，全球地震灾害总体呈现出发生频率增大、破坏性增强、影响范围扩大的特点，当前全球进入特大地震预发期，7级以上地震频繁发生，严重威胁人类的生命、财产安全。2000年至今，全球共发生7级以上强震300余次，年均20余次，高于历史平均水平（18.3次／年）；8级以上巨大地震15次，与过去50年相比增加了4倍以上，全球已进入8级强震多发期。与地震灾害频率高、震级大相伴随的是损失额度的逐年增加，随着社会经济的飞速发展、人类活动的加剧，地震灾害造成的经济损失呈加速增长趋势，具有非线性增长特点，全球GDP每增加一倍，灾害损失金额变为原来的3~4倍。2011年3月日本发生9.0级大地震，造成高达2100亿美元的直接经济损失，约15884人遇难，远超过1995年阪神大地震的灾害损失水平；2015年4月，发生于尼泊尔中部的8.1级地震至少造成7040人死亡，14123人受伤，美国地震调查所（USGS）预测经济损失可能超过尼泊尔一年的GDP。

依靠财政的灾后重建模式给政府带来巨大压力，寻求新的方法路径，为灾区快速恢复生产生活秩序提供可靠保障，是全球面临的课题，保险以其天然化解风险的性质及合理调配资金的能力在地震风险管理领域应有一席之地。地震风险因发生频率较低但一次发生损失巨大、范围较广的特殊特征而无法由一般保险公司所提供的单一保险产品进行覆盖，在巨大的需求与供给缺口下，以政府为主导的地震巨灾保险应运而生。1994年美国加州的北岭地震给保险公司带来巨额赔付压力，导致大量保险公司直接破产或退出市场，一时间地震保险市场供给量严重不足，政府只得出面立法，要求凡在加州经营房屋保险的保险公司必须同时提供地震保险，通过政府主导的方式维持地震保险的持续运行。

表3-1 近三十年保险损失最高地震事件及赔付统计

排名	日期	地区	全部损失（十万美元）	保险覆盖（十万美元）
1	2011-03-11	日本：青森县、千叶、福岛、宫城县、栃木、东京	210000	40000
2	2011-02-22	新西兰：坎特伯雷、克赖斯特彻奇、利特尔顿	24000	16500
3	1994-01-17	美国：北岭、洛杉矶、圣费尔南多山谷、文图拉	44000	15399
4	2010-02-27	智利：康塞普西翁、塔尔卡、瓦尔帕莱索	30000	8000
5	2010-09-04	新西兰：坎特伯雷、克赖斯特彻奇、利特尔顿	10000	7400
6	2016-04-14~2016-04-16	日本：熊本、麻生、沃德中央、南相升、大分、福冈、山口	32000	6500
7	1995-01-17	日本：兵库县、神户、大阪、京都	100000	3000
8	2016-11-13	新西兰：坎特伯雷、凯库拉、怀奥、惠灵顿、马尔伯勒、皮克顿	3900	2100
9	2011-01-13	新西兰：坎特伯雷、克赖斯特彻奇、利特尔顿	2700	2100
10	2017-09-19	墨西哥：普埃布拉、莫雷洛斯、大墨西哥城	6000	2000

二、地震巨灾保险的基本特征

地震灾害通常造成大规模人员伤亡和财产损失，影响范围广，对一个地区甚至一个国家的社会生活和经济活动会造成巨大的冲击。同时，地震灾害是小概率事件，难以预测，在同一地点或地区要相隔几十年、上百年或更长的时间才会发生，缺乏大量的历史观测样本。地震灾害的这些特性，使其成为一项特殊的保险业务。

（一）地震灾害保险具有准公共产品属性

在地震灾害保险市场中，通常存在商业供给不足而被保险人需求过剩的市场失灵现象。主要原因是地震灾害保险具有准公共产品特性。地震灾害保险产品具有竞争性，而为地震灾害保险提供的减灾防损等风险管理服务具有非排他性，容易导致"搭便车"现象，因此不能完全依靠市场机制调控和配置。商业公司只依靠市场机制来提供地震灾害保险产品将面临巨大的经营风险。主要体现在以下三个方面，一是偿付能力风险。一次大地震可能导致保险公司的赔付爆炸式增长，历年累积的资本消耗殆尽，甚至资不抵债而破产。二是再保转移风险。国际地震再保市场是一个寡头垄断市场，我国在地震等巨灾的分保价格上话语权不强，同时地震灾害保险信息的不对称、不充分也容易推高再保定价，不利于地震风险转移和分散。三是经营成本风险。地震灾害保险产品的经营必须具备一定的规模，规模如果不够大，就不可能在时间和空间上分散风险，经营成本会被推高，高价格会导致地震灾害保险需求萎缩。

（二）地震灾害保险不适用"大数法则"

"大数法则"的意义在于，风险单位数量越多，实际损失的结果会越接近预期损失可能的结果，也就是呈现稳定的规律。据此，保险人就可以比较精确地预测危险，合理地厘定保险费率，使在保险期限内收取的保险费和损失赔偿及其他费用相平衡。地震灾害保险通常不适用于"大数法则"。按照保险理论，对于商业保险公司来说，地震风险属于不可保风险。主要原因在于：一是缺乏大量同质的、独立分布的风险暴露；二是地震风险造成的损失异常难以预测，特别是几乎无法准确估计风险事故发生的频率；三是地震造成的损失大且次生灾害较多；四是地震保险的经营成本较高，保险公司经营动力不足。

（三）地震灾害保险面临道德风险与逆向选择

地震灾害保险与其他险种类似，同样存在逆向选择与道德风险的问题。地震灾害保险的逆向选择问题主要如下。一是地震区域风险差异导致逆向选择。在国家非强制性施行地震灾害保险时，地震多发地区的居民愿意自费购买地震灾害保险，而地震少发地区的居民则不愿意参加地震灾害保险，这样形成地震灾害保险的"柠檬市场"，保险公司面临大量高风险客户。二是地震活跃时间差异导致逆向选择。即使在地震频发地区，也有地壳板块的活动频发时期与相对安静期，在地震活动频繁时期，地震发生的风险也明显增大，那时居民加入保险的需求也随之放大，在地震活动的相对安静期，需求减少。

（四）地震灾害保险具有社会正外部性

地震灾害保险具有利益外溢的特征，是一种正外部性产品。没有购买保险的社会成员未支付任何费用，却享受生产稳定、产品价格低廉和国家经济增长的益处。从保险定价的基础理论来讲，保险费率应取决于地震灾害造成的损失率，损失率越高，相应保险费率就会提高，而高赔付率导致高费率，高费率使居民无力投保，居民能接受的，保险公司却赔不起。从福利经济学的理论来看，应该对产生正外部性的生产者或消费者进行补贴，使私人收益加上补贴后能等于社会最佳产量时的社会收益，从而使该产品的产量提高至社会最佳产量。

三、全球地震巨灾保险发展历程

由于社会制度、经济发展水平、保险市场发育程度、灾害救助体制、各个国家或地区的地理环境不同等原因，各国巨灾保险制度的具体设计也不尽相同。从目前国际实践情况来看，美国、日本、新西兰、英国、法国、土耳其及我国台湾地区等已形成较为成熟的巨灾保险体系应对巨灾损失并进行有效风险转移，巨灾保险覆盖率和赔付率保持较高水平。据Sigma杂志统计，2020年全球灾害造成的经济损失约为2680亿美元，其中保险覆盖970亿美元，较2001—2020年的平均水平高出40%，全球保险业在减轻巨灾风险方面作用显著。

上述国家和地区的地震巨灾保险制度主要包括两种模式。第一种是以美国和新西兰为典型代表的政府主导模式，主要依托政府设定的专门机构进行运作和管理巨灾保险风险，投保具有较明显的强制性。第二种是以日本及我国台湾地区等为典型代表的政府与市场合作模式，由政府和商业保险公司共同参与，保险公司负责商业化市场运作，政府协作其提供政策和资金支持，具有较强的引导性。

表3-2　各个国家或地区建立地震保险的时间及背景

年份	国家或地区	背景	地震保险发展
1945	新西兰	重特大地震灾害给新西兰震后恢复带来困难。	新西兰政府于1945年颁布了《地震与战争损害法》，并成立地震委员会，专门管理地震灾害保险相关事宜。
1966	日本	1964年，新潟7.5级大地震结束。	日本推出了《地震保险法》和《地震再保险特别会计法》，标志着地震保险制度的确立。
1995	美国	1994年之前，美国地震灾害保险均由商业保险公司进行市场化运作，北岭地震的保险理赔使大部分保险公司破产，迫使相关法律出台，进而使政府介入地震灾害保险制度创建发展。	1995年，加州通过立法，规定房屋保险必须与地震保险同时售卖。1996年，加州通过法案，成立政府主导的加州地震局，以公共公司化组织集中开展地震灾害保险工作，承保范围主要包括房屋、室内财产以及地震造成的额外生活费用。
2000	土耳其	1999年，马尔马拉和都兹大地震。	2000年，土耳其政府签署《强制地震保险法令》，建立土耳其巨灾保险共同体。
2001	中国台湾	1999年9月21日，我国台湾地区发生了7.6级的强烈地震（集集大地震）。	2001年7月，我国台湾地区正式建立了住宅地震保险制度。

第二节　典型模式分析

一、中国台湾地区地震保险制度

（一）建立背景与演进

中国台湾地区（以下简称台湾地区）是位于亚洲东部、太平洋西北侧的岛屿，总面积36197.07平方公里，截至2020年底共有2356万人口，人口密度约651人/平方公里。[1]

台湾地区主要有3处地震带[2]，分别是东北部地震带、西部地震带和东部地震带。20世纪以来，台湾地区共计发生地震773859次，其中7级以上地震达39次。[3]

在现行住宅地震保险出台之前，台湾地区对于地震风险的保障是通过批单的方式在长期住宅保险的基础上增加地震基本保险，保额并不高且推广程度低。1999年9月21日南投县集集镇发生里氏7.3级的大地震，造成2415人死亡，29人失踪，11305人受伤，51711间房屋倒塌，更引发大规模山崩和土壤液化灾害，[4]是20世纪台湾地区规模最大的一次地震。当地政府在此次灾害中付出了万亿元新台币的慰问金，故而开始在借鉴日本、新西兰等国家经验的基础上系统地制定并出台了地震保险制度。

第一，为了更好地进行制度安排，着手修订"保险法"，为住宅地震保险制度提供法律依据。2001年7月9日，其"保险法"新增的第138－1条开始实施。该条规定所有的财险公司都要以参与共保体的方式承保地震住宅保险业务。法律将住宅地震保险定位为政策性保险，但并不强制居民购买。

第二，迅速颁布相关配套机制和实施办法。2001年11月30日，台湾地区相关部门依据"保险法"授权，出台"住宅地震保险共保及危险承担机制实施办法""财团法人住宅地震保险基金管理办法"和"财团法人住宅地震保险基金捐助章程"三

① 资料来源：https://www.ey.gov.tw/state/235266A41238ECCE。
② 资料来源：https://scweb.cwb.gov.tw/zh-tw/guidance/faqdetail/54。
③ 资料来源：https://scweb.cwb.gov.tw/zh-tw/history？q=%E5%9C%B0%E9%9C%87%E5%B8%A6。
④ 资料来源：https://news.163.com/photoview/57KT0001/110237.html#p=BF5O0G8257KT0001。

项配套规定。

第三，及时成立相关主体，开始落实实施。首先共保体由台湾地区产险业和"中央再保险公司"共同组成，并制定了共保组织的作业规范。随后在2002年，保险业务发展基金管理委员会捐助2000万元新台币成立财团法人性质的住宅地震保险基金（TREIF），并委托"中央再保险公司"负责该基金的管理。由于"中央再保险公司"于2005年实现民营化而不再适合继续管理基金，TREIF于2006年7月1日开始正式独立运作。

第四，正式实施住宅地震保险制度，提供地震风险保障。2002年4月1日，台湾地区住宅地震保险制度正式实施。自实施之日起，居民投保住宅火险的，均自动涵盖住宅地震基本保险，每户保额最高为120万元新台币，每年保费为1459元新台币，住宅因地震全损者还可获赔临时住宿费用18万元新台币。同一次地震事故，保险累计赔付上限为500亿元新台币，并相应建立了多层风险分散机制。同时，根据经济社会发展和民众需求变化，不断调整完善制度。随着投保率的上升、积累资金的增长和承保能力的增加，2009年4月1日起，台湾地区住宅地震基本保险保费调降至1350元新台币。2012年1月1日起，在每户保费1350元新台币维持不变的情况下，每户保险金额由120万元新台币上调至150万元新台币，临时住宿费用由18万元新台币上调至20万元新台币。此外，经过2007年1月1日和2009年1月1日两次调整，一次地震事故累计赔付上限调高至700亿元新台币。

（二）台湾地区地震保险制度的保障范围及对象

1. 以居民住宅为主要保障对象

台湾地区住宅地震保险制度保障的是居民住宅，采取的是住宅火灾险加保地震基本保险的方式，被保险人除了住宅火灾损失可获得赔偿外，因地震导致的损失也可获得基本补偿。根据相关法令要求，财产保险公司开发的各种住宅火灾险或住宅综合保险均需附加地震基本保险。对投保人而言，住宅火灾及地震基本保险尚不是强制性保险，但在实务中，贷款金融机构提供贷款时，通常会在贷款合同中要求借款方为其住宅投保住宅火灾及地震基本保险。在投保方式上，住宅所有权人可以直接向有关财产保险公司、贷款金融机构（保险代理人）投保，也可由保险经纪人、代理人代为办理投保手续。

2. 以地震导致的住宅全损为责任范围

住宅地震基本保险的承保范围包括地震震动，地震引起的火灾、爆炸、山崩、地层下陷、滑动、开裂、决口，以及地震引起的海啸、海潮高涨、洪水等危险事故所造成的房屋全损。"全损"指一是经政府机关通知拆除、命令拆除或给予拆除的；二是经合格评估人员评定或经建筑师公会或结构、土木、大地等技师公会鉴定为不能居住必须拆除重建，或者非经修复不适居住且修复费用为危险发生时重置成本50%以上的。

3. 以重置成本确定保险金额，但有上限

台湾地区住宅地震保险制度的目的是帮助被保险人在灾后迅速获得保险赔偿，减轻财物损失，尽快重建家园，因此其保险金额根据保险标的物的重置成本来确定。重置成本超过150万元新台币的，保险金额为150万元新台币。另给付每一住宅建筑物临时住宿费用20万元新台币。其重置成本根据投保时产物保险商业同业公会"台湾地区住宅类建筑造价参考表"中的"建筑物本体造价总额"计算：

建筑物本体造价总额=各类建筑物构造每坪单价×各类建筑物使用面积（含公共设施）

（三）台湾地区地震保险产品及运行模式

1. 保险产品

台湾地区地震保险的保险对象为居民住宅，凡是投保住宅火灾保险则自动涵盖地震基本保险。从保险公司的角度，台湾地区住宅地震保险具有"强制供给"的特性。根据有关法律规定，所有财产保险公司在经营住宅火灾险时必须附加地震基本保险。但从投保人的角度，该保险并不是强制性保险，而是具有"半强制投保"的特性，因为有关法律规定，凡申请银行贷款必须购买火灾险，地震保险则是自动附加在火灾保险保单中的。住宅地震保险的承保范围、保险金额、保险费率等具体内容如表3-3所示。

表3-3 台湾地区地震保险产品具体内容

保障标的	居民住宅，不包括内部财产。
承保方式	凡投保住宅火灾保险即自动涵盖地震基本保险。此外，申请房贷时，银行要求必须投保住宅火灾保险。
承保范围	地震或地震所引起的火灾、爆炸、山崩、地层下陷、滑动、开裂、决口、海啸、洪水等。
承保损失	实际全损或推定全损。
保险金额	以投保时保险标的的重置成本来确定，最高为150万元新台币。此外，还需另行支付20万元新台币的临时住宿费用。
保险费率	单一费率，目前为每户每年1350元新台币。
保险期限	保险期限为一年，凡原已投保长期住宅火灾保险者，要以批单方式加保地震基本保险，需逐年办理。

资料来源：https://www.treif.org.tw/contents/A_aboutTREIF/A1.aspx。

2．运行模式

居民先向财产保险公司投保住宅地震保险，再由财产保险公司向TREIF全额办理再保险，并收取相应的签单费用。TREIF再将风险分散至共保组织、再保险市场、资本市场和政府。若发生地震灾害，由签单财产保险公司负责向被保险人理赔，理赔产生的各项费用依据相关规定向TREIF提出申请和摊回。

3．风险分散机制

台湾地区地震保险制度的风险分散机制分为两层：第一层限额为42亿元新台币，由共保组织承担；第二层限额为958亿元新台币，由TREIF承担和分散，其中，580亿元新台币以下部分，658亿~958亿元新台币部分，由TREIF视业务需要及市场成本状况，安排于再保险市场或资本市场分散或自留；580亿~658亿元新台币部分，由政府承担。

4．推广方式

为增进民众防震防灾意识，TREIF会定期举办业务宣传活动，具体包括民众宣传、道路宣传、学校宣传和大型活动及摊位宣传，且频率较高，2020年全年共计开展民众宣传42场、学校宣传12场、大型活动及摊位宣传6场。通过向民众普及一些建筑物抗震说明及消防自救知识，加强民众对地震的了解及防震防灾意识。

此外，TREIF还会定期举行研讨会及防灾日宣传等活动，邀请气象风险灾害类专家对台湾地区乃至全球所面临的气象变迁所带来的风险，及保险在诸多气象灾害风险中可以扮演的角色等话题进行研讨，增进包括政府人员、保险从业人员等与会人员共同应对风险的认知，还会通过在小学等校园内举办有奖问答等类型丰富的活动，提高学生地震风险意识及对住宅地震保险的正确认知。

（四）运行效果

住宅地震保险实施之前，地震保险作为火灾险的附加险而投保率极低，约为0.2%，2002年住宅地震保险制度实施之后，当年投保率达5.99%，此后逐年递增。截至2021年8月31日，台湾地区住宅地震保险全地区累积责任额为55104亿元新台币，有效保单件数为329.4万件，平均投保率为36.51%（以地区住宅户数902万户为基准计算）。

保费收入逐年增长，从2002年的6.61亿元新台币增加至2019年的40.40亿元新台币。由于保险金额和保费的调整，费率有所降低。制度实施之初，保额最高为120万元新台币，保费为每户每年1459元新台币，费率约为1.22‰；2009年4月1日起，保额不变，保费下调至1350元新台币，费率约为1.13‰；2012年1月1日起，保费不变，保额最高提升至150万元新台币，费率约为0.9‰。

亿元新台币 %

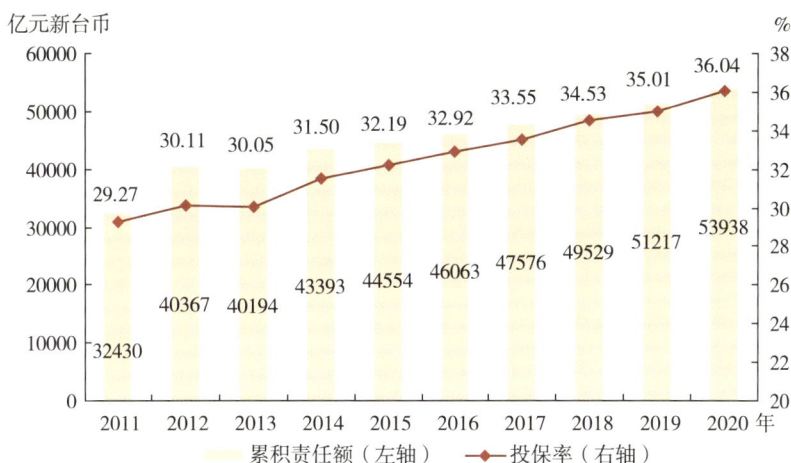

图3-1 台湾地区住宅地震保险投保率与累积责任额

（资料来源：根据TREIF 2011—2020年年报整理）

亿元新台币

图3-2 2011—2020年台湾地区住宅地震保险保费收入

（资料来源：根据TREIF 2011—2020年年报整理）

（五）台湾地区地震保险制度特征及启示

1. 地震保险应定性为由政府牵头的政策性保险

台湾地区住宅地震保险制度成立之初，立法先行直接明确住宅地震保险性质为政策性保险。秉持普及性、简化性、保障性、负担性和政府性五大原则，[①]希望为民众提供一个投保简单但保障性充足的地震保险。由政府部门牵头组建非营利性质的财团法人住宅地震保险基金，作为住宅地震保险的中枢组织，以充分配合该保险

---

① 资料来源：台湾地区地震保险基金原总经理张万里先生在 2008 年 10 月 22 日国际巨灾保险基金管理研讨会上的演讲。

的政策性使命，商业化财产保险公司全部以共保体形式参与。

由此可知，政府部门的支持既体现在及时组织力量立法、修法和建章立制，又体现在筹措资金成立住宅地震保险基金并指定董事会成员开始运作，更体现在第二层风险分散机制责任的承担，可以说台湾地区住宅地震保险制度的有效运行与政府部门的大力支持不可分割。地震风险属于发生概率较低但损失巨大的风险，地震险种具有技术难度高、财务核算周期长、盈利能力差等特点，如果仅靠保险公司商业运作、自我积累，要么保费过高，民众无法承受导致覆盖面不足，要么保险公司累积风险过大，影响偿付能力甚至危及金融稳定。因此，地震等巨灾保险作为一种带有公益性的准公共产品，需要在立法、组织推动、财税政策、资金支持等方面予以支持，以争取尽快在地震保险制度方面破题前进。

2. 规定自愿投保，但政府部门可以采取"绑定"手段助力投保率上升

住宅地震保险允许民众自愿投保，但政府部门会采取一些"绑定"手段增加投保率，从而进一步降低民众受灾损失。例如，从财产保险公司的角度而言，要求财产保险公司自行开发的各种住宅火灾保险及住宅综合保险保单必须涵盖住宅地震保险；从民众的角度而言，购买住宅火灾保险即会自动涵盖住宅地震保险责任，另外银行要求办理抵押贷款时必须以购买过住宅地震保险的房屋作为债权担保，这些手段都在一定程度上对保证住宅地震保险的投保率提供了支持。

3. 简化投保核保流程且理赔机制完善是获取民众信任的良好途径

秉持简单性原则，住宅地震保险采用单一费率以保证投保简单、核保简单。但对于体现保险功能与价值的理赔机制给予极其认真严谨的对待态度。首先，通过早期的损失评估系统大致估算灾后的初步损失；其次，住宅地震保险理赔机制的建立还结合了地方政府专业组织的灾后界定，地震发生后立即动员建筑师、结构供应师、土木工程师等专业技师进行灾区建筑物的安全性鉴定。除政府专业界定人员之外，TREIF还在积极培训合格的评估人员，定期举办评估人员新训、复训，2020年共计举办理赔教育训练22场。地震发生后，理赔机制的参与方不仅有TREIF，还有作为一线的签单财产保险公司。由民众向签单公司发出理赔申请（也可向TREIF提出申请，TREIF会向签单公司传达），后续签单公司通过全损理赔认定流程决定是否支付赔款，并通知被保险人。

保险作为专业性较强的特殊商品，若投保初期设置较为复杂的流程手续，则易引起大部分民众的抵触心理从而降低投保率。为了初步实现地震保险的普及运行，台湾地区住宅地震保险设置统一费率以简化投保核保流程的方法不失为一个良好选择。投保核保虽简化，但理赔机制应给予高度重视并严谨制定，理赔工作做得好、做得到位，才可以令民众确确实实感受到地震保险的减损作用及其必要性，投保率才会逐渐上升。

4. 成熟的风险分散机制为地震保险长期稳定运行保驾护航

台湾地区住宅地震保险设置双层风险分担机制，风险分散机制以TREIF为核心，该基金设立的目的是"承担与分散财产保险业承保之住宅地震危险，并负责管理目的事业主管机关建立之危险分散机制"。TREIF将风险分散至共保体以及再保险市场和资本市场，政府部门承担兜底责任，并设置了比例回调。这一安排发挥了各个主体的优势，如共保体直接面对投保人并承担一定限额风险，既方便了客户投保、理赔，又有利于其督促其采取防震减灾措施，防范逆向选择和道德风险。同时，也有利于降低制度运行成本，加快地震各项准备金的积累。建立投保人、保险公司、再保险和资本市场、巨灾基金、政府等各方共同参与、分级负担的风险分散机制，并根据各方风险承担能力和特点优势合理配置各层风险分担责任，对于地震保险制度的平稳运行、持续发展具有重要意义。

5. 加强宣传教育工作，从根本认知上提高对地震保险的认可度及需求度

除住宅地震保险制度设计之外，台湾地区对于防震防灾的民众宣传教育工作及力度也十分到位。TREIF会定期举办一些宣传教育活动，向民众普及地震和自救等相关知识，气象部门网站也专门设置地震板块，发布地震百问、灾害预测、灾害预防、过往地震资料等内容，以供民众查阅。

地震保险本质意义上是灾后降损的一种措施，地震保险相关制度的搭建与出台刻不容缓，民众对地震危害的风险认知也应同步提升。只有真正意义上实现民众都意识到地震的危害、建立起风险防范意识、将灾中自救常识熟记于心，才会使其从根本上认可地震保险的重要性而自觉投保地震保险。这就要求政府部门及商业保险公司并非仅针对地震保险作出宣传而呼吁民众投保，而应采取多种措施，如通过官方网站中普及教育的板块、新闻广播等多方媒体渠道循环播放等线上措施提升居民风险意识；通过定期举办地震灾害认知自救等知识普及活动宣传活动等线下措施，最终实现民众保险意识与认可度的提升，从根本认知上扩大地震保险需求。

二、日本地震保险制度

（一）建立背景与演进

日本位于欧亚大陆以东、太平洋西部，由数千个岛屿组成，众列岛呈弧形。总面积37.8万平方公里，截至2021年9月1日共有12521万人口，人口密度约为331人/平方公里。①日本位于环太平洋火山地震带上，是世界上地震频发的国家之一，整个国土断层带分布密集。据统计，全球大约有10%的地震发生在日本以及周边区域，每年有感地震达1000次以上。②1919年以来，日本共发生7级以上地震6次。③

日本地震保险制度的研究可追溯至1881年，但由于各种原因并未进行下去。1923年，日本神奈川县发生7.9级"关东大地震"，死亡和失踪人数超过14万人，房屋损毁达44万间，经济损失大约300亿美元，地震保险制度问题再次被提上日程，并分别于1934年、1949年、1953年和1963年四次完成了《地震保险制度纲要》《地震保险法纲要》《地震保险实施纲要》和《地震保险承担纲要》，但由于种种原因，地震保险制度仍未能落地。

真正推动日本地震保险制度落地实施的是于1964年发生的新潟7.5级大地震，日本政府设立地震保险专门委员会，开始全方位论证地震保险制度建设相关问题。1966年，日本推出《地震保险法》和《地震再保险特别会计法》，标志着日本地震保险制度的确立。同年5月30日，由当时的日本国内20家财产保险公司投资10亿日元共同组建公司形态的日本地震再保险株式会社（Japan Earthquake Reinsurance，JER），通过分别与财产保险公司和政府形成再保关系并负责管理地震保险保费，从而扮演起政府与商业公司之间桥梁的角色。同年6月1日起，日本地震保险开始全面推广。

日本的地震保险分为住宅和商业两种，通常所指的地震保险指具有政策性的住宅地震保险（以下简称地震保险），由JER参与运作，而其他商业性质的地震保险则通过商业保险市场提供。

表3-4 日本地震保险发展历程

年份	事件
1966	日本历史上具有里程碑意义的《地震保险法》问世，标志着由政府和保险公司共同经营的地震保险制度产生。
1980	日本对地震保险制度作出修改，增加了对半损也进行赔偿的内容。
1991	日本再次修改保险制度，进一步扩大了地震损失赔偿范围。
1996	日本出台新的地震保险制度，将家庭财产与企业财产分开，采取不同的保险政策。
2017	开始实施保险基准费率改革方案，主要体现在保费负担和保险赔付两个方面。

---

① 资料来源：日本总务省统计局，http：//www.stat.go.jp/。
② 资料来源：http://fl.sinoins.com/2014-04/03/content_104294.htm。
③ 资料来源：日本气象厅，https://www.data.jma.go.jp/svd/eqdb/data/shindo/。

（二）地震保险的基本内容

1. 保险产品基本情况

（1）保障标的。居住用建筑物（包括店铺、住宅并用的建筑物）及其生活用家庭财产，但不包括工厂、事务所专用建筑物等不作为住宅使用的建筑物、一个或一组价值超过30万日元的贵金属、宝石、骨头、货币、有价证券（支票、股票、商品券等）、储蓄证书、印花税、邮票、汽车等。

（2）承保范围。地震、火山喷发或由此引发的海啸（或地震）为直接或间接原因引起的火灾、损毁、埋没或流失，分为全损、大半损、小半损和部分损失四档，分别获赔保额的100%、60%、30%和5%。

（3）承保方式。原则上，地震保险只能作为以住宅建筑物和家产为对象的火灾保险（住宅火灾保险、住宅综合保险、店铺综合保险等）的附加险，并不能以唯一险种进行单独投保。且在多数情况下火灾保险自动默认涵盖地震保险，可以通过在保险合同申请表的"地震保险确认"栏上盖章取消地震保险附加。此外，即使在签订火灾保险合同时没有签订地震保险合同，也可以在保险期间中途签订地震保险合同。

（4）保险金额。地震保险的保险金额为主合同（作为附加险的地震保险所在的火灾保险称为主合同）保险金额的30%~50%。其中，居住用建筑物保额上限5000万日元，生活用家庭财产保额上限1000万日元。

（5）保险费率。不同地区保费不同，且每个地区保险费率可根据被保建筑物结构的不同划分为两种计算方式。以北海道为例，在不考虑折扣的情况下，1000万日元保额的一年期保险合同所对应的保费在两种计算方式下分别为7400日元和12300日元。除此之外，还根据被保建筑物抗震情况及建筑物年限设置了四种折扣率。针对长期合同（2~5年）的保险费率，则根据基本费率、贴现率及长期系数叠加计算所得。

（6）保险期限。分为三种，分别是1年期、长期（2~5年）及短期。

表3-5 日本地震保险产品具体内容

保障标的	用于居住的住房、生活用的家庭财产（价值超过30万日元的贵重物品如珠宝、字画、古董等不包括在内）。
承保方式	原则上自动附加在住宅火险、住宅综合保险上。如果不投保地震保险，需要提出特别声明，并签字确认。
承保范围	由地震直接或间接引起的火灾、洪水等所造成的损坏、掩埋或流失。
承保损失	损失程度为全损、大半损、小半损、部分损失分别赔付保险金额的100%、60%、30%和5%。

续表

保险金额	主险火灾保险保额的30%~50%，最高限额为住宅建筑物5000万日元、家庭财产1000万日元。
保险费率	差异化费率，在标准费率基础上根据区域等级、建筑年限和抗震等级等情况进行调整。
保险期限	短期、1年期和长期，短期为短于1年，长期为2~5年。

资料来源：https：//www.nihonjishin.co.jp/insurance/。

2. 运行模式

日本的地震保险运行模式比较特殊，首先是商业保险公司通过火灾保险附加险的方式向居民承保地震保险，然后将承保的地震保险业务全额分保给JER。JER再将风险一部分回分给商业保险公司，另一部分转分给政府，最后一部分自留。当发生地震保险事故时，投保人向其投保的保险公司提出索赔，保险公司理赔后向JER提出再保险赔付请求，JER根据再保险合同的约定向财产保险公司和政府提出赔付请求，自身也承担一定的赔付责任。

3. 风险分散机制

日本地震保险制度的风险分散机制分为三层：在一次地震中支付的保险金额低于1259亿日元的部分完全由民间（包括财产保险公司和JER在内）承担；第二层在1259亿~2661亿日元的部分由政府和民间各承担50%；第三层超过2661亿日元的部分由政府承担99.8%，民间承担0.2%。一次地震保额支付的上限是12万亿日元，其中民间需承担2249亿日元，政府承担117751亿日元。[①]

4. 推广方式

日本地震保险非强制性保险，以附加险的方式进行推广，同时采用"强引导"模式，即居民在购买住宅火灾保险时，保险公司原则上自动涵盖附加地震保险，除非投保人特别声明不附加地震保险并签字确认。

（三）运行效果

日本地震保险制度自1966年建立以来稳步发展，居民风险意识不断提高，投保率逐渐上升。2011—2020年，全国有效保单数量从1409万件增加到2036万件，附带率（投保火灾保险时搭配地震保险的比率）从53.7%增长到68.3%，保费收入从1712亿日元增加到3280亿日元。

---

① 资料来源：《2021年日本地震再保险现状》，https：//www.nihonjishin.co.jp/disclosure/2021/disclosure.pdf。

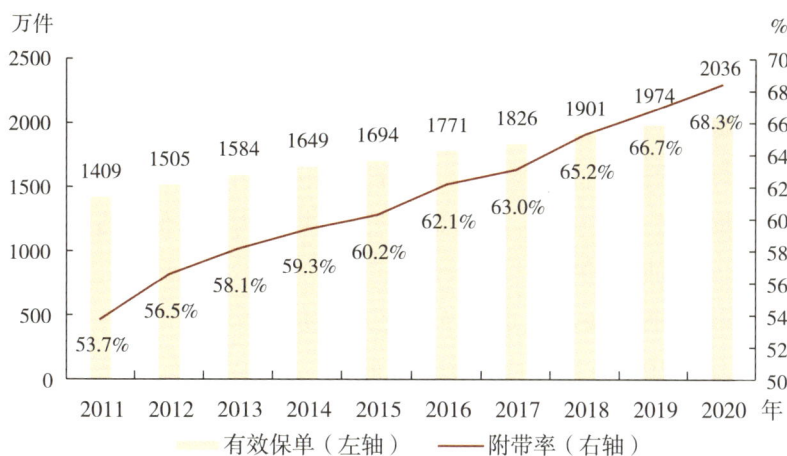

图3-3 2011—2020年日本地震保险全国有效保单数量与附带率

（资料来源：https://www.jishin-hoken.jp/50th/）

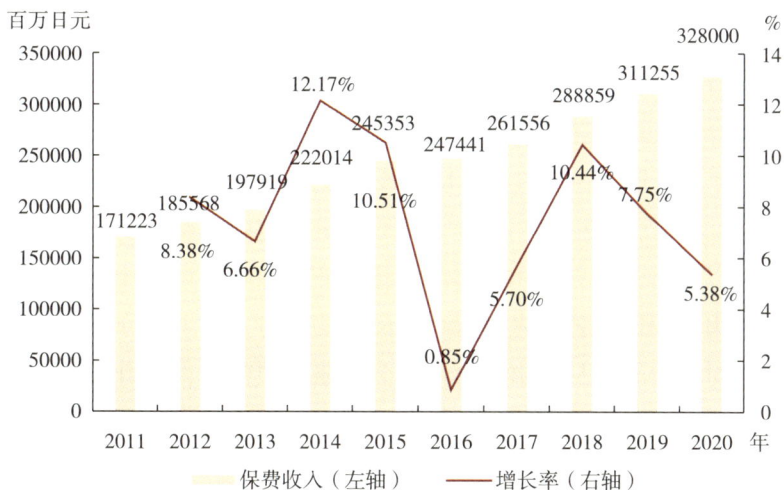

图3-4 2011—2020年日本地震保险保费收入及增长

（资料来源：根据JER 2011—2020年年报整理，参见https://www.nihonjishin.co.jp/disclosure/）

（四）日本地震保险制度特征及启示

1. 实行差别费率且设置多种类折扣可突出保险非商业性质

日本采取差别费率且不同地区之间差别较大，这取决于包括当地地震发生频次、地势特征、经济水平与人口结构等在内的多方因素。日本的差别费率方式可以运用在我国的地震保险制度建立过程中，针对不同地区分别设计适合当地的费率水平。

日本地震保险的费率设定中，除基础费率外还包括折扣费率及长期系数。根据法律规定，地震保险费率在收支补偿范围内尽可能降低，不计入财产保险公司利润。此外，地震保险费扣除基本经费后，剩余部分全部作为责任准备金提存，责任准备的运用收益也全部计入责任准备金。因此，地震灾害发生后，虽然日本民间财产保险公司和再保险机构将地震保险赔付作为承保费用计入损益表，但根据保险基准费率"不亏损不盈利"原则，这一部分负担额提存为地震保险责任准备金，并不影响财产保险公司的财务状况。

2. 政府介入的再保险模式进一步强化风险分散机制

日本地震保险制度最大的特色在于政府介入的地震再保险模式。这再次证明了地震保险的建立绝不是单一的市场行为，因赔付金额的巨大而必须有政府参与其中。此外，日本还设置了再保险风险准备金制度。风险准备金包括两大部分：一是政府收取的再保险费收入在扣除保险金赔付后，剩余部分全部结存；二是商业产险公司和JER的保费收入在扣除保险金赔付和经营费用后，剩余部分全部结存。商业产险公司和JER结存的风险准备金由JER负责具体运营。政府结存的部分通过设立"地震再保险特别账户"进行管理，与一般会计区分开来。发生赔款时，政府首先从该账户准备金中支取；若不足，则由政府动用一般账户或公共债务形的基金来补足；再用下一年度收取的再保险收入偿还该基金的支出。

借鉴日本的地震保险模式，首先，可以设定一定的免赔额度，由公民个人予以承担。其次，以政府为主导，积极将市场化的商业保险公司与社会机构纳入地震保险制度体系。由商业保险公司先进行一定限额的赔付，超出部分可以由再保险公司进行赔付，赔付保费较多且超出了再保险公司赔付限额时，再由国家地震保险基金给予赔付。最后，由政府兜底赔付，保证地震灾害损失层层分散，形成良性循环的地震保险风险分散机制。

3. 半强制地震保险投保模式或可为地震保险投保率提供保障

日本地震保险也是政策性非强制性保险，且两者都会通过政府介入规定"绑定"或火灾保险自动涵盖的方式半强制性要求地震保险投保。半强制地震保险将地震保险附加在主保险保单上搭配投保，或者将购买地震保险作为政府提供更多救济和福利的条件，达到激励公民参加投保的目的，打破对政府救助的过分依赖。日本在推行地震保险的初期，实行过强制保险的方式，效果不佳。我国可以借鉴日本后期的半强制自动附加模式，将地震保险附加于住宅保险之上，或者采用地震保险与房屋抵押贷款挂钩等方式。当然，由于我国幅员辽阔，各地区发生地震灾害的概率、损害程度不同，不能简单地将地震保险投保"一刀切"。要科学评估地震风险较低地区的民众对地震保险的接受能力，推出合理的保险产品，才能在全国范围内逐渐推广。

三、新西兰地震保险制度

（一）新西兰地震制度背景与演进

新西兰位于太平洋南部，介于南极洲和赤道之间，由北岛、南岛、斯图尔特岛及其附近一些小岛组成。总面积26.8万平方公里，截至2020年底共有474.96万人口，人口密度约为18人/平方公里。

新西兰位于环太平洋火山地震带上，极易发生地震、火山爆发和海啸，据GeoNet［新西兰地震委员会（EQC）与GNS Science公司合作项目］官网统计，[①]新西兰每年发生地震频次在2万次左右，其中有约250次地震能够达到使人有感知的程度，20世纪以来共发生7级以上地震27次。[②]

表3-6　新西兰地震保险发展历程

年份	事件
1942	首都惠灵顿地区和怀拉拉帕地区发生里氏7.2级地震，大量房屋建筑严重受损。
1944	通过《地震与战争损害法案》。
1945	成立地震与战争损害委员会。
1993	颁布《地震委员会法案》。

1942年新西兰惠灵顿和怀拉拉帕地区发生的7.2级地震给新西兰政府与人民带来巨大的损失，由于缺乏足够的保险赔偿金，许多房屋在数年后仍然未得以修复。于是新西兰政府于1944年通过了《地震与战争损害法》，并于1945年成立政府机构"地震与战争损害委员会"来负责保险项目，后地震与战争损害委员会资金远远不足以应对地震所造成的经济损失，故1993年新西兰政府又颁布了《地震委员会法案》作为现行住宅地震保险与自然灾害基金的运用依据[③]，法案将地震与战争损害委员会更名为地震委员会（Earthquake Commission，EQC），由国家财政部全资重组从而继续提供地震风险保障，就此，新西兰开始建立起较为完善的地震保险体系。

由EQC负责运行的保险称为EQ Cover，是自动涵盖在私人火灾保险下的地震保

---

① 资料来源：https：//www.geonet.org.nz/earthquake/statistics。

② 资料来源：GeoNet官网，https：//quakesearch.geonet.org.nz／。

③ 2019年2月进行了修订，对承保标的、保险金额等内容都作出了调整。

险，除此之外，商业保险市场还提供房屋保险，同样可以覆盖地震风险。下文主要探讨EQ Cover。

（二）地震保险的基本内容

1.保险产品基本情况

（1）保障标的。住宅、土地及个人财产。其中，土地仅限物业边界之内的，如住宅楼及附属建筑物下的土地；在住宅建筑和构筑物8米范围内的土地等；据2019年7月1日新修法案规定，个人财产仅承保至2020年7月1日，之后则全面取消。

（2）承保范围。扩展到地震、自然塌方、火山爆发、地热活动、海啸，以及因上述事故引起的火灾、暴风雨、洪水等。针对住宅部分，损失低于20000新西兰元，自负200新西兰元；损失超过20000新西兰元，自负1%，赔付99%；针对土地，损失低于5000新西兰元，自负500新西兰元；损失超过5000新西兰元，自负10%（上限5000新西兰元），赔付90%。[①]

（3）承保方式。以强制方式附加于住宅火灾保险上，民众投保火灾保险，即自动取得地震保险保障。

（4）保险金额。2019年7月1日之后，住宅建筑的保额上限由10000新西兰元提升至150000新西兰元。

（5）保险费率。保险费率采用单一费率0.2%，即每购买100新西兰元家庭火灾保险，需支付保费0.2新西兰元，保费上限为300新西兰元。加上消费税后，最高保费为345新西兰元。

表3-7　新西兰地震保险产品具体内容

保险标的	住家用的不动产；大部分家庭财产，但汽车、古董、珍玩等艺术品除外；住宅近邻土地、通道、围墙等。
承保方式	以强制方式附加于住宅火灾保险上，民众投保火灾保险，即自动取得地震保险保障。
承保范围	扩展到地震、自然塌方、火山爆发、地热活动、海啸，以及因上述事故引起的火灾、暴风雨、洪水等。
承保损失	针对家庭财产和住宅，损失低于20000新西兰元，自负200新西兰元；损失超过20000新西兰元，自负1%，赔付99%。针对土地，损失低于5000新西兰元，自负500新西兰元；损失超过5000新西兰元，自负10%，赔付90%。
保险金额	以重置成本法计算，住宅保险金额以100000新西兰元为上限，家财以20000新西兰元为上限。

---

① 资料来源：https://www.eqc.govt.nz/get-help-now/what-youre-covered-for#node-detail-1980。

续表

保险费率	保险费率采取单一费率（Flat rate）0.05%。住宅最高保额100000新西兰元，保费50新西兰元；个人动产最高保额20000新西兰元，保费10新西兰元，二者合计60新西兰元。
保险金给付方式	一般财产损失超过20000新西兰元时，赔付99%；低于20000新西兰元，自负额一律为200新西兰元。土地损失超过5000新西兰元时，赔付90%；低于5000新西兰元时，自负额一律为500新西兰元。
总支付额	超过56亿新西兰元后，政府无限额承担。

2. 运行模式

新西兰地震保险采取的是政府主导的方式，制度的核心机构是EQC。EQC是新西兰政府全资拥有的法人，其职责是经营地震保险、管理自然灾害基金（Natural Disaster Fund，NDF）、进行风险分散安排、开展自然灾害相关的研究和教育活动。EQC和日本JER的职责范围十分相似，但两者的组织形态完全不同。EQC为政府全资，而JER的资本全部来自民间。

民众在限额内可以向EQC直接投保，并由EQC直接赔付，超过限额的部分需向商业保险公司进行投保，且后续由签单商业保险公司进行赔付。商业保险公司将收取的保险费在扣除一定服务费后全数交给EQC，EQC向政府缴纳部分保证金，剩余保费及资金投资收入交由NDF，出险后赔付资金则通过NDF返还所得，若NDF不足以支撑理赔费用，则由政府作为最后支付人。同时，EQC还承担着安排再保险的工作，利用国际再保险市场分散风险。

3. 风险分散机制

新西兰地震保险制度的风险分散机制分为三层。当保险损失低于2亿新西兰元时，全部由EQC承担。保险损失为2亿~56亿新西兰元的部分，由EQC承担并通过再保险安排进行分散。如果损失超过56亿新西兰元，则由新西兰政府承担，负有无限保证清偿责任。

4. 推广方式

新西兰地震保险属于强制性保险，以私人火灾保险附加险的方式进行推广，同时设置商业性质的房屋保险，作为强制性地震保险的补充。

（三）运行效果

新西兰地震保险2011—2020年保费收入逐年增长，从8800万新西兰元增加至4.46亿新西兰元，增长约5.2倍。2010年、2011年坎特伯雷地区发生大地震后，保费曾出现爆发式增长。截至2010年6月30日，NDF累积共59.26亿新西兰元，但坎特伯雷大地震发生后NDF已经用尽。截至2020年6月30日，NDF累积为-6.89亿新西兰元。近年来，EQC也一直致力于进行坎特伯雷大地震相关的理赔工作。

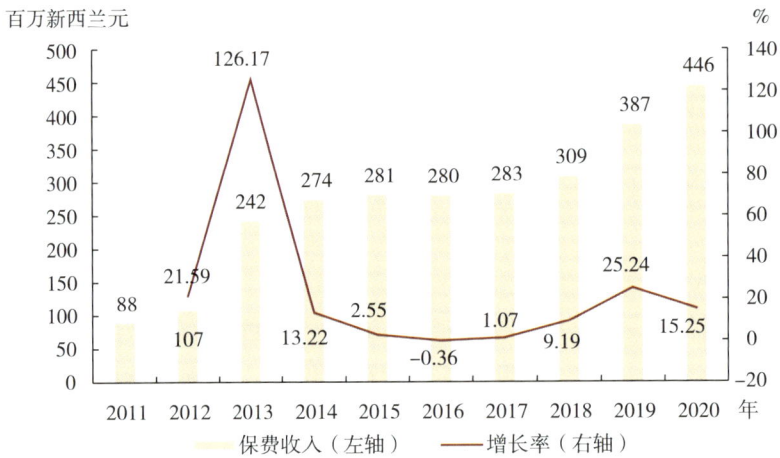

图3-5 2011—2020年新西兰EQ Cover保费收入及增长率

（资料来源：根据EQC 2011—2020年年报整理，参见https://www.eqc.govt.nz/about-eqc/publications/annual-reports）

（四）新西兰地震保险制度特征及启示

新西兰地震保险制度中政府参与程度更深、主导作用更大，主要体现在以下几个方面。首先，出台《地震委员会法案》等法律法规，为地震保险制度的实施提供法律依据；其次，政府全资建立EQC，专门管理地震保险事务；再次，建立NDF，资金来源于缴纳的地震保险保费以及产生的投资收益，由EQC负责该基金的具体运作；最后，在风险分散机制中，超过56亿新西兰元的损失全部由政府承担，政府负有无限清偿责任。可见在政府主导模式下，主要由财政资助保障计划的持续性，政府主要甚至全部承担地震保险责任。在我国保险市场发展程度相对落后的地区，政府较多参与不失为一种选择，可由中央补贴作为财政后备力量，从而主导当地地震保险制度平稳运行。

此外，新西兰地震保险制度还有两处区别于中国台湾及日本地震保险制度的特征：一是作为中枢机构的EQC是政府全资建立，属政府机构性质，而中国台湾和日本的中枢机构的资金来源于民间；二是新西兰地震保险属强制性保险，而中国台湾属非强制性保险，日本属半强制性保险。

对于我国地震频发地区，选择设置强制性地震保险优于半强制性地震保险与非强制性地震保险，可适当采用日本折扣率的方式对这些地区的保费进行一定的减免和抵扣，从而保证当地地震保险的覆盖程度。

四、美国加州地震保险制度

（一）建立背景与演进

美国加州地处美国西海岸，西临太平洋，北与俄勒冈州、东与内华达州及亚利桑那州接壤，南临墨西哥。总面积41.1万平方公里，截至2020年底共有3953.3万人口，人口密度约为96人/平方公里。

加州是美国受地震影响最为严重的地区之一，美国历史上十大地震中90%都发生在加州。加州拥有15700条已知地质断层，其中500多条处于活跃状态，并且大多数居民生活在距离活跃断层30英里的范围内。[①]

在1994年之前，美国的地震保险全权由商业保险公司进行市场化运作。1994年加州的北岭地震成为全球1970—2016年保险损失金额最高的40大事件之一，额度约为247.73亿美元（2016年数据）[②]。造成直接经济损失高达300亿美元，保险公司受理超过30万件索赔，巨额的赔付导致部分保险公司直接破产或退出市场，或将苛刻的要求附加在地震保单之中，保险市场对地震保险的供给严重不足致使1995年加州政府出面，立法约束凡在加州经营房屋保险的保险公司必须同时提供地震保险。1996年，加州通过法案成立加州地震保险局（California Earthquake Authority，CEA），标志着加州地震保险制度的建立。[③]

表3-8　美国加州地震保险发展历史进程

时间	事件
1994年之前	地震保险由商业保险公司进行市场化运作。
1995年	加州政府通过立法规定，凡在加州经营房屋保险的保险公司必须同时提供地震保险，即形成一种"强制供给"的制度安排。
1996年	加州通过法案，成立加州地震局（CEA）。

---

① 资料来源：https://www.earthquakeauthority.com/California-Earthquake-Risk/Faults-By-County。

② 林婷婷，叶先宝. 美国加州地震保险模式［J］. 中国金融，2019（11）：91-92.

③ 资料来源：https://www.earthquakeauthority.com/About-CEA。

（二）地震保险基本内容

1. 保险产品基本情况介绍

加州地震保险主要由地震共保体通过市场机制来实现供给，种类较为丰富。可为持有产权的房主（Home Owners）、共管公寓业主（Condo-unit Owners）、移动房屋业主（Mobilehome Owners）和承租人（Renters）分别提供标准型或可选型两类保单。

表3-9　美国加州地震保险产品具体内容

保障对象	持有产权的房主、共管公寓业主、移动房屋业主和承租人。
保障标的	标准型保单的保险标的包括住宅、私人财产、使用损失、建筑规范升级、紧急维修；可选型保单可以选择是否为个人财产、使用损失、易碎品、外墙等投保。
承保方式	强制供给，自愿投保。
承保范围	由地震直接导致的物质损失。
免赔额	5%~25%的免赔额（使用损失没有免赔额），较高的免赔额能降低保费。
保险金额	地震保险的保险金额与房屋保险相同；私人财产最高限额20万美元；因地震导致的使用损失最高限额为10万美元；建筑规范升级最高限额为3万美元。
保险费率	差异化费率，共划分19个费率区，费率水平为0.11%~0.525%。根据房屋建造年份、类型、抗震级别的不同，可以获得一定比例的保费折扣，最高为25%。

2. 运行模式

加州地震保险制度的运行中枢机构是CEA。CEA拥有"私有公办"的特征，既不是政府部门，也不属于商业保险机构，而是通过市场筹资组建，由政府特许经营并参与管理，以公共目的运作的非营利公司化组织，保险公司本着自愿的原则，根据其市场份额参股CEA，并承诺在出现极端情况时，按照约定承担一定比例的损失。但立法要求提供房屋保险的保险公司必须同时提供地震保险，或成为CEA参保公司。CEA成立初期共有12家保险公司参保，截至2018年已增至24家。加入CEA的会员保险公司将承保的地震保险分保给CEA，并可以获得一定比例的销售佣金和营业费用。未加入CEA的保险公司则需单独向投保人提供地震保险，并承担相应责任。

目前CEA承担了加州2/3的地震保险，同时还负担着研究教育、备灾与风险分散等工作：CEA持续向民众普及如何在地震中自救以及如何减少地震破坏和损失等知识；此外，还与包括加州紧急服务办公室（CalOES）、地震国家联盟、美国红十字会等在内的诸多组织合作，保持交流，以提升社会地震风险意识。

3. 风险分散机制

加州地震保险制度的风险分散机制共分为五层：第一层由自有资本金、保费收入和投资收益负责；第二层由一般再保险和风险证券化产品负责；第三层由紧急贷款安排负责；第四层由特别再保险负责；第五层由会员保险公司负责。

4. 推广方式

加州地震保险采用强制供给但非强制购买的方式进行运行推广，要求提供房屋保险的保险公司必须同时提供地震保险，且保单针对不同投保人群体形式灵活多样，也不对民众进行强制性投保要求。

（三）运行效果

CEA已成为加州最大的地震保险公司，过去十年间有效保单数量始终呈增长态势。2015—2017年保单数量激增，2017年保单数量首次突破百万张，同比增长9.67%。此外，CEA财务状况强劲，其AM Best评级为A-（优秀级），赔付能力已超过180亿美元。[①]

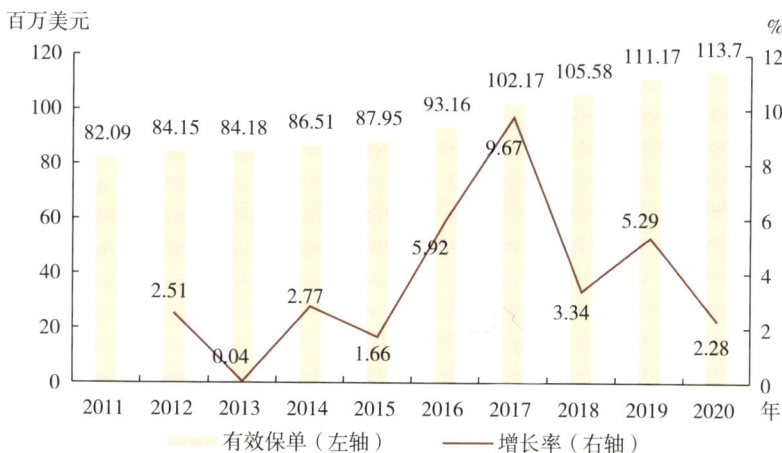

图3-6 2011—2020年美国加州地震保险保费收入及增长率

（资料来源：根据CEA 2011—2020年年报整理，参见https://www.earthquakeauthority.com/About-CEA/Annual-Legislative-Report）

（四）美国加州地震保险制度特征及启示

加州地震保险最大的特征在于其自给自足式的财务计划及灵活的保单制定

[①] 资料来源：https://www.earthquakeauthority.com/About-CEA。

方式。

1.保单制定灵活

加州地震局向四类民众（可为持有产权的房主、共管公寓业主、移动房屋业主和承租人）分别提供标准型保单以及可选型保单。标准型保单的承保范围包含了以下所有费用：住宅、应急修理、建筑规范升级、易碎品、个人财产、地震造成的使用损失等；在可选型保单中，被保险人可以根据自身需求，选择是否给个人财产、易碎品以及使用损失等投保。加州地震保险产品形式灵活，在限定的承保额度内，投保人可根据保障范围、投保时年龄、有无等待期或递延期、给付年限长短、是否家庭共保等条件量身定制保险产品，所有的报价单必须在获得被保人基本情况的前提下方可报价，几乎难以找到两个完全一样的地震保险产品，极具针对性且几乎量身打造的保单对被保险人的保护作用更加到位。

2.自给自足的财务计划

CEA采用私人融资、政府特许经营并参与管理，参与公司享有免税待遇。截至2018年，CEA参与的保险公司已经达到24家。一方面，CEA通过参与保险公司共同筹集营运资金，财政无须投入大量原始资金；另一方面，加州《地震保险法》规定CEA不承担保险人的任何债务，不存在政府财政风险，由此可见加州地震局具有充分的经济独立性。从损失赔偿机制来看，CEA资金组成包括初始资本金、保费收入、投资收益、借款、参与保险人的资本征收，当地震发生后，扣除一定比例的免赔额后，采用CEA五层次支付体系，利用再保险市场分保、开发保险衍生品市场、证券化巨灾保险产品或利用国际再保险市场如瑞士再保险公司、慕尼黑再保险公司进行转分保。当资金链中断或降至某一低点时，政府出面，可由代理人国库局为其销售盈余公债，举债融资筹措资金而非动用财政。

此外，CEA还具备政产研协同合作特点，由政府官员、会员保险公司及地质科学研究机构共同经营管理。为了确保费率体系差异化定价，避免保费负担的不公平和逆向选择，CEA与全球著名的风险建模公司Eqecat公司合作，研发地震风险模型，并以此进行风险区划和定价，将加州划分为19个费率区，费率水平为0.11%~0.525%。此外，CEA还有一个顾问团，主要成员由政府代表、参与保险公司代表4人、保险代理人代表组成。

加州地震保险制度的平稳运行再次验证了政府主导对于地震保险设立的重要意义，政府介入立法强制要求保险公司提供地震保险才能保证地震保险市场供给的充足性。此外，地震保险制度的中枢运作机构CEA也由政府出面成立。政府主导的地震保险既可以在经营目的上保护公众的利益，又可以有效地整合资源，并且实现资金的安全管理和使用。因此，我国的地震保险亟须建立政府主导的巨灾风险分散机制以及巨灾保险制度，政府既要通过政策支持扶植其成长，又要承担地震巨灾风险管理的责任。

此外，我国还应借鉴加州地震保险多层多主体多市场风险分散机制经验，在逐步提高资本市场运行效率的基础上，借鉴和参考国外在再保险监管方面的经验和教训，建立健全巨灾保险基金并积极开发各种地震保险衍生产品，完善地震保险风险分散机制。

第三节　发展经验与借鉴

通过对中国台湾、日本、新西兰、美国加州这些极具代表性且运行效果良好的地震保险制度进行梳理分析（见表3-10），可以发现，不同国家或地区的地震保险制度都因适应本国或地区的实际情况而各具特色，但底层运行逻辑都很相似，且制度得以顺利开展落地并平稳运行的进程也较为类似，都是率先制定法律，通过在现有保险方案内修订地震保险条款（如中国台湾）或直接出台独立的地震保险法案（如日本、新西兰和美国加州）的方式奠定地震保险制度基础及依据；之后便由政府牵头成立第三方中枢机构，作为管理地震保险的组织，成立资金可来源于政府（如新西兰），也可来源于市场（如中国台湾、日本和美国加州），但组织性质一定是以公共服务为目的，且不具备营利性；最后，政府一定要在多层风险分散机制中承担责任，具体是否承担无限清偿责任可依具体情况而定。

表3-10　全球主要地震巨灾保险实践方案总结

国家/地区	险种性质	承保方式（强制性）	中枢机构性质	运作模式	风险分散主体
中国台湾	火灾保险的附加险	强制供给：财险公司自行开发的各种住宅火灾保险及住宅综合保险保单，要求均涵盖住宅地震保险。半强制投保：购买火灾保险即主动涵盖地震保险；办理银行抵押贷款必须购买地震保险。	住宅地震保险基金（TREIF）：由政府牵头组建的法人性质非营利组织，资金来源于保险业务发展基金管理委员会。	政府与市场合作	共保组织/住宅地震保险基金/再保险及资本市场/政府
日本	火灾保险的附加险	自愿投保：购买火灾保险自动涵盖地震保险，可选择取消。	日本地震再保险株式会社（JER）：作为政府与商业保险公司桥梁且承担风险转移的组织，资金来源于市场。	政府与市场合作	JER/政府/财险公司

国家/地区	险种性质	承保方式（强制性）	中枢机构性质	运作模式	风险分散主体
新西兰	火灾保险的附加险	半强制投保：购买火灾保险即主动涵盖地震保险。	地震委员会（EQC）：新西兰政府全资拥有的法人机构。	政府主导	EQC/再保险市场/政府
美国加州	独立保险	强制供给：强制要求承保房屋保险的保险公司必须同时供给地震保险。 自愿投保。	加州地震保险局（CEA）：由政府特许经营并参与管理、以公共目的运作的非营利公司化组织，资金来源于市场。	政府主导	CEA/再保险和证券市场/紧急贷款/特别再保险/CEA会员保险公司

资料来源：根据各国（地区）地震保险主管部门网站、世界银行网站资料整理。

第四章

中国地震巨灾保险：
发展实践评析

第一节　中国地震巨灾保险的发展综述

一、我国地震保险制度发展历程

我国地震保险发展较为曲折，自从改革开放以后，我国地震巨灾保险的发展大体经历了以下四个阶段。[①]

（一）恢复发展阶段（1979—1995年）

1979年11月19日，中国人民银行在北京召开了全国保险工作会议，研究解决在新的历史条件下恢复国内保险的方针任务。1980年，保险业恢复后，地震被列入财产保险正常的保险责任范围，企业财产保险、家庭财产保险、工程保险、机动车保险等财产保险的条款，基本上都将包含地震在内的大部分自然灾害列为保险责任。1993年4月9日，中国人民银行在《关于下发全国性保险条款及费率（国内保险部门）的通知》中，特别重申了破坏性地震属于财产保险的保险责任。这一时期的地震巨灾保险制度，是建立在全国统一核算、财产险各种保险责任综合算账、财政兜底基础上的产物，在前后共20多年中提供了有力的地震风险保障，特别是在1988年云南澜沧、耿马7.6级地震期间，对保险财产及时赔付，对企业和居民恢复生产、重建家园起了积极作用。但由于缺乏精算依据、巨灾损失难以控制等因素，这些赔付造成了保险公司的部分亏损。

（二）停滞调整阶段（1996—2000年）

1995年我国《保险法》实施后，财产保险与人身保险逐步实现了分业经营。考虑到我国地震保险缺乏科学的精算基础，为确保保险公司稳健经营，中国人民银行于1996年5月发布了《关于印发〈财产保险基本险〉和〈财产保险综合险〉条款、费率及条款解释的通知》，明确将"地震造成保险标的的损失"列入财产保险的责任免除条款，地震由此被排除在财产保险承保范围之外。考虑到未经批准扩展地震保险责任会致使地震风险迅速累积，严重影响保险公司的稳健经营，2000年1月，

---

① 资料来源：上海市地震局，http://www.shdzj.gov.cn/xwzx/001006/20200310/fac408cc-38ec-4591-83ee-27f6f2626b82.html。

保监会下发《关于企业财产保险业务不得扩展承保地震风险的通知》，强调"鉴于地震风险属于巨灾风险，而我国尚未建立相应的风险控制制度"，"为有效防范保险公司经营风险"，要求"未经保监会同意，任何保险公司不得随意扩大保险责任，承保地震风险"。

（三）转折成长阶段（2001—2008年）

随着保险市场的进一步发展，面对社会经济发展中客观存在的地震保险需求，2001年8月，保监会下发《企业财产保险扩展地震责任指导原则》，允许在坚持科学承保、控制风险的原则下将地震险作为企业财产保险的附加险予以承保，但不得作为主险单独承保，并对地震保险经营中的相关问题进行了规范，适当放宽了对保险公司承保地震风险的限制，包括规定各保险公司承保地震险项目需使用单独的地震险条款，条款由各保险公司自行制定，并报保监会事前备案等。2002年12月，保监会明确取消58项行政审批项目，其中包括地震险最大自留额的确定方法备案和地震险法定分保审批两个项目，实际上是取消了地震保险的报批制度。这一时期虽然政策上已经消除了禁止性规定，保险公司在企业财产地震保险方面具有了较大的自由度，部分保险公司也进行了一些地震保险产品设计和经营管理的探索，但是地震保险业务发展仍十分缓慢。

（四）试点推广阶段（2008年至今）

市场潜在需求和地震保险研究工作的深化使地震保险迈入新时期。2008年汶川地震造成的巨额损失，使地震保险缺位的现实再次成为社会各界关注的焦点。基于地震风险损失巨大以及商业保险公司承保能力的限制，政府参与巨灾保险成为巨灾保险进一步发展的必然之选。党的十八大以后，中央加快了地震保险的发展。2013年，党的十八届三中全会明确提出"完善保险经济补偿机制，建立巨灾保险制度"；2014年，国务院出台《国务院关于加快发展现代保险服务业的若干意见》（国发〔2014〕29号），要求"建立巨灾保险制度""逐步形成财政支持下的多层次巨灾风险分散机制"。

2015年，在保监会的支持下，45家财产保险公司秉持"自愿参与、风险共担"的原则共同组建了住宅地震共同体，采用市场化的运作机制分担灾害损失，深圳、宁波、云南、四川等地区先后启动巨灾或地震保险试点，并取得了一定的进展和成果，广东等地也在积极筹划中。

2016年，保监会、财政部会同相关部门制订了《建立城乡居民住宅地震巨灾保险制度实施方案》，同年12月，首款全国性巨灾保险产品"中国城乡居民住宅地震巨灾保险"在上海保险交易所正式上线，面向全国正式销售。截至2021年8月底，城乡居民住宅地震巨灾保险制度已累计为全国1554万户次居民提供了6125亿元的巨灾风险保障，范围覆盖全国，重点针对新疆、四川、山西、河北等地，含台风、洪水的多灾因巨灾保险完成开发上线。我国地震保险正迎来一个蓬勃发展的春天。

2018年5月，中再集团发布我国首个拥有自主知识产权的地震巨灾保险模型。2019年8月22日，"中国地震巨灾模型2.0"发布，这从根本上改写了我国长期完全依赖国外模型公司产品的历史，系统提升了我国地震巨灾风险量化管理能力。2020年11月5日，中再集团与中国地震局联合发布了"中国地震巨灾模型3.0"，3.0版是基于2.0版的迭代升级，新增了十年尺度地震重点监视防御地区事件集、地震人员伤亡模型以及震后损失快速评估系统等，并根据行业应用经验反馈，改善了用户体验，在科学性、准确性和实用性等方面有较大提升。

二、当前我国地震巨灾保险发展情况总结

经过40多年的曲折发展，我国地震巨灾保险已经取得了初步成效，目前基本形成了"商业运作、政策支持、保障基本、分层负担"的模式，同时具备以下几个特征。

（一）地震巨灾保险的制度体系初步建立

坚持"政府推动、市场运作、保障民生"的原则，我国建立了城乡居民住宅地震巨灾保险制度，明确了保障对象和责任，厘定了保险金额、条款费率和赔付机制。设立了地震巨灾保险专项准备金，按照保费收入一定比例计提、单独立账、逐年滚存，由专门机构负责。

（二）"产学研"一体化的合作机制基本建立

20世纪90年代开始，地震部门与中国人民保险公司开始了地震巨灾保险工作的积极探索。1990年9月，云南省地震局和中国人民保险公司云南省分公司联合开展《昆明地区地震巨灾保险的科学性研究》，为健全完善我国地震巨灾保险制度提出了可供操作的具体方案。2016年5月，中国保险学会与中国地震学会达成战略合作，共建地震灾害风险与保险实验室，推动地震灾害风险评估及损失补偿机制研究。2016年10月，中国地震局地球物理所与中再集团签订了有关支持中国地震风险与保险实验室的合作备忘录，并合作开展地震巨灾保险软件平台V1.0的研发。2017年4月，中国地震局与保监会签署战略合作协议，责成多方力量开展研讨，共同筹建中国地震灾害风险与保险重点实验室。2018年5月，中国地震灾害防御中心与人

保财险签署框架合作协议，双方着力在人才联合培养、地震巨灾保险政策研究、技术系统研发等方面深化合作。2019年4月，国家重点研发计划"重大自然灾害监测预警与防范"重点专项"地震保险损失评估模型及应用研究"项目正式启动，执行周期为3年。该项目围绕地震保险巨灾模型研发开展科研攻关和应用示范，构建地震保险损失评估云平台。

（三）区域试点积极推进

2014年6月，深圳在国内率先启动巨灾保险试点；2015年4月，《四川省城乡居民住房地震保险试点工作方案》发布，乐山、绵阳、甘孜、宜宾成为首批试点地区；2015年11月23日，乐山市正式启动我国城乡居民住房地震保险的第一个省级试点；截至2020年底，四川全省21个市（州）中已有18个开展住宅地震保险业务，截至2020年10月末，四川省地震巨灾保险已累计承保城乡居民666万户，提供风险保障1697亿元，赔付5726万元。

2015年8月，全国首个地震保险专项试点在云南省大理白族自治州启动，并先后在昌宁5.1级地震（2015年10月30日）、云龙5.0级地震（2016年5月18日）和漾濞5.1级地震（2017年3月27日）后，分别完成了753.76万元、2800万元和2800万元的赔付，积累了宝贵的政策性农房地震保险实践经验，具有典型的示范作用；2018年，云南省将地震保险试点扩面作为云南乡村振兴战略的地震安全保障工作措施向省政府提出建议，推动在大理、玉溪基础上将丽江、迪庆纳入政策性农房保险试点；福建厦门、新疆昌吉、浙江宁波、河北石家庄也因地制宜开展地震巨灾保险专项试点工作；2018年，地震保险共赔付1992.7万元，其中吉林省374万元，云南省1616.2万元，对减轻地震灾害风险起到了积极有效的作用；2019年启动的"地震保险损失评估模型及应用研究"项目目前正处于科技研发阶段，后续将在我国东西部地震高风险区域开展集成应用示范。

第二节　住宅地震共同体保险试点实践

一、城乡居民住宅地震巨灾保险制度发展历程

自2015年成立住宅地震共同体以来，一直在不断完善和落实国家巨灾保险制度，强化机制建设、提供风险保障、优化基础管理、有序推进各项工作。截至2021

年8月底，城乡居民住宅地震巨灾保险制度已累计为全国1554万户次居民提供了6125亿元的巨灾风险保障，含台风、洪水的多灾因巨灾保险完成开发上线。住宅地震共同体巨灾产品体系不断丰富，保障水平逐步提升，配合地方政府探索开展了适合当地实际与风险特点的巨灾保险试点，共同体的四川业务及河北张家口业务平稳运行，其中四川省试点最具代表性。

表4-1 城乡居民住宅地震巨灾保险制度发展历程

时间	住宅地震保险制度建设、政策支持与试点情况
2015年4月16日	住宅地震共同体在北京正式成立，住宅地震共同体成员必须满足成立3年以上、最近一个季度偿付能力充足率150%以上的中国境内财产保险公司等资质条件，且已由人保财险牵头作为共同体执行机构和首席共保人、45家符合基本条件要求且加入意愿明确的成员财险公司组成。
2015年5月4日	四川省人民政府印发《四川省城乡居民住房地震保险试点工作方案》，选取四川省内的绵阳、乐山、宜宾、甘孜4个市州，作为城乡居民住宅地震巨灾保险的首批试点地区，标志着四川省巨灾保险工作正式铺开。
2015年11月23日	乐山市正式启动我国城乡居民住房地震保险的第一个省级试点。
2016年5月10日	河北省金融工作办公室印发《关于我省开展城乡居民地震巨灾保险试点的工作方案》，对河北省地震巨灾保险试点工作进行了统筹部署，拟在2016年将张家口市作为首期试点，2017年再扩大至唐山等设区市。
2016年5月16日	保监会、财政部联合印发《建立城乡居民住宅地震巨灾保险制度实施方案》的通知，明确提出由地震共同体承保，投保人、保险公司、再保险公司、地震巨灾保险专项准备金、财政支持或巨灾债券发行等紧急资金安排五个层次分层赔付的城乡居民地震保险制度框架，城乡居民住宅地震巨灾保险制度首次见诸国家级文件。
2016年7月1日	人保财险张家口分公司销售的中国城乡居民住宅地震巨灾保险首份保单生效，标志着城乡居民住宅地震巨灾保险在张家口市正式落地。
2016年12月26日	中国城乡居民住宅地震巨灾保险运营平台在上海保险交易所正式上线运行，城乡居民住宅地震巨灾保险实现"O2O"平台化，实现了承保、理赔、交易结算等一站式电子保单服务综合化、虚拟化。
2017年5月15日	四川省参照全国方案修订印发了新版方案《四川省城乡居民住宅地震巨灾保险工作方案》，正式向国家标准接轨。
2017年5月29日	财政部印发《城乡居民住宅地震巨灾保险专项准备金管理办法》，确定了城乡居民住宅地震巨灾保险专项准备金单独核算、分级计提、统筹使用、集中管理的四大管理原则；规定了按保费收入的15%提取并逐年调整，以应付赔款金额超过当年住宅地震共同体应当承担的直保限额和再保险限额之和部分为限的适用范围，由托管机构专户管理，财务会计核算在成本中列支并计入当期损益等重要事项。

二、四川省城乡居民住房地震保险试点项目

（一）试点背景

四川省位于我国西部的青藏高原东南缘，地形复杂多样，地质构造复杂，境内

分布有近百条各种规模的断层，其中约三分之一属于活动断层。

四川省特有的地质特征和人口分布特征综合作用形成的孕灾环境，导致地震灾害成为对经济社会发展和人民群众生命财产造成重大损失的主要风险源，开展地震巨灾保险试点项目迫在眉睫。2014年11月，四川省人民政府在党的十八届三中全会精神和《国务院关于加快发展现代保险服务业的若干意见》的指导下，发布了《四川省人民政府关于加快发展现代保险服务业的实施意见》，由保监会四川监管局、省政府金融办公室、省发展和改革委员会、财政厅等部门牵头，探索开展巨灾保险试点，包括制订巨灾保险试点方案，开展城乡居民住房地震灾害保险试点；建立巨灾保险风险分散机制，建立省、市、县按一定比例分担保费补贴分担机制。

2015年4月，在住宅地震共同体成立之后，四川省人民政府印发《四川省城乡居民住房地震保险试点工作方案》，为地震巨灾保险试点工作提供了明确的依据及方案。2017年5月，四川省参照全国方案修订印发了新版方案《四川省城乡居民住宅地震巨灾保险工作方案》，正式向国家标准并轨。

2018年12月，上海保险交易所的城乡居民住宅地震巨灾保险银保渠道交易试点项目落地后，四川省城乡居民住宅地震巨灾保险与全国性城乡居民住宅地震巨灾保险一同实现产品的在线承保，同步纳入全国性的"共同体+保交所"模式。

（二）试点方案

《四川省城乡居民住房地震保险试点工作方案》确定乐山、绵阳、甘孜、宜宾为首批试点地区。试点期间，人保财险四川省分公司为首席承保人，与中华联合财产保险股份有限公司四川分公司和中航安盟财产保险有限公司四川分公司等公司共同经营，中国财产再保险公司等公司为再保险人。

该方案的基本原则是"政府引导，市场运作，自愿参保，财政支持，立法保障"。其中财政支持作为方案的重点安排，主要包括以下三方面内容。

1. 建立保费补贴机制

城镇居民住宅基本保额为每户5万元，农村居民住宅基本保额为每户2万元。为鼓励城乡居民参保，城乡居民按照基本保额参保时，由投保人个人承担40%的保费支出，各级财政提供60%的保费补贴〔其中省级和市（州）级财政、扩权强县试点县（市）财政各承担30%保费〕。农村散居五保户、城乡低保对象、贫困残疾人等特殊优抚群体涉及的基本保额参保保费由财政全额承担，即省级和市（州）级财政、扩权强县试点县（市）财政各承担50%。投保居民可参考房屋市场价值，根据需要与保险机构协商确定保险金额，超出基本保额以外的参保保费，由投保人个人承担。

2．建立四川省地震保险基金

四川省地震保险基金由政府拨款、保险费计提、社会捐助等组成。首期由财政拨付2000万元［省财政和试点地区市（州）、县（市、区）级财政各承担50%］作为启动资金，每年财政视情况安排一定数额的资金转入。承办公司按照四川省城乡居民住房地震保险年度实收保费的20%计提资金转入地震保险基金，实现资金积累。社会捐助的款项全额计入地震保险基金。地震保险基金单独立账，专项管理，当年度赔款超过直保公司和再保险公司按规定承担的损失赔偿限额时，基金启动赔付程序。

3．建立多层次风险分担机制

建立"直接保险—再保险—地震保险基金—政府紧急预案"的多层次风险分担机制，多方共同参与分散地震巨灾风险。如表4-2所示，根据各主体的风险承担能力，合理配置各层风险分担责任，提高地震巨灾保险制度的稳定性和风险应对能力。保险公司承担常规性地震损失，地震保险基金承担多年一遇的重大灾害损失，必要时可实行保额回调机制以应对上述各层均被击穿的极端灾害情况。

表4-2　四川省居民住宅地震巨灾保险各层具体分担责任

第一层	由投保人承担免赔部分损失。
第二层	全省年度总保险赔款不高于8亿元或当年实收保费的8倍（二者以高者为准）：由直保机构和再保险机构承担。当限额封顶时，全省年度总保险赔款不高于4.8亿元的部分由直保机构承担，全省年度总保险赔款高于4.8亿元、不高于8亿元的部分由再保险机构承担；当保费倍数封顶时，全省年度总保险赔款不高于当年实收保费的4.8倍的部分由直保机构承担，全省年度总保险赔款高于当年实收保费的4.8倍、不高于当年实收保费的8倍由再保险机构承担。
第三层	全省年度总保险赔款高于8亿元或当年实收保费的8倍（二者以高者为准）时，全额启动地震保险基金赔偿。
第四层	赔付比例回调：若全省年度总保险赔款超过直保机构和再保险机构赔偿限额与地震保险基金余额总和，经领导小组审议并报省政府批准，启动赔付比例回调机制，按照地震巨灾保险风险分担机制总偿付能力与总保险损失的比例，进行比例赔偿。
第五层	政府紧急预案：地震发生后，政府按照《自然灾害救助条例》实施救助。

资料来源：《四川省城乡居民住宅地震巨灾保险工作方案》，http://www.sc.gov.cn/10462/c103047/2017/5/23/60fe45fa10534004aba5219494a7dc88.shtml。

（三）试点效果

在四川省各级政府的高度重视、积极推动下，城乡居民住宅地震巨灾保险在四川省取得较好成效，投保标的件数、总保费和总保额都稳居全国第一位。

2018年投保标的件数、总保费、总保额的增速都达到100%左右，2019年出现轻微滑落。

截至2020年10月末，全省地震巨灾保险已累计承保城乡居民666万户，提供风险保障1697亿元，赔付5726万元。其中，仅2019年住宅地震巨灾保险赔款金额超过5600万元，约占当年全国地震巨灾保险赔款总额的90%，"6·7"宜宾长宁地震、"2·24"自贡荣县地震分别赔款3800万元、1800万元，有力地支持了灾区群众抗震救灾和灾后重建。

（四）试点总结

四川省城乡居民住宅地震巨灾保险试点，进一步重述并优化了巨灾保险制度"政府主导、市场运作、自愿参保、财政支持、保障民生"的基本原则，同时也间接强调了住宅地震共同体的重要地位。从地震巨灾风险管理出发，地方政府既配合中央做好巨灾保险制度的顶层设计，制定好住宅地震共同体工作机制并予以监督；也综合自身风险管理、平滑灾害救助和灾后重建财政支持的大幅度波动等实际情况，在省内的试点地区大力推广地震巨灾保险。地方政府与住宅地震共同体之间形成了一种相互得益并监督制约的关系，有助于加快住宅地震共同体的建设进程，也有利于救灾及灾后重建财政资金运用效率的提高。

第三节　农村农房地震巨灾保险试点实践

一、云南省农房地震保险试点项目——"大理模式"

云南省地处印度板块与欧亚板块碰撞带东缘，地壳运动剧烈，欧亚地震带和我国南北地震带在此交汇，是我国地震最多、震灾最重的省份之一。全省均处于6度以上抗震设防区，7~9度设防区面积占全省总面积的84%，是全国平均水平的两倍。据地震部门统计，20世纪，云南省平均每年发生3~4次5级以上地震，每3年发生两次6级地震，每8年左右时间发生一次7级地震，我国23.6%的7级以上大震、18.8%的6级以上强震都发生在云南。据云南省民政厅统计，1992年至2014年，云南共发生5级以上破坏性地震77次，震害波及15个州市（除怒江州外）、78个县，累计998乡镇（次），共计15.89万平方公里、1802.30万人次受灾，累计造成1200人死亡、8188人重伤、36859人轻伤、112人失踪，直接经济损失635.41亿元（民房直接经济损失

368.29亿元），地震灾害严重影响了云南经济社会的可持续发展和人民群众的幸福生活，开展相应的地震保险试点工作刻不容缓。

二、试点历程

云南省地震保险试点开始前经过多年的酝酿，自2012年2月，云南地震局协同保监会云南监管局开展了云南省地震保险制度构建的相关课题研究。2013年1月，保监会云南监管局、云南省地震局以及保险公司相关负责人，以云南省政协委员的身份在云南省"两会"上联合递交了《开展政策性地震保险试点工作建议》的提案。此前，诚泰保险在保监会云南监管局的支持下，开展了地震保险产品开发和巨灾风险分散方案设计，初步确定了在楚雄州开展巨灾保险试点的具体方案。2013年8月，保监会正式批复云南监管局《关于开展民房地震保险试点工作的请示》，同意云南开展地震保险试点工作。

2015年4月，云南省人民政府印发《云南省人民政府关于进一步发挥保险功能作用促进社会经济发展的意见》，指出将努力探索符合云南省实际情况的巨灾保险试点方案。云南省原计划在楚雄州开展试点，但由于云南省人民政府、楚雄州政府和保险公司未能就保费的分担比例、赔付金额等关键问题达成共识，相关工作进度停滞，转而试图在大理州开展试点工作，逐步形成巨灾保险实践的"大理模式"。2015年6月，云南省民政厅、财政厅、住房和城乡建设厅、地震局、保监会云南监管局联合印发《云南省大理州政策性农房地震保险试点方案》。2015年8月，大理州政策性农房地震保险试点正式启动，同时也标志着云南省巨灾保险工作正式开展。2017年10月，玉溪市农房地震保险试点工作正式启动。

三、试点方案

《云南省大理州政策性农房地震保险试点方案》以"政府引导、市场运作、统筹兼顾、先行先试"为原则，保险责任涉及农房损失补偿和人身生命安全救助。诚泰保险作为主承保人，中再产险作为首席再保险人，联合人保财险、平安产险、大地财险、中华联合等6家公司签订试点共保协议，共同对云南政策性农房地震保险提供保险保障。2015—2018年，为大理州82.43万户农房和356.92万城乡居民提供每年最高约5亿元的地震巨灾保险保障，此后每年根据实际情况进行续保工作安排。

表4-3 "大理模式"赔偿限额

保险责任	震级	赔付限额
房屋损坏、倒塌责任	5.0~5.5级	2800万元
	5.5~5.9级	5000万元
	6.0~6.4级	1亿元
	6.5~6.9级	2亿元
	7级以上	4亿元
人身伤害责任	—	单人10万元，总8000万元

资料来源：《云南省大理州政策性农房地震保险试点方案》。

2019年8月，在2019—2020年农房地震保险续保工作中，将所保障的灾害类别由地震扩展至洪涝、雷电、冰雹等自然灾害，同时确定因地震等自然灾害造成州内居民死亡（失踪），每人赔偿最高金额为10万元。

云南省巨灾保险"大理模式"运行机制如表4-4所示，其采用震级触发的指数保险方式，由地方民政部门指导统保统赔工作，保费清晰明确，一旦触发相应阈值，直接得出赔付金额。"大理模式"将保险机制与政府救灾体系的资源投入相结合，实现社会资源最大化利用。

表4-4 云南省巨灾保险"大理模式"运行机制

工作机制	工作内容
组建地震保险办公室	在云南省抗震救灾指挥部下设地震保险办公室，牵头各保险公司组成共同体提供专业保险服务，协同推进地震保险产品开发、运营模式设计、巨灾风险分散方案设计。全面落实巨灾准备金的建立、巨灾债券的发行、承保理赔服务标准制定以及地震保险运营过程的组织、协调、落实等工作。
保费资金来源于设立专项账户	农村及城镇低收入群体保费由政府财政全额负担，由财政将相关地震保险资金直接划拨到专项账户；城镇其他家庭可通过国家政策扶持，如动用住宅专项维修资金购买地震保险产品或给予投保人税收抵扣及其他优惠政策鼓励其向商业保险公司投保。各保险公司收到地震保险保费后全额、及时划转到专项账户。
共同体风险分散	当地震保险办公室专项账户通过上述方案设计的渠道收集到地震保险保费后，在扣除巨灾准备金、巨灾债券成本、地震保险运营成本后，按照共同体成员承保份额将地震保险保费分摊，实现地震风险共同体风险分散。
计提巨灾准备金和发行巨灾债券	巨灾准备金按地震保险保费的30%计提，社会捐赠资金一并进入累积。按照地震保险保费的15%~20%计提债券成本（具体比例必须使用地震巨灾模型匹配承保区域经济分布和补偿水平来确定），发行当年地震保险费100%的地震（巨灾）债券，债券成本如有结余计入巨灾准备金。
建立和完善地震保险服务体系	地震保险办公室组织共同体制定服务标准；地震保险办公室组织建立抗震救灾保险服务中心、组建地震保险服务核心团队（专职）负责组织、协调、落实各项地震保险业务开展和地震防灾、救灾、理赔、重建等工作，并确定出险查勘定损服务团队；抗震救灾保险服务中心负责组织相关培训和配合开展预防工作；当灾害发生时，由地震保险办公室牵头，抗震救灾保险服务中心负责组织查勘、定损、理赔工作和配合救灾重建工作。

资料来源：大理白族自治州人民政府网站。

四、试点总结

云南大理州政策性农房地震保险的设计，呈现出三个方面特点：一是强调风险分散属性，坚持共保原则；二是利用震级触发型指数保险，具备一定的信息透明、定损便捷的优势；三是利用保险工具，对财政资金进行放大。大理的实践对面向政府巨灾风险的巨灾指数保险发展有一定的指导意义，政府作为投保人和被保险人，以地震灾害的农房损失和人身伤亡为主要保障范围。面向政府因在地震灾害发生后承担的救灾和恢复重建责任而面临的巨灾风险，通过指数保险的形式向政府提供保障，使保险机制在防灾减灾救灾体系中发挥重要作用。

"大理模式"因整体方案设计得不够成熟，最终导致运行效果不佳。虽然"大理模式"已经因财政资金短缺而显现出不可持续的趋势，但是试点本身体现出政府巨灾风险管理思想的进步，有效化解防范政府所面临的巨灾风险，保障救灾和灾害重建工作、填补救灾资金缺口，维持灾害的社会和经济生活的正常运转，也进一步落实了"政府主导、市场运作"的巨灾保险制度建设原则。地震巨灾指数保险试点同时对巨灾保险经营技术提出了新要求，在此基础上提升新兴技术的应用，加强与国际保险市场、资本市场的合作，对提升我国的巨灾保险制度建设有重要意义。

第四节　总结与问题分析

一、现有地震保险模式总结

从2008年"5·12"汶川特大地震发生以来，我国开始了地震巨灾保险的理论和实践探索，2014年起各地试点模式纷纷展开。近十年的试点探索历程，在我国形成了多种形态的地震巨灾保险模式，现有的组织和经营模式大约有以下几种。

（一）地震灾害单一灾种的巨灾保险

这是仅将地震灾害作为保障范围的巨灾保险制度，适用于地震灾害风险高的地区。我国四川、云南、河北张家口等地震高发地区采用了单一地震巨灾保险，它能够单独针对地震风险提供更有效的保障。按照单一地震保险保障主体的不同，可以分为几种不同类型。

1. 以个人、家庭或企业为保障对象的地震巨灾保险

将个人、家庭或企业作为被保险人的地震巨灾保险是我国地震保险的传统及主要经营模式，具体来说就是各保险机构或者由多家保险机构共同构成的地震巨灾保险共同体，向居民、家庭或企业出售地震保险。2016年下半年开始的中国城乡居民住宅地震巨灾保险就是以城乡居民或家庭为被保险人，将居民住宅作为保险标的的地震保险。这一类保险至今也没有被定性为政策性保险，一直被当作准商业性保险业务来经营。企业的地震保险主要是在针对企业财产保险中包含地震灾害责任，或将地震责任作为附加险种进行投保。

在面对个人或企业的地震巨灾保险中，按照投保的强制程度及政府的保费补贴力度等，可分为以下几种类型。

（1）政府补贴部分保费的半强制投保模式。在2015年以四川乐山、绵阳、甘孜、宜宾等地市为试点地区的巨灾保险方案中，以及2017年在四川省全辖区推广的城乡居民住宅地震巨灾保险工作方案中，均规定由投保人个人承担40%的保费支出，各级财政提供60%的保费补贴〔其中，省级和市（州）级财政、扩权强县试点县（市）财政各承担30%保费〕。农村散居五保户、城乡低保对象、贫困残疾人等特殊优抚群体涉及的基本保额参保保费由财政全额承担，即省级和市（州）级财政、扩权强县试点县（市）财政各承担50%。

云南省城乡居民住宅地震巨灾保险针对每个投保人补贴保费5元。在云南临沧地区，还发展出了具有当地特色的地震巨灾保险方案，即将城乡居民住宅地震巨灾保险与家庭财产综合保险及其附加家用电器毁损责任、农户意外伤害保险、政府扶贫救助保险等打包为"临沧市农房地震巨灾综合保险实施方案"，[1]每户每年投保保费60元，由县（区）财政补助和农户自筹两部分组成，其中每户农户县（区）财政补助5元、农户自筹55元。

陕西省宝鸡市部分区县开展城乡居民住宅地震巨灾保险，城镇居民自愿参保，各级财政不提供保费补贴；农村居民个人承担20%的保费支出，市、县财政各提供40%的保费补贴。农村分散供养特困人员、低保对象、贫困残疾人等特殊困难群体涉及的基本保额参保保费由财政全额承担。

上述地区的城乡居民住宅地震巨灾保险虽然采用自愿投保的方式，但由于存在政府保费补贴，在投保中普遍存在行政干预，各村干部挨家挨户动员投保和收取保费，因此并不能视为纯自愿投保，可以称为半强制投保方式。

---

① 云南省临沧市2019年10月修订实施《临沧市农房地震巨灾综合保险实施方案（2018—2020）（试行）修订方案》。

（2）政府全额补贴保费的强制投保模式。河北省张家口市从2017年开始城乡居民住宅地震巨灾保险的试点工作，为全市100多万户城乡居民统一投保巨灾保险，年保费总额3500万元，由省、市级财政共同承担全额保费，其中省级财政负担70%、市级财政负担30%。[①]在这种模式下，投保人为政府，被保险人和受益人为城乡居民个人或家庭。

（3）完全自愿投保的无政府保费补贴的纯商业化模式。除了以上有政府补贴的地区外，其他地区均为完全自愿投保的纯商业化地震巨灾保险模式，政府对其保费不提供财政补贴。

2. 以政府为保障对象的地震巨灾保险

以政府财政为保障对象的地震巨灾保险是政府作为投保人和被保险人，当保险保障范围的灾害事故发生并达到赔付条件时，对政府进行保险金给付，以弥补政府财政用于救灾的支出，是公共财政涉灾或有债务风险管理的重要有效手段。这种类型的巨灾保险一般不会针对具体个人或居户进行灾后勘查定损，而是设计成某种参数触发的指数型保险。这种巨灾保险模式参与方主要是政府和保险公司，居民个人或家庭并不直接参与到保险中，而是通过政府以灾后救助的形式获得收益和保障。财政指数型地震巨灾保险由政府统保统赔，可以称为政策性保险。

在云南省大理自治州开展试点并推广到玉溪的震级触发型农房地震巨灾指数保险就是以政府财政为保障对象的政策性保险模式。

（二）涵盖地震风险的综合灾种巨灾保险

这种综合灾种的巨灾保险将地震灾害作为其中的一种进行保障，常应用于地震风险较低或有其他巨灾风险的发生频率高于地震灾害的地区。例如，深圳市统一为市民投保并支付保费的深圳巨灾保险将地震灾害作为综合性多灾害的一种纳入保障范围。这种综合灾种的巨灾保险通常由政府同意投保并全额补贴保费，将所在辖区的所有个人和家庭作为被保险人，可以视为强制参保的政策性保险。

综上所述，我国现有的地震巨灾保险推行模式多种多样，既有在地震高风险地区采用的单一灾种的地震巨灾保险，又有其他将地震纳入其中的综合灾种巨灾保险；按保障主体分，既有保障居民个人及家庭的传统保险，又有保障政府财政的指数保险；按照政府补贴和强制投保的程度分，既有政府强制或半强制参保，全额或部分补贴保费的政策性保险，又有完全自愿投保，政府无补贴的纯商业性保险；按照政府在风险分担中的责任分，既有政府承担保额击穿后的兜底责任的地震保险，

---

① 资料来源：《关于印发在张家口市开展城乡居民住宅地震巨灾保险的通知》。

也有政府不参与损失分层责任的指数型保险。

一个地区选择哪种地震巨灾保险模式，与当地的地震风险高低、经济发展水平、居民收入水平、财政收支情况密切相关。一般来说，地震风险越高的地区，应该采用单一灾种和强制投保的方式，将更多的居民纳入地震保险的保障范围，并可以在更大的范围内将地震灾害损失进行分摊；在经济发展水平及人均收入越低的地区，居民的保费支付能力不高，应该给予财政补贴；在财政状况较好的地区可以选择政府全额补贴的巨灾保险模式，且财政有实力投保财政地震巨灾指数型保险。

在我国现有的地震巨灾保险实践中，既有经营上完全依赖保险公司独立经营，政府不给予补贴和激励的纯商业经营模式，例如全国大部分省份的城乡居民住宅地震保险；又有完全由政府主导，政府财政统一承保，全额支付保费，保险公司只负责经办的政策性经营模式，如河北张家口；还有介于两者之间的，政府鼓励投保，补贴部分保费的合作模式，如四川、云南和陕西宝鸡等部分地区。能够科学合理地选择适合当地地震灾情和经济发展水平的保险模式的，都获得了较好的效果。例如四川和河北张家口城乡居民住宅地震巨灾保险，覆盖面广，可持续性强，已经在全国地震巨灾保险业务中占据了1/3的份额；此外深圳开展的综合灾种巨灾保险也取得了良好的效果，给当地居民提供了较为充分的保障。

然而，我国部分地区现有地震巨灾保险仍存在错配的问题，使试点没有达到预期的效果，甚至造成了试点方案的失败。例如，云南大理2015年以来开展的政策性震级触发型农房地震保险，虽然能够将地震高发地区的民众纳入保障范围，然而受当地财政状况影响，导致试点难以为继。我国甘肃、新疆和西藏等部分地区处于活跃的地震带上，地震风险较高，然而当地仍采用自愿投保方式且政府没有给予保费补贴，地震保险的覆盖率较低。

总体来看，我国目前地震巨灾保险的覆盖面较低，保障力度不够，在大灾面前无法发挥应有作用。即使是在较为成功的试点方案中，仍然存在保险金额过低导致的保障程度不足、损失分担责任划分不合理、政府兜底责任不清、自愿投保需求过低等众多问题。政府、保险业界和学术界仍在努力探索符合中国国情和当地灾情的、有效的组织和经营模式。

二、城乡居民住宅地震巨灾保险及住宅地震共同体存在的主要问题

（一）住宅地震共同体的内部机制存在缺陷

住宅地震共同体由40余家保险公司组成，内部机制设计的科学性尤为重要，但

各成员公司在保单销售、理赔服务等多个环节都相对独立，仍未建立紧密内部合作关系。此外，目前各成员公司所占份额不均衡，仅人保财险、国寿财险和太保财险三家保险公司所占份额合计超过80%，导致其他份额占比较小的公司开展业务的积极性低，不利于巨灾保险的长期运营。

上海保险交易所巨灾保险运营平台自2016年正式上线运行以来，为住宅地震共同体提供承保、理赔、交易、结算等一站式综合服务，有效提高了城乡居民住宅地震巨灾保险的运行效率。但上海保险交易所实际的服务效率并未充分体现，各保险公司均表示其分清结算效率需要进一步提高，回款周期大于1年，部分分清结算款项的周期甚至超过2年，直接影响了展业的积极性。同时，目前上海保险交易所缺乏共同体的再保模块也为城乡居民住宅地震巨灾保险埋下了一定的隐患。

（二）住宅地震共同体的外部保障工作须快速跟进

住宅地震共同体的实践需要制度的保障，从政策层面来看我国对于巨灾保险制度建设的制度标准尚不清晰，包括住宅地震共同体在内的巨灾保险顶层制度设计的缺乏更加详细的框架指引，住宅地震共同体的长期运行缺乏配套的法律、条例及地方规章的保障。财政补贴是具有公共物品属性的巨灾保险可持续发展的重要保障，当前城乡居民住宅地震巨灾保险的财政补贴责任主要集中于地方省级、县级财政，补贴效果未能充分发挥。

特别地，根据现行共保业务增值税处理办法，各公司应当以共保份额计算的每张保单保费金额作为计税基础，分别开具40余张增值税发票，产生了巨大的增值税处理成本。同时在再保环节，再保险公司针对一笔分入业务向数百家分出落地机构开具专票，同样缺乏可操作性。

（三）巨灾保险产品的保障程度有待提升

当前城乡居民住宅地震巨灾保险产品仅以单一灾种提供基础的巨灾风险保障，其保障范围、保障水平都处于较为初级的状态，且试点范围仍较小，远不足以完成防范化解巨灾风险任务，也难以提升巨灾保险本身的覆盖率。对于巨灾保险产品的保障程度的提升，需要住宅地震共同体内部和政策立法的同步优化，也需要政策性巨灾保险和商业巨灾保险产品的协同发展，而商业化的产品在当前是相当匮乏的，不足以形成完整的巨灾保险体系。

（四）因立法缺位而导致的现实问题

近几十年来，我国的巨灾风险管理体系随着一系列防灾减灾政策的出台和颁布稳步推进，并在典型省份和地区开展形式多样的巨灾保险试点实践，取得了初步进展，但目前还缺少一套完备的巨灾保险法制体系，由此产生了一系列问题。

1. 立法缺位与灾害风险治理体系

"十四五"规划提出"发展巨灾保险，提高防灾、减灾、抗灾、救灾能力"，为探索适合我国国情的巨灾保险制度提供了政策指引，将巨灾保险纳入国家灾害风险治理体系中，通过财政支持建设多层次的巨灾风险保障体系成为国家发展的重大需求。然而，由于相关法律文件的缺失，巨灾保险在实践中缺乏明确的、具有实际约束力的规范指导。此外，相关的配套性规范缺失导致巨灾保险的可持续性和推广能力被削弱。

2. 立法缺位与当前灾害应对方式

当前，我国救灾模式主要是在中央政府的主导下，各地方政府和部门密切合作，依靠国家财政拨款救济和全社会募捐等资金来源途径为基础的灾害处置方式。在我国历次抗灾救灾的经历中，举国体制一方面展示出能够迅速调配全国的资源和力量，对灾区开展集中大力救援和重建的优势，另一方面也暴露出政府公共财政压力过大，民众依赖性过强，长期对经济发展有一定负面性影响，救灾过程粗放导致资源浪费，灾害评估体系不完善，城市韧性建设不足等问题。

从政府财政的角度来看，近年来，随着城市化推进和经济发展带来的风险暴露加剧，涉灾资金缺口巨大。缺少体系化、权责分明的巨灾保险制度、法律的保障，巨灾保险仍难以从根本上分担政府的救灾与恢复重建压力，巨大的财政缺口可能打乱国家的宏观经济计划，阻碍经济发展。

3. 立法缺位与巨灾保险试点实践的水平提升

我国对巨灾保险制度开展了不同模式的积极探索，并取得了一定的成效，进一步证明了我国开展巨灾保险制度的可行性。但是在对试点评估的过程中，暴露了保险覆盖面不够广泛、各主体协调机制不够完善、群众获得感不够强等问题。

巨灾保险的投保意愿不足是全球广泛存在的问题，由于巨灾保险在立法中的缺位，且居民对巨灾风险防范意识不足、对巨灾保险作用的认识不够，巨灾保险的质量提升陷入瓶颈，难以实现对巨灾风险的有效化解与防范。为了实现巨灾保险的提质增量，必须回答好为谁建立、怎样建立有效的巨灾风险保障机制等问题，离不开巨灾保险立法的支持。

第五章

发展地震巨灾保险：制度体系创新构建

第一节　理论界定与相关论证

一、我国地震巨灾保险的理论界定

国外地震保险典型模式和我国试点实践的探索经验证明，地震巨灾保险不仅在解决地震灾害损失风险方面充分发挥风险管理和经济保障作用，而且通过保险机制创新，对地震引发的各层面各类型受灾体的损失、次生灾害风险的防范治理和经济韧性能力，乃至整个国家风险治理能力的提升发挥着重要的支撑作用。当前我国地震巨灾保险试点中暴露的机制不完整、不健全的缺口，使我国尚难以有效应对地震巨灾风险，需要从理论上对地震巨灾保险制度进行重构，构建地震巨灾保险的理论框架、体制方案与制度。

首先，明确定位。我国地震巨灾保险是我国地震巨灾风险管理体系框架的重要组成部分，是应对地震巨灾风险的有效手段，是非工程性质的财务风险转移工具。具体而言，我国地震巨灾保险是一种将地震灾害导致的人身伤亡、财产损失、责任风险等各种直接与衍生灾害风险，通过针对地震风险发生规律、损失特点而制定的多样化的风险分散和转移机制，在国家综合防灾减灾——灾害风险管理体系下与各利益方分工合作共同对巨灾风险进行管理的保险解决方案、风险管理工具与政策制度安排。

其次，从外延来看，我国地震巨灾风险管理体系框架包括工程性的防灾减灾与重建，以及非工程性的财务安排和社会教育等，两类措施各司其职、缺一不可且需要有机衔接。物理角度的应对处置措施和工程建设多年来始终没有停步，而保险作为非工程性的重要工具，需要在国家层面上系统地、全方位地有机嵌入，使地震巨灾风险管理体系各主体地位和分工清晰，形成社会合力，提升风险管理组织实施能力。发挥保险在个人和组织之间、各部门之间的桥梁作用，实现在巨灾风险管理方面的社会信任与社会协作，以达成保险的市场化风险管理机制对地震灾害风险管理行动的一致性的有效串联，有效防范化解巨灾风险，实质性提升地震灾害风险管理体系的综合化、精细化和多元化。

再次，聚焦地震保险的本质属性，是人类应对风险事故和损失发生不确定性的一种财务制度安排，是以市场化的风险分散转移机制和经济保障为基础，需要解决的是人民生命、社会、生产、经营各领域及政府涉灾财政巨额开支等面临的地震风险与风险损失保障。我国地震巨灾保险应该从保险的本源出发，充分发挥特有的风险管理、损失补偿、资金融通和社会管理基本职能，充分融入国家防灾减灾救灾战略，保险及巨灾保险的社会管理职能要服务创新政府管理和实现治理能力现代化，协助政府完成灾害和应急管理职能转换，保险机制在前端实现灾害风险的防范，并贯穿地震巨灾风险管理体系的全生命周期，真正实现政府层面和全社会层面的"应而不急"。

最后，从地震保险内涵来看，应当包括政策性的专项地震巨灾保险、商业性的涉及地震风险保障的保险产品以及相应的风险分散、分层分担、体系运作和监督管理体系。体现为在政府主导的顶层设计框架下，商业保险机制充分发挥其固有的职能作用，基于商业化运行特征的现代保险服务业，承担一部分的社会管理职能，辅助顶层制度，进一步培育商业保险机制的风险承担能力，从而实现良性循环，逐步有效化解地震灾害风险。

二、面向居民家庭和企业集体的保险市场博弈论模型

本书假设的巨灾保险交易行为涉及三方，即投保人（居民家庭和企业集体）、保险公司和政府，其中将居民视为巨灾保险产品的消费者角色作出投保决策，保险公司作为承保主体，政府作为隐性的一方主体，主要通过灾前补贴和灾后救助产生作用。基本假设如下。

（1）消费者（即投保人）基于期望效用函数进行决策。

（2）政府提供巨灾保险的保费补贴和灾后的救济。保费补贴按照保费总额的一定比例进行，灾后救济按照损失的一定比例进行，且无论消费者是否投保巨灾保险，假定消费者获得同等规模的政府救济。

（3）保险公司能够在政府的支持下对承保的巨灾风险进行合理的分散。

（4）模型不考虑赔付限额因素，假定选择投保巨灾保险的消费者全额投保，保险公司按实际损失的一定比例进行赔付。

（5）存在溢出效应。主要体现在选择不投保巨灾保险的消费者在灾害发生后，同样能够获得保险公司提供的医疗救助、风险管理等服务，但溢出效应较小，不会产生严重的"搭便车"问题。

基于上述五个假设，设置相关变量如表5-1所示。

表5-1 相关变量定义及取值范围

变量	变量定义	取值范围
L	灾害事故造成的经济损失的随机变量	$[0, +\infty)$
U_1	消费者选择投保巨灾保险的效用	
U_2	消费者选择不投保巨灾保险的效用	
P	保费规模	>0
I	保险公司所收取的巨灾保险保费投资收益	>0
W	消费者的初始财富	>0
γ	保险公司对于巨灾保险损失的赔付比例	$0<\gamma\leq1$
α	消费者购买巨灾保险在政府保费补贴后的自担比例	$0<\alpha\leq1$
β	政府对于灾害损失的灾后救助比例	$0<\beta\leq1$
θ	保险公司将承保风险分散后自留的风险责任占比	$0<\theta\leq1$
h	消费者有投保意愿但未能承保的额外成本	$h>0$
g	未投保的消费者在灾害发生后获得的溢出效应比例	$0<g\leq1$
p	消费者购买巨灾保险的概率	$0\leq p\leq1$
q	保险公司承保巨灾保险的概率	$0\leq q\leq1$

消费者是否购买巨灾保险的效用具体表示为

$$U_1=E\left[U(W-L-\alpha P+\gamma L+\beta L)\right] \tag{1}$$
$$U_2=E[U(W-L+\beta L)] \tag{2}$$

基于以上假设，首先构建一个基于静态博弈（Normal Form）的博弈矩阵，如表5-2所示。

表5-2 消费者与保险公司的静态博弈支付矩阵

		保险公司	
		经营	不经营
消费者	投保	U_1, $P+I-\gamma\cdot\theta\cdot E(L)$	U_2-h, 0
	不投保	$U_2+g\cdot E(L)$, $-g\cdot E(L)$	U_2, 0

由于$U_2>U_2-h$和$0>g\cdot E(L)$在给定变量取值范围内恒成立，因此在该阶段，（不投保，不经营）为显然的纳什均衡。但这一点并不是唯一的纳什均衡。当$U_1\geq U_2+g\cdot E(L)$和$P+I-\gamma\cdot\theta\cdot E(L)\geq0$能够恒成立时，（投保，经营）也可以成为纳什均衡。

想要比较 U_1 和 $U_2+g \cdot E(L)$，由于溢出效应 $g \cdot E(L)$ 较小可以忽略不计，即比较 U_1 和 U_2 的大小。根据效用函数满足 $U'>0$，$U''<0$ 的条件，只需要比较 $W-L-\alpha P+\gamma L+\beta L$ 和 $W-L+\beta L$ 的大小，化简得到比较 γL 和 αP 的大小关系，即得到的保险赔付金额与政府补贴后自担的保费的大小关系。当巨灾风险不发生时，二者都为零，是相等关系；当巨灾风险发生时，根据巨灾风险发生频率低且一旦发生损失巨大的特点，巨灾损失 L 数值较大，因此不等式成立的可能性较大。

想要比较 $P+I-\gamma \cdot \theta \cdot E(L)$ 和零的关系，即比较 $P+I$ 与 $\gamma \cdot \theta \cdot E(L)$ 的大小，即保险公司收取保费及其投资收益与自留的保险赔付责任的大小关系。这取决于保险公司的风险分散情况和投资收益水平。在政府的参与和较大的共担比例、结合市场化充分的风险分散机制下，不等式能够成立。

政府虽然作为隐性的市场主体，但对于博弈双方的支持和激励能够对博弈结果产生影响，有可能从（不投保，不经营）转向（投保，经营）的有效策略。因此，基于演化博弈理论中双方均为有限理性的假设，即博弈双方不可能在一开始就找到最优策略和最优均衡点，投保人和保险公司都需要在多轮博弈之后才能达到均衡。在此过程中，双方会持续在学习过程中修正其决策，从而达到一个更有效率的稳定的均衡状态。

消费者投保巨灾保险的期望收益为

$$E(YC) =p \cdot U_1+(1-p) \cdot (U_2-h) \tag{3}$$

消费者不投保巨灾保险的期望收益为

$$E(NC) =p \cdot [U_2+g \cdot E(L)]+(1-P) \cdot U_2 \tag{4}$$

消费者整体的期望收益为

$$E(C) =q \cdot E(YC)+(1-q) \cdot E(NC) \tag{5}$$

保险公司经营巨灾保险业务的期望收益为

$$E(YR) =q \cdot [P+I-\gamma \cdot \theta \cdot E(L)]+(1-q) \cdot [-g \cdot E(L)] \tag{6}$$

保险公司不经营巨灾保险业务的期望收益为

$$E(NR) =q \cdot 0+(1-q) \cdot 0=0 \tag{7}$$

保险公司整体的期望收益为

$$E(R) =p \cdot E(YR)+(1-p) \cdot E(NR) =p \cdot E(YR) \tag{8}$$

运用非对称复制动态演化方程描述特定策略在双方群体中被采用的频率，假设采用频率的速度与支付矩阵中超过平均支付的幅度为正比关系，得到 p 和 q 的复制动态方程如下：

$$\begin{aligned} F(p) &= \frac{\mathrm{d}p}{\mathrm{d}t} = p \cdot [E(YR)-E(R)] = p \cdot (1-p) \cdot [E(YR)-E(NR)] \\ &= p \cdot (1-p) \cdot \{q \cdot [P+I-\gamma \cdot \theta \cdot E(L)]+(1-q) \cdot [-g \cdot E(L)]\} \end{aligned} \tag{9}$$

$$G(q) = \frac{\mathrm{d}q}{\mathrm{d}t} = q \cdot [E(YC) - E(C)] = q \cdot (1-q) \cdot [E(YC) - E(NC)] \quad (10)$$

$$= q \cdot (1-q) \cdot \{ p \cdot U_1 + (1-p) \cdot (U_2 - h) - p \cdot [U_2 + g \cdot E(L)] - (1-P) \cdot U_2 \}$$

求解可得五个局部驻点 $E_1(0, 0)$，$E_2(1, 0)$，$E_3(0, 1)$，$E_4(1, 1)$，$E_5(p_0, q_0)$。

其中，$p_0 = \dfrac{h}{U_1 - U_2 - g \cdot E(L) + h}$，$q_0 = \dfrac{g \cdot E(L)}{P + I - \gamma \cdot \theta \cdot E(L) + g \cdot E(L)}$。

参考Friedman（1991）借助Jacobian矩阵的方法计算上述五个局部驻点的行列式和Jacobian矩阵的迹，通过判断符号，组合判定驻点的局部稳定性。根据Friedman的研究，若行列式和迹的符号相同，则不是ESS稳定驻点；若符号相反，则为ESS稳定驻点。

令 $X = P + I - r \cdot \theta \cdot E(L)$，$Y = U_1 - U_2 + g \cdot E(L)$，则

$$F(p) = p \cdot (1-p) \cdot [Xq - (1-q) \cdot g \cdot E(L)] \quad (11)$$

$$G(q) = q \cdot (1-q) \cdot [Yp - (1-p) \cdot h] \quad (12)$$

假设 $U_1 \geq U_2 + g \cdot E(L)$ 和 $P + I - \gamma \cdot \theta \cdot E(L) \geq 0$ 在政府的支持和激励作用下成立，进而 $A \geq 0$，$B \geq 0$ 成立。将 $F(p)$ 和 $G(q)$ 代入Jacobian矩阵中，可得

$$J = \begin{pmatrix} \dfrac{\partial F(p)}{\partial (p)} & \dfrac{\partial F(p)}{\partial q} \\ \dfrac{\partial G(q)}{\partial p} & \dfrac{\partial G(q)}{\partial q} \end{pmatrix} \quad (13)$$

$$= \begin{pmatrix} [Xq - (1-q) \cdot g \cdot E(L)] \cdot (1-2P) & [X + g \cdot E(L)] \cdot p(1-p) \\ (Y + h) \cdot q \cdot (1-q) & [Yp - (1-p) \cdot h] \cdot (1-2q) \end{pmatrix}$$

根据矩阵代入五个局部驻点的 p 值和 q 值，得到表5-3。

表5-3 驻点性质分析

驻点	行列式	矩阵的迹	是否稳定
$E_1(0, 1)$	$ghE(L) > 0$	$-gE(L) - h < 0$	是
$E_2(1, 0)$	$gE(L) \cdot Y > 0$	$gE(L) + Y > 0$	否
$E_3(0, 1)$	$h \cdot X > 0$	$X + h > 0$	否
$E_4(1, 1)$	$Y \cdot X > 0$	$-Y - X < 0$	是
$E_5(p_0, q_0)$	$-\dfrac{XYghE(L) \cdot (Y + h)[X + gE(L)]}{[X + gE(L)]^2 (Y + h)^2}$	0	无法确定

因此，该博弈过程存在两个进化稳定策略（Evolutionarily Stable Strategy）的均衡点，$E_1(0, 0)$ 代表的（不投保，不经营）和 $E_4(1, 1)$ 代表的（投保，经营）均是博

弈系统的ESS均衡点。根据静态博弈的分析，（投保，经营）代表了系统的最优均衡点，在此时双方决策达到帕累托最优。

由上述模型结果可知，虽然在阶段性博弈的完全理性的假设中，消费者选择不投保且保险公司选择不经营是占优策略，但不是唯一的均衡。政府的有效干预和积极参与能够使保险市场在演化过程中达到一个更有效的均衡。在动态的最优均衡点上，消费者选择投保且保险公司选择经营能够达到帕累托最优的结果。

因此，居民和企业在最初选择是否投保阶段、保险公司在最初选择是否经营巨灾保险业务阶段，可能无法作出投保和承保的最优选择。由此，巨灾保险的经营必须有政府的参与和干预，这也体现了巨灾保险的准公共性特征。

三、针对政府财政损失的巨灾保险平滑作用模型

通过构建数理模型和实证研究的方式，研究并验证巨灾财政损失保险是否有助于减少政府在救灾中财政支出的负担。主要借鉴和引用Borensztein（2009）[①]和许闲（2016）的研究方法，构建累积救灾负担模型，得出有无巨灾保险投保下，对政府财政的波动预测，进而说明财政巨灾保险对平滑政府财政支出的作用。

模型假设如下：

（1）灾害发生后，假设政府的财政救灾投入按照灾害损失的固定比例进行支出，巨灾保险同样按照该比例进行赔付。在实际情况中，间接损失的发生可能具有渐进性，不会在灾害发生初期统计完全，但为了简化模型，作此假设。

（2）政府购买巨灾财政保险能够减轻财务负担，保险赔付达到一定灾害损失才能够触发赔付机制，这笔费用也是政府必需的救灾成本。

（3）考虑时间价值因素，一方面体现在衡量多年救灾负担的累积情况（累积救灾支出/GDP），另一方面体现在购买巨灾保险的预先财政支出的时间价值，另外也体现在巨灾损失的通货膨胀调整。

在以上假设的前提下，当政府没有购买巨灾财政损失保险时，地震灾害救灾累积财政负担为

$$d_t = \frac{1+r_t}{1+y_t}d_{t-1} + L_t \qquad (14)$$

其中，d_t 为第 t 年的累积救灾政府财政负担占当年 GDP 的比重，d_{t-1} 为累积到上一

① Borensztein E，Cavallo E，Valenzuela P. Debt Sustainability under Catastrophic Risk：The Case for Government Budget Insurance［J］. Risk Management and Insurance Review，2009，12（2）：273-294.

年的财政救灾负担，运用 r_t 作为第 t 年的一年期存款基准利率表现为累积的时间价值，y_t 作为第 t 年的 GDP 增长率，将逐年的累计效用表现出来，即本年度的救灾损失既包括当年发生灾害的救灾支出，也包括上一年度救灾支出负担的一定比例附加时间上的价值。L_t 是第 t 年的救灾财政支出占 GDP 的比例。

$$L_t = \frac{D_t + I_t}{Y_t} \qquad (15)$$

Y_t 表示 t 年的 GDP 总量。在本书假设下，L_t 由直接损失和间接损失组成。直接损失往往最被人们所了解，但并不能完全反映灾害的全貌，将间接损失纳入巨灾保险赔付范围在本书巨灾保险制度设计上多次提及，因此也将其纳入损失模型中。本书参考李恒等（2007）[①] 对于间接损失测算的讨论，从灾害对社会生产活动造成中断的角度出发，通过建筑物的损失破坏比例，得出灾害造成的社会生产能力破坏比例，进而表现为 GDP 的非线性关系。

$$I_t = \lambda_t \cdot Y_t \qquad (16)$$

其中，λ_t 为地震灾害造成的生产能力破坏比例，进一步表示为

$$\lambda_t = (2-a)q_t^2 + (2a)q_t^3 - (1+a)q_t^4 \qquad (17)$$

其中，a 为损失参数，由震前应完成的生产总值、震后时间完成的生产总值和 t 年内地震灾害的影响时长进行模拟，本书将不进行详细叙述。q_t 为建筑物损坏比例，这里补充的假设前提是大部分生产能力的损失是由于厂房的损失及其连锁影响造成的，这一假设也相对符合实际情况。

当政府购买巨灾财政损失保险后，地震灾害救灾累积财政负担为

$$d_t = \frac{1+r_t}{1+y_t} d_{t-1} + L_t + P_t(A) - C_t(L_t, A) \qquad (18)$$

其中，d_t 为保险赔付金额占 GDP 的比例，是由灾害损失和保额 A 共同决定的，其中灾害损失与救灾支出 L_t 为一定的比例关系。$P_t(A)$ 为政府购买保险支出的保费价格占 GDP 的比重，假设政府每年制定一次预算且每年年初交纳保费，则依据 r_t 附加到当年年底的时间价值。

年度保费的确定需要建立在地震灾害损失分布的基础上，通过确定该年度的地震损失发生概率，能够计算出损失期望，并得出净保费。假设忽略巨灾保险的运营成本和管理成本等其他费用，并保证巨灾保险市场的供给是充分的，由此采用净保

---

① 李恒、姚运生、陈蜀俊.地震损失分析中两个问题的探讨［J］.大地测量与地球动力学，2007（6）：82–85.

费来表示巨灾保险产品的定价。通过蒙特卡洛模拟法，模拟出m个年底地震灾害损失，在损失独立同分布的假设下，假设每一年度损失的发生概率都为$\dfrac{1}{m}$，在不考虑保险公司赔付限额时，年度损失的地震灾害损失的期望为

$$E = \sum_{i=1}^{m} \frac{k_i}{m} \qquad (19)$$

其中，k_i为年度实际保险赔付额的模拟值。然而在实际情况中，保险公司需要设置最高赔付限额即保额，来控制自身承保的风险，且保证巨灾保险产品的定价在市场可以接受的水平内。如果保额为A，则将所有可能的年度损失k_i进行排序，得到由小到大排列的K_1，K_2，K_3，$\cdots$，K_x，$\cdots$，K_m，其中x表示在地震损失不超过保险赔付限额A的保单数目，这种临界关系表示为$K_x \leqslant A \leqslant K_{x+1}$（$1 \leqslant x \leqslant m$），此时巨灾保险的净保费表示为

$$E_A = \sum_{i=1}^{x} \frac{k_i}{m} + \left[\frac{A(m-x)}{m} \right] \qquad (20)$$

式中，$\sum\limits_{i=1}^{x} \dfrac{k_i}{m}$表示地震损失在保额之下的、能够充分赔付的保单，按照实际损失k_i进行赔付；$\dfrac{A(m-x)}{m}$表示损失在保额之上的部分，按照保险保额A进行实际赔付。

根据许闲、张涵博等（2016）选取我国1990—2013年的地震损失数据，得出地震损失的超概率曲线。无论是单起损失分布与模拟的年度地震总损失都不是正态分布的，具有比较明显的"厚尾"和"右偏"特征，符合巨灾损失发生概率低，但一旦发生则损失巨大的基本特点。

许闲、张涵博等（2016）将预测情况分成不购买巨灾保险、购买限额为100亿元巨灾保险和购买限额为1000亿元巨灾保险三种情况，分别模拟预测2014—2020年的政府财政救灾负担。在98%的置信区间下，剔除极端值的影响，如表5-4所示。

表5-4　巨灾保险对财政波动性的平滑作用预测

年份	不购买巨灾保险		购买100亿元巨灾保险		购买1000亿元巨灾保险	
	上界	下界	上界	下界	上界	下界
2014	0.2376	0.2061	0.2292	0.2056	0.2278	0.2080
2015	0.3498	0.1901	0.3472	0.1911	0.2260	0.2076
2016	0.3317	0.1761	0.3286	0.1773	0.2259	0.2080
2017	0.3121	0.1638	0.3084	0.1652	0.2253	0.2081
2018	0.2954	0.1510	0.2914	0.1547	0.2254	0.2077
2019	0.2816	0.1408	0.2787	0.1436	0.2252	0.2078
2020	0.2691	0.1322	0.2660	0.1341	0.2246	0.2072

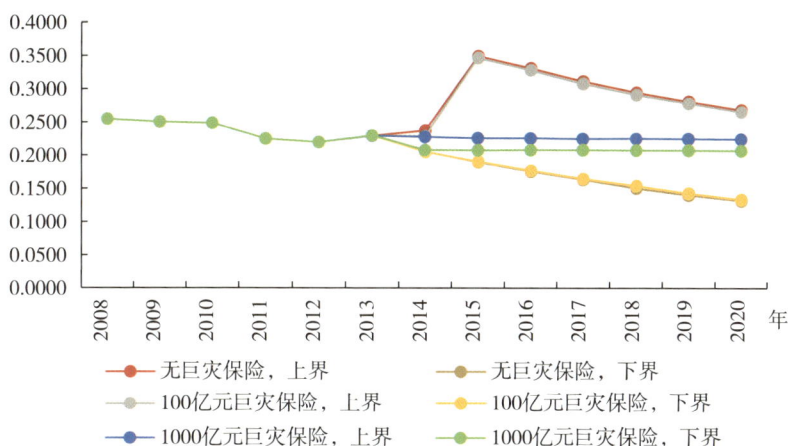

图5-1　巨灾保险对财政波动性的平滑作用

由表5-4可以清晰地看出，保险赔付对于化解灾害带来的财政波动性具有显著的平滑作用，设计针对政府涉灾财政支出的巨灾保险制度具有其必要性和可行性。

第二节　基本内容和思路

我国地震巨灾保险制度构建的基本思路是在十三届人大四次会议审议通过的《中华人民共和国国民经济和社会发展第十四个五年规划和2035年目标纲要》提出的"统筹发展和安全，建设更高水平的平安中国；完善国家应急管理体系，发展巨灾保险，提高防灾、减灾、抗灾、救灾能力"等发展目标和任务的指导思想下，在多层次巨灾风险保险保障机制科学化、制度化融入我国应急管理体系的大框架下，紧密依据我国地震灾害风险的时空分布特点和经济社会等层面的影响综合评估，将运用专业化、市场化的风险管理与合理化、完备化的政策支持体系相结合，一方面化解微观受灾个体难以独立应对巨灾损失以致难以维持基本生产生活水平的保障缺口风险，另一方面化解涉灾财政资金"无灾不可用、有灾不够用"的预算缺口风险，设计与事前预防、事中快速响应以及事后经济补偿和恢复重建的地震灾害风险管理体系全流程对接的地震保险制度框架，论证并构建巨灾保险方案所需要配套的协同推行路径、实施方案和政策支持体系，弥补我国当前应急管理体系中的缺陷和短板，提升全社会的灾害韧性和国家抗灾救灾能力。

一、政府主导、市场化运作与社会参与相结合的原则

明确界定政府职能、市场行为边界和社会参与深度是我国地震巨灾保险制度建设的重点问题。我国地震巨灾保险制度拟构建政府、市场和社会齐心协力、齐抓共管、优势互补、分工合作的机制。

政府主导是巨灾保险发展的关键保障，这是发挥我国社会主义制度优势的必然选择。政府的主导作用体现在明确巨灾保险的定位，提供立法指引和充分的政策扶植，完备相关的体系化配套制度安排，积极推动模式创新，对巨灾保险市场加以适当的干预并制定有效的激励政策，对地震巨灾保险的切实落地发挥指导、宣传与促进作用。

市场是巨灾保险制度建设中的重要环节，这是巨灾保险作为准公共产品的一大特征，政府与私人保险公司合作的PPP模式也是国际先进巨灾保险制度的必然路径选择。从地震灾害的风险管理角度，保险业作为一个承保、应对、管理风险的行业，从研发产品、精算定价、核保核赔的各个环节，不仅具有识别、衡量和分析风险的专业技术，而且具有能够掌握和提供灾害损失信息的优势；从损失补偿的角度，保险公司快速查勘定损和依靠其覆盖面广的营销网络，能够及时开展理赔工作；从资金融通角度，保费和赔付带来的资金流通能够进一步激发和释放灾后经济活力，助力投资国家重建项目从而带来社会各生产环节灾后的全面复工和振兴，推动社会经济水平和社会生产力的恢复甚至进一步增长。

社会参与是巨灾保险制度有效实施的必要力量。保险本身有互助性的特点，通过依据合理的概率预测和精算定价缴纳保费形成保险基金，"一人为众、众为一人"，分散个人、家庭、企业和政府一己之力不能承担的巨灾风险，在保险参与方之间形成一种经济上的互助关系。地震巨灾保险不同于一般商业保险，由于发生概率低但损失巨大，对大数法则提出挑战，对保险覆盖率和巨灾风险的逐层分散提出了更高的要求，因此社会参与首先体现在积极充分的投保和广泛的风险分担上。另外，社会各主体主动对风险暴露进行有效的灾前防范、及时组织力量进行灾后救援和重建，能够减少巨灾事件及其次生灾害造成的损失，促进巨灾保险制度的可持续发展。

二、工程性防灾减灾与非工程性保障体系相衔接

当前我国的防灾减灾学术研究和应急管理实践中往往将工程性与非工程性的手

段割裂开，而在风险管理端的实际需求中，将地震巨灾保险与工程性的防灾减灾工程有机衔接，能够有力推动我国灾害风险管理体系从灾后救急向灾前预防、减轻灾害风险的重心转移，推动覆盖灾前、灾中、灾后的灾害应急管理体系全流程现代化建设。

任一方面的防灾减灾效果都有其局限性。减灾工程的投入一般巨大，效果效益相对显著，但缺陷在于：一是减灾工程的规划往往只考虑对局部地区单灾种的防御，而缺乏系统性意识和统筹兼顾的布局；二是减灾规划还没有与国民经济发展计划完全融合，土地利用与建设规划仍有无视灾害因子的现象存在，以致一些城镇和建筑物坐落在潜伏灾害威胁严重的地区；三是一些抗灾工程由于建设之初的技术水平限制导致设计标准和施工质量相对较低，加之年久失修或人为破坏，减少或失去了抵抗灾害的能力，与当前灾害强度不相适应。

非工程性措施主要是通过政策、规划、管理、经济、法律、教育等手段削弱、消灭或回避灾害源，限制或疏导灾害载体，保护或转移受灾体，保护和充分发挥工程性措施的作用，减轻次生灾害和衍生灾害等，具体包括制定减灾预案、灾害的预报和预警、强化人口管理、保护环境、提高全民的灾害意识等，巨灾保险也是非工程性措施的一大重要组成部分。非工程性制度的实施必须有工程性的实体作为支撑，工程性措施也必须通过非工程性的途径实现作用的全面发挥，二者相辅相成，需要共同深入发展。

在地震巨灾保险制度的顶层设计中，应将巨灾保险机制与减灾工程相结合，与其他非工程性措施相结合，以防灾减损为共同目标，实现减少风险暴露、提升风险意识、承担风险责任、采取防范措施、逐降保费水平、扩大保险需求的良性循环体系。

三、立法先行与政策支撑体系相结合

建立中央到地方完善的巨灾保险制度法律支持体系。建立巨灾保险保障机制，离不开巨灾保险法律的供给与支持。国际上已确立的较为成熟的地震保险制度实践均通过立法先行的方式，保障巨灾保险制度的顺利实施，完善顶层法律建设是构建巨灾保险制度的必由之路，也是制度实施先行的保障条件。我国巨灾保险制度立法体系应遵循规范化的原则，建立中央到地方完善的巨灾保险制度法律支持体系。既要在上行法律制度体系（如《保险法》）中对巨灾保险制度提出最基本的法律规范和总括性要求，又有必要在具体法律规范中，针对单独灾种（如地震灾害）进行符合其灾情特点和地域分布特点的特别法立法；针对差异性地区建立配套管理办法和监督运行制度。从长期来看，应坚持逐步建立并完善多灾种巨灾保险法律制度，最终形成多层次、多灾种综合风险管理体系的方向。

建立巨灾保险制度的综合政策支持体系。我国地震巨灾保险制度的实施需要考虑顶层制度设计、推广模式、落地方案和配套支持政策等全方位的综合体系化方案设计，对地震巨灾保险的参与主体及其职能分工和各级关系，地震巨灾保险的推行模式，保障范围和保障内容，地震巨灾保险与其他灾种巨灾保险的关系如何嵌入我国灾害风险管理体系和应急管理体系中，都需要进行科学、全面的界定和说明。坚持"统一指导、独立运营、专业管理"的原则，既保证中央政府的主导作用，又给予各省份结合各地实际情况的相对独立性和灵活性，简政放权，优化政府职能。这一支撑体系要坚持多方参与、多层次分散的风险集中与分散原则，既能提高居民的投保意愿，提高保险公司的承保意愿，提高保险覆盖率，提高巨灾保险机制运行的承保能力，又不会对财政造成太大的压力。

第三节　体系搭建

一、提升我国应急管理体系和能力现代化水平的综合巨灾风险保障体系

本书提出对巨灾保险顶层制度体系设计的定位，是放在国家应急管理体系建设框架下的，与党的十八大以来国家关于保险融入防灾减灾体系的目标和方向相统一。保险机制的提出、设计和嵌入并不是对国家应急管理体系建设的"锦上添花"，而是保险这一财务属性的风险管理工具本身就应作为应急管理体系中必不可少的重要部分。在我国保险业发展日趋成熟、巨灾保险理论逐渐清晰化、系统化的学术与市场环境下，在充分借鉴和分析国外巨灾保险相关经验，并结合我国近年来多样化巨灾保险试点成果的实践基础上，巨灾保险保障体系的嵌入不仅聚焦保险产品的开发，还通过保险职能的充分发挥，应当且能够为创新并完善国家应急管理体系的顶层设计注入活力，形成一整套完备的、科学的重大灾害风险防范机制和巨灾保险保障机制，创新政府管理的机制和体制，提升应急管理体系和能力的现代化水平。

此外，本书提出的综合巨灾风险保障体系也旨在以地震巨灾保险体系框架为抓手和起点，探索应急管理的市场化和社会化程度，以及保险服务于国家治理体系和治理能力现代化建设的广度和深度。

现代化、高水平应急管理体系下，巨灾保险综合支撑体系的建立要求将巨灾保

险机制根植于应急管理体系各个阶段，与灾害应急管理全生命周期相契合，与灾害风险管理全方面路径与手段相协调，在顶层设计中具体表现为：工程性——地震巨灾风险防控与减灾工程体系；非工程性——多层次地震巨灾保险保障体系、社会化地震巨灾风险教育与管理体系。

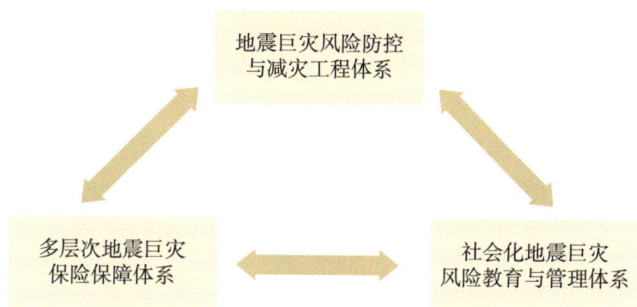

图5-2 综合巨灾风险保障体系顶层设计

本书的侧重点在于非工程性角度的保险解决方案，即建立多层次地震巨灾保险保障体系。巨灾保险是一套体系化的对冲巨灾风险损失和财务财政责任与负债的有效或有资金工具，是非工程性的巨灾风险管理工具而成为应急管理体系的重要组成部分。巨灾保险体系的科学建构和制度设计，以及巨灾保险的风险管理和风险保障功能与服务效能在应急管理体系中的充分释放，直接关系到应急管理体系现代化水平和防灾减灾抗灾救灾能力的提升。使全新的巨灾风险管理机制成为政府、企业、居民等各层面承灾体有效管理风险和财富的基础，使多层次的巨灾保险机制成为政府改进公共服务、创新政府管理、提升治理体系和能力的重要支撑，是当前立足我国国情灾情局势急需解决的问题。

在补足我国应急管理体系运行中存在的短板思路下，地震巨灾保险保障体系总体目标和路径包括两个方面，一是借助保险的风险管理职能化解风险，二是利用其财政金融属性调动社会力量，盘活财政资金，释放政府职能。这就需要在建立前后延伸的嵌入保险机制的综合风险保障体系：利用地震巨灾保险机制将灾害应急管理主要阶段向前延伸，弥补应急管理前端缺陷——基于全新的保险与巨灾保险综合体系支撑，使我国应急管理体系和能力现代化水平得到提升的完备的体系架构设计；将应急管理主要过程向后延伸，填补应急管理后端短板——对现有应急管理体系进行功能性扩充研究与新体系设计。

从保障主体来看，一方面是面向居民和企业这一财产所有者群体，需构建专项地震巨灾保险，既保障人民生活和生产经营遭受的直接经济损失，又要涵盖灾害造成的停工停产、终止经营等衍生的次生损失。专项地震巨灾保险重在"保基本、广覆盖"，需要启发、强化和激励投保人建立巨灾损失准备机制，形成社会化的风险分散能力，实现救灾与重建资金管理的迭代，从简单地依赖举国体制财政救济，到社会化的自我积累模式，从根本上解决重建资金供给机制的可持续性。在专项地震巨灾保险框架下，积极引导发展商业灾害保险，重点在于个性化、多种类。需要科学规划商业保险与巨灾保险在新型巨灾风险管理体系中的分工合作机制，充分发挥政策性引导和市场化运作相结合的优势，实现充足优质产品供给和充分多样性市场需求相匹配的共赢局面。

另一方面是对于财政涉灾预算，尤其是在重建过程中将可能面临的资金缺口风险纳入专项地震巨灾保险制度体系框架中进行保障。巨灾保险应科学化和制度化地融入国家应急管理体系和新型公共财政响应巨灾风险预算融资机制的理论与实践中，推动财政涉灾资金预算体系从当前的实有资金短时大量支出向或有资金的科学化预先安排方向转移的改革与完善，避免出现"无灾不可用，有灾不够用"的财政涉灾资金缺口，以弥补我国应急管理体系中的缺陷和短板，进而提升公共财政韧性和国家抗灾救灾能力。

工程性的防灾减灾体系和非工程性的社会化风险教育与管理体系也必不可少，三者需要有机衔接。一是在机制上，三者统一于减少社会风险暴露并提供风险保障的目标，且同时与公共涉灾财政预算挂钩，通过合理的制度安排能够起到减灾减损的相互促进作用。二是在技术上，通过全新的、科技的、智能的保险机制融合应急管理体系的预防储备、灾害预警等各工程管理阶段，通过将新科技赋能的保险衔接到应急管理体系中的预防、监测与预警、应急处置与救援、事后恢复与重建管理各过程，可以使应急管理工程和能力得到提升。

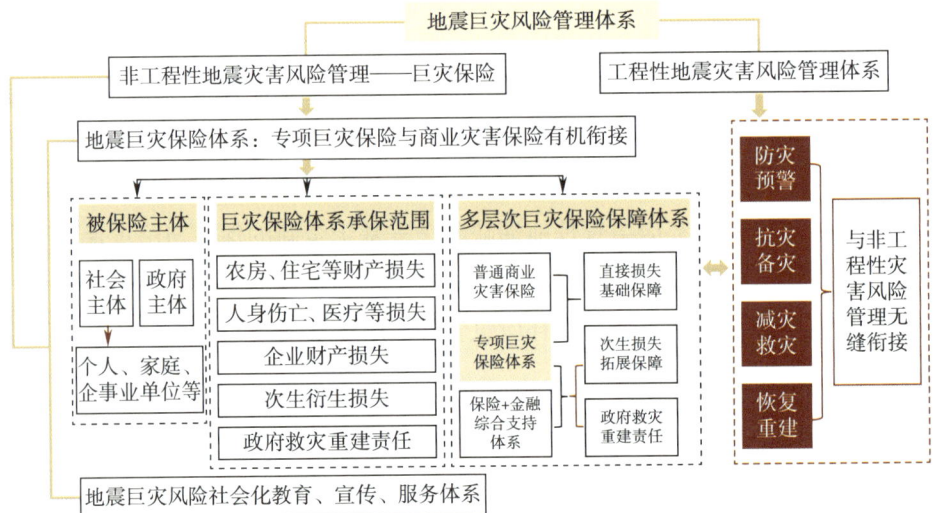

图5-3 地震巨灾风险制度体系构建框架

二、政策性专项巨灾保障与商业灾害保障相结合的地震巨灾保险体系

构建对接财政预算机制的，面向居民、企业和政府的政策性专项巨灾保障，面向居民和企业的商业灾害保障相结合的风险保障体系，面向政府公共财政救灾与重建责任的金融保险支持体系相统一的综合性多层次地震巨灾保险保障体系。

在保障居民与企业层面，专项巨灾保险保障体系的构建原则从保基本、广覆盖出发，并根据个体需求向高层次的风险保障供给补充，构建政策性巨灾保险、商业巨灾保险和一般商业保险的巨灾附加保障责任相结合的风险保障体系。政策性巨灾保险作为准公共产品，目的是使全社会处于一个较低保障、广泛覆盖的巨灾保险保障之下，保障的是个人和家庭在遭受严重人身伤亡和财产损失时，能够通过一定较低水平的经济补偿维持最基本的生活水平，增强最广泛的居民群体面对地震风险时，对于个人难以承担却对基本生活需求造成严重影响的损失风险，形成自身保障和风险管理的能力。这一制度不仅符合因居民面对大灾可能遭受损失产生的实际需求，而且也是居民应当且必须承担的一项社会责任和风险管理义务。

商业灾害保障指更高保额、更多类型的商业巨灾保险或一般商业保险的巨灾责任附加险，主要针对居民的补充保障需求，以及本身有一定风险防范能力的企业面对巨灾风险时所需的保险保障，通过市场方式以自愿原则的个性化补充，能够充分发挥商业保险公司在产品开发和定价方面的创新性和优势，从供给侧通过竞争激发巨灾保险市场上产品的多样性和丰富性，也能够引导保险公司关注、重视并合理管理巨灾风险。

这一结构框架首先能够促进我国形成完整的地震巨灾保险保障体系，对政策性巨灾保险的保障范围与巨灾商业保险保障范围明确责任界定，使风险保障既能全面覆盖不缺漏，又能各司其职不重复。此外，政策性巨灾保险通过法律和行政手段保基本，是商业巨灾保险推广的重要导向和宣传方式；而商业保险通过市场化手段，保险公司在保险法的对标的防损与提醒义务规定和自身经营盈利最大化目标的双重要求驱动下，能够激励家庭和企业的防灾减损行为，从市场行为角度实现保险风险管理功能的全面释放，逐步降低全社会面临的风险水平，形成保费浮动机制与风险降低的良性循环。

这一体系的实施和落地还需要政府通过补贴、减免等财税支持方式，保持对巨灾市场的适度干预，提高政府对市场主体激励机制的有效性，增强巨灾保险市场的运行效率，有效提升地震巨灾保险的覆盖面。从实际运行角度，通过定位市场机制和政府职能的有效边界，建立合理的推行模式和配套政策方案支持体系。

三、面向政府公共财政涉灾资金缺口风险的金融保险支持体系

公共财政涉灾预算作为应急管理后端——救灾及恢复重建阶段的财力保障，直接影响国家公共安全保障能力。当前的公共财政涉灾预算虽然在一定程度上优化了应急管理资金来源，然而气候变化和快速城镇化背景下各类突发重大事件频发，叠加系统性次生经济灾害风险，其灾害强度、损失程度和影响加剧，不仅给我国防范化解重大灾害风险和应急管理能力带来严峻考验，更凸显应急管理体系中巨大的财政救灾与恢复重建资金缺口、公共财政涉灾预算"无灾不可用、有灾不够用"问题及国家应急管理体系中多层次巨灾风险的保险保障机制的缺位，已成为提升抗灾救灾能力、保障经济社会稳定发展和防止小康社会因灾返贫需要破解的重大难题。

巨灾保险作为对冲各种巨灾风险损失和财务财政责任与负债的有效或有资金工具和方法，从顶层设计上，应精准识别和科学评估财政预算涉灾资金缺口风险，运用市场化风险管理和巨灾保险机制，设计化解财政涉灾资金缺口风险的巨灾保险，使其科学化、制度化地融入公共财政涉灾预算体系、改善财政涉灾资金缺口，以弥补我国应急管理体系中的缺陷和短板，进而提升公共财政韧性和国家抗灾救灾能力。

具体来说，政府作为投保人，通过财政巨灾指数保险的承保机制、风险分散原则、最优再保险安排等运作体系，改革目前以实有资金为本的涉灾预算机制，确保公共财政韧性与巨灾风险敞口的制度化对称，创新政府管理大灾职能，弥补应急管理后端短板。指数保险的赔付依据不是具体发生的损失，而是灾因指数达到和超过赔付阈值时，可以挂钩政府应急响应指标，更适合应急管理和巨灾风险管理的公共财政预算体系，具有以下三个方面的特征。第一，指数保险是在灾害之前对于可能的风险作出规划和安排，对于保费的规模和灾后可能得到的资金补偿额度是能够预先估算确定的，这给财政预算带来了极大的便利，政府能够利用指数保险支出而不是调配大量实有资本来应对重大灾害，通过财政指数保险制度的设计，能够更快速、更透明地赔付资金，提高应对灾害的反应效力，降低灾害的宏观经济成本。第二，与债务融资相比，利用保险进行财务安排不需要背负偿还债务的负担，能够减少灾后恢复压力，更合理地在应对灾害的各个环节中分配资金，还有助于提升恢复韧性。第三，风险是可以用价格进行衡量的，通过成本效益分析，能够促进财政预算风险管理和决策的完善。

综上所述，财政巨灾指数保险体系在降低政府响应巨灾或有债务风险、平滑财政资金巨额波动、缩短灾后救助响应时间、阻断财政次生灾害、提高财政韧性等

方面具有显著优势，具备有效避免击穿风险和道德风险、降低交易和管理成本的特征，不仅能够在改善财政涉灾预算缺口方面充分发挥灾前风险融资的作用，而且能够有效降低因巨灾引发系统性经济风险的概率，对公共财政涉灾预算融资机制的优化及应急管理体系的完善起到重要的支撑作用，是我国地震保险体系中不可或缺的重要一环，在我国已具备相应的技术条件和市场可行性，亟须建立可行的模式选择理论基础、运行模式、政策支持，促进财政巨灾指数保险与其配套金融保险支持体系的建立和落地实施。

第 六 章

发展地震巨灾保险：
发展模式选择

从地震巨灾保险发展实践来看，我国尚未形成全国统一的标准模式。在政策性专项地震巨灾保险框架下，既有专门针对地震灾害的单一巨灾保险制度，也有将地震灾害纳入其中的综合灾种巨灾保险制度。单一地震责任的巨灾保险制度在中国存在两种并行模式：一是以四川为代表并推广到全国的，政府主导的商业性城乡居民住宅地震巨灾保险模式；二是在云南大理白族自治州试点，以政府为投保人和被保险人的政策性震级触发的农房地震指数保险模式。在综合灾种的巨灾保险制度中，部分城市将地震风险纳入保障范围，如深圳和广州的巨灾保险方案。

在目前的商业性保险中，针对地震灾害的财产损失，部分保险公司将车险或家财险的责任扩展到地震灾害，或通过附加地震责任的形式承保地震风险；对地震灾害的潜在人身伤害，大部分人寿保险、意外伤害保险等都包含地震导致的身故、伤残及医疗费用等责任。此外，企业财产保险会根据企业需求来决定是否承保地震责任。

在当前中国的地震灾情形式和经济社会发展态势下，在构建适合中国国情的地震巨灾保险制度体系框架下，专项地震巨灾保险如何有效推行发展？有哪些模式可供选择？这些可供选择的发展模式各自的利弊如何？在每种模式下，参与的主体各自的预期责任和收益的大小如何衡量？在基础保障构建的前提下，如何满足人们个性化、差异化的地震风险分散需求？政府财政涉灾或有责任风险通过何种推行模式进行承保？这些都是我国政府与保险业界和学界讨论已久，但至今尚未达成一致意见的问题。在本章中，我们提出可供选择的地震巨灾保险制度发展模式，通过理论及量化分析各模式的利弊，为我国构建科学合理的地震巨灾保险制度提供思路和方案；并尝试构建地震巨灾保险制度发展模式的落地实施和协作体系。

第一节　模式选择与依据

第五章提出，我国地震巨灾保险制度体系涵盖专项地震巨灾保险，其中包括体现地震巨灾保险的准公共产品属性，保障城乡居民住宅直接损失的基础保障，保障次生衍生灾害损失的拓展保障及保障政府救灾及重建中的涉灾财政损失的"保险+金融"保障体系。在此基础上，积极发展商业化地震灾害保险，以满足居民与企业个性化、多层次的风险转移需求的方式，二者有机衔接，构建适应我国灾情及国情特点的地震巨灾保险制度体系，形成全社会地震灾害保障防护网。

地震巨灾保险制度中的专项巨灾保障和商业灾害保障以及政府财政保障，具有不同的推行、经营、运行和管理的特点，需分别设计发展模式。特别是专项地震巨灾保险中的关于城乡居民住宅的基础保障部分，涉及人群范围广，且直接关系到群众灾后的基本生存状况，具有普惠性，因此其推行和发展的模式选择更应进行科学的设计与严谨的论证。

一、专项地震巨灾保险发展模式选择

（一）专项地震巨灾保险基础保障可供选择的模式

通过前文分析，可以看出：一方面，单纯依赖市场力量，完全由私营部门（即保险行业）来提供地震巨灾保险的发展模式无法充分释放地震巨灾保险的作用。另一方面，完全依赖政府提供地震巨灾保险，则面临着公共财政负担重、运行效率低、资源配置不公等问题。因此，在政策性专项地震巨灾保险制度中需探索发展PPP模式，建立合作长效机制。

首先，地震巨灾风险的可保性、地震巨灾保险产品的准公共产品属性、地震巨灾保险产品商业市场需求与供给"双冷"造成的市场失灵问题，以及行为经济学在地震巨灾保险购买决策行为理论研究的进展均表明，仅靠市场的力量无法有效应对地震巨灾风险。由于对风险认识的偏误、可得性偏差等影响，让居民自愿购买地震保险将会导致需求严重不足，使地震灾情严重地区的居民暴露在地震风险下，得不到应有的保障。

其次，国外巨灾实践经验证实了PPP模式的有效性。近年来，全球范围内出现了大量政府和商业巨灾保险机构共同参与、合作运行的PPP巨灾保险项目。截至2018年底，全球范围至少有135个经济体建立了PPP框架下的公共产品供给制度（孙祁祥和岳鸿飞，2020）[①]。本书第三章介绍的部分国家和地区的典型地震巨灾保险制度都是PPP模式在地震巨灾保险这一准公共产品供给中的应用范例。这些PPP巨灾项目的成功经验说明了在作为准公共产品的政策性巨灾保险制度设计时，政府与私营部门的合作是获得成功的关键。

最后，我国地震巨灾保险的发展历程也从实践上验证了采取PPP模式的必然性。一方面，完全依赖政府难以满足地震灾害风险需求。自新中国成立以来，地震损失补偿和救助主要依赖公共财政，然而地震灾害的发生往往导致财政涉灾支出增加和财政收入减少，应急财政资金压力增加，使公共债务增加导致借款成本增加，从而可能会进一步抑制灾害恢复重建和经济发展（刘玮和郭静，2021）。由政府部

---

① 孙祁祥，岳鸿飞.全球PPP经验与中国实践［J］.中国金融，2020（6）：30–34.

门承担地震灾害绝大部分的救助责任，保险公司、再保险公司等商业巨灾保险机构的力量没有得到很好的发挥，这一救灾的"举国体制"给公共财政带来了沉重负担，且存在运行效率低、保障水平低等问题，因此，完全由政府承担地震风险的"举国机制"亟待改进（王和，2020）。

另一方面，纯商业化的地震巨灾保险无法发展在实践中已经得到验证。从2002年保监会放松对地震保险的限制，到2008年汶川地震之前，我国的地震保险处在纯商业化经营的自由发展时期，但这段时期地震保险产品价格昂贵，需求不足，商业化市场低迷。汶川地震中损毁的房屋投保地震保险保障的寥寥无几，保险的作用仅体现在部分人身伤亡的补偿和机动车辆的损失，而作为人们最重要财产的房屋却没有得到相应保障。大地震给政府、社会和民众造成的巨大创伤告诉我们，在地震巨灾保险经营中需引入政府行为，政府应该在其中起主导作用。

中国巨灾保险制度的发展历程证明了需要在纯商业保险模式与政府办保险的纯政策性保险模式之间寻求平衡，即构建政府与私营部门合作的机制。但对于专项地震巨灾基础保障保险PPP模式构建的基础，选择的依据是什么？政府和商业保险机构如何分工才能使各方的效用达到最高并且提升社会总体福利水平？从融资方式、实施模式、保障范围和风险分散模式等各个维度怎样设计PPP合作机制，各方如何划分比例份额和责任边界？在对不同的地震巨灾保险制度模式进行比较时，评价和选择的标准如何制定？这些问题在理论上一直缺乏深入研究，也正是地震巨灾保险在实践中举步维艰的主要原因。基于此，本节将从理论层面全面系统地论述PPP地震巨灾保险模式的选择依据、可选模式确定和设计，以及模式比较的方法和标准，并从实证层面量化各种模式下参与方的收益和支出及支出波动情况，为地震巨灾保险推行模型的选择和构建提供理论基础和科学依据。

（二）专项地震巨灾保险基础保障发展模式的选择依据

目前，在世界范围内已经出现了大量政府和保险机构共同参与、合作运行的巨灾保险项目，虽然许多国家都建立了PPP地震巨灾保险模式，但政府和保险机构在合作机制中的角色与分工却各不相同，各国在选择地震巨灾保险PPP模式时应考虑到各国保险市场的发展程度、地震灾情风险状况和政治文化等多种因素的影响。[①]

1. 保险市场的发展程度

如果一国保险市场的发展程度较高，人们有着强烈的风险管理与保险意识，且

---

① 何小伟. 政府干预巨灾保险市场的研究评述［J］. 保险研究，2009（12）：115–120.

保险市场在出现巨灾损失后的调节和适应能力较强，保险公司能够在巨灾保险的合作中能够承担更大的责任，政府在其中仅提供有针对性的干预，PPP模式设计中保险发挥主要作用，政府干涉较少，如英国洪水保险。然而，对于保险市场不发达的国家，特别是发展中国家，保险市场难以承担地震巨灾保险的重任，需要政府提供更多的帮助和激励及更强有力的干预，在PPP模式中政府要占主导地位。

2．地震灾情风险状况

一国的地震灾情是影响其地震保险模式选择的基本因素之一。若该国面临严重的地震风险，如日本、新西兰及土耳其等，整个国家都位于环太平洋地震带上，有较高的地震风险，就要建立全国性的地震保险项目。如果一国仅部分地区面临较高地震风险，可以选择在地震灾害风险较高地区建立地震保险制度，例如，美国仅在加州这一地震灾害严重地区建立了地震保险制度。如果一地区面临的地震风险较低，则可以提供涵盖地震的覆盖多灾种的综合性巨灾保险方案，如法国等。

3．政治文化因素

一国巨灾保险市场PPP模式的角色分工与各国的政治文化有关。有政府救灾传统、重视社会团结和谐的国家往往倾向于建立政府占主导地位的地震巨灾保险制度，如新西兰、日本等；但看重市场效率和竞争公平的国家往往倾向于给予商业保险机构更多的自由空间来提供地震巨灾保险，政府的参与相对较少，如美国加州地震保险。

4．财政经济状况

一国财政经济状况也会影响PPP模式中政府与私营部门的分工。如果一个国家或地区经济状况良好，居民收入较高，市场机制分散风险的能力就会较强，财政筹资成本低，巨灾对宏观经济和居民的影响较小，这样的国家往往倾向于让私营部门在合作机制中占据主导地位，政府仅起辅助作用，如英国的洪水保险计划。反之，如果一国财政经济状况欠发达，则居民和整个社会抵御风险的韧性较低，则需要政府在巨灾保险PPP模式中占主导地位。

除此之外，居民的风险及保险意识等因素同样会影响国家和地区对于PPP地震巨灾保险合作模式的选择，在制度设计时同样应该考虑这些因素的影响。

（三）专项地震巨灾保险基础保障模式选择

我国地域辽阔，地理环境多元，地震灾害具有明显的地域特征，且各地经济发展水平与保险业发展状况存在较大差异。

我国保险市场市值已经达到全球第二位，然而由于保险业发展历史较短，人们的保险意识还比较薄弱，保险业应对巨灾的经验还较为欠缺，在这种背景下，我国地震巨灾保险PPP模式的选择应考虑政府占主导地位，通过政府的推动、引导和扶持，培育人们的保险意识，为保险公司提供技术、资金和政策支撑。因此，政府主导是全国地震巨灾保险发展模式的基调。

考虑各地区的经济社会发展状况及特殊地震灾情，在政策性专项地震巨灾保险模式的设计上应该有所区别，不能"一刀切"。在地震灾害风险特别严重的地区，应建立单一灾种的地震巨灾保险项目，并通过强制投保和保费补贴提高地震保险覆盖率；在财政状况良好的地区还可以考虑增加财政指数型地震巨灾保险，对冲财政涉灾风险；而在地震风险相对较低的地区，应提供覆盖涵盖地震灾害的多灾种综合巨灾保险项目，将地震风险在更大范围内进行分散。地震巨灾保险制度模式可以在构建全国性制度框架的基础上，按照区域进行差异化分析，分别制订区域差异化方案。构建全国地震巨灾保险制度模式是建立整体框架体系的基础和前提。

按照业务开展的顺序，政策性地震巨灾保险模式可分为两个部分：推行承保模式和风险分散模式。前者主要指地震巨灾保险实施和推行过程中的模式选择，是自愿投保还是强制投保，以及政府是否提供保费补贴等；后者主要指地震巨灾保险产品本身设计的多层次风险分散机制，特别是其中参与方介入的次序和层级，每一层的起付线和封顶线，以及每一层次各主体的责任比例份额。

1. 推行承保模式

推行承保模式主要包括两部分内容：一是自愿投保还是强制投保；二是政府对保费是否提供补贴及补贴的标准。

推行承保模式的选择依据主要是地震灾情状况和当地经济发展情况两个维度。首先，针对地震风险高的地区，应提高地震巨灾保险的覆盖率，使更多的居民得到保险保障，因此，地震风险高的地区应该采用强制投保方式；反之，在地震风险低的地区可以由投保人根据对风险的厌恶程度决定是否投保，即采用自愿投保的方式。其次，针对经济比较发达的地区，政府不需要对地震保险的保费提供补贴，可以由保险公司根据地区风险的高低采用费率折扣的方式来扩大需求。反之，在经济欠发达的地区，居民负担地震巨灾保险的能力欠缺且风险分散的手段不足，面对巨灾的脆弱性越高，因灾致贫、因灾返贫的可能性越大，越需要政府进行保费补贴。具体选择的依据如图6-1所示。

2016年7月起，我国在全国范围内推行的住宅地震共同体运行的城乡居民住宅地震巨灾保险是全国政策性专项地震巨灾保险的基本框架。住宅地震共同体在实践中并存的推行承保模式主要有以下四种。

图6-1　地震巨灾保险实施发展模式选择依据

第一，半强制参保，政府提供部分保费补贴的模式。半强制投保的方式是在充分尊重投保人意愿的基础上，由政府采用教育、鼓励、劝说等带有行政色彩的方式，提高其投保概率的方法。保费补贴指由政府各级财政按照一定比例为居民支付地震巨灾保险保费，居民仅承担部分保费的制度，其作用在于提高人们的购买意愿。该模式可在地震风险相对较高且居民收入较低的地区实施。目前，我国四川省部分地区和云南省部分地区的城乡居民住宅地震巨灾保险就采用这种推行承保模式。四川省各级财政提供60%的保险费补贴，针对特殊人群（农村散居五保户、城乡低保对象、贫困残疾人等）涉及的最低档自付保费由财政全额承担。云南省则对农村居民由财政补贴地震巨灾保险保费每户5元。

第二，强制参保，政府全额支付保费的模式纯政策保险模式。采用强制投保或是政府统保的方式可以大幅提高地震保险覆盖率，而由政府全额支付保费则可以解决居民收入无力承担地震保险保费的难题，该模式在承保方面由政府担任主导，使用较强力的干预措施。该模式适用于地震风险相对较高，经济发展水平、居民购买力相对较低且保险业欠发达地区，这部分人群处于地震高风险中，而抵抗灾难的能力却相对缺失，是最易因灾返贫的高危人群，对于这部分人群，政府应采用政策性措施进行干预。然而，这种模式会给财政带来较大压力，且容易产生道德风险，不利于培育保险市场及居民的风险与保险意识。目前，河北张家口的城乡居民住宅地震巨灾保险就采用了政府统保的强制投保、财政全额支付保费的模式。

第三，自愿参保，政府提供部分保费补贴的模式。对于地震风险相对较低、经济发展水平不高、居民收入相对较低且保险业欠发达的地区，可采取这种模式。由于地震灾害风险较低，对于地震保险的需求不迫切，可以采用自愿投保的方式，政府补贴部分保费主要是为了弥补当地人保费支付能力的不足。在陕西宝鸡市开展的城乡居民住宅地震巨灾保险，对于城镇居民自愿参保，各级财政不提供保费补贴，农村居民则由市、县财政共提供80%的保费补贴。农村分散供养特困人员、低保对象、贫困残疾人等特殊困难群体涉及的基本保额参保保费由财政全额承担。

第四，自愿参保，政府不提供保费补贴的纯商业模式。在这种模式中，政府对于地震巨灾保险的承保不进行干预，完全由保险公司自主经营。对于地震风险相对较低、经济发展水平高、居民收入相对高的地区且保险业发展较好的地区，可以采取这种纯商业承保模式。除上述提到有政府补贴的地区外，全国其他地区的地震巨灾保险均采用这种推行承保模式。

除了地震单一灾种巨灾保险外，对于地震灾害相对较低的地区还可以将地震灾害与其他多种灾害合并，构建综合多灾种巨灾保险，对当地居民进行更全面的保障，并提高巨灾保险的需求水平。例如，2014年，深圳市统一为市民投保并支付保费的深圳巨灾保险将地震灾害作为综合性多灾种的一种纳入保障范围。2017年5月，福建省厦门市开展的巨灾保险承保因台风、地震、暴雨、洪水等自然灾害造成的损失。云南临沧则是在城乡居民住宅地震巨灾保险基础上，对保险责任综合扩展，综合家用电器用电损失、农户因灾因故死亡伤残，以及农户因灾因故基本生活困难救助等承保标的，构成一揽子保险。

针对中国不同地区的地震风险状况和经济社会发展水平选择推行承保模式，避免了单一模式"一刀切"的问题。根据各地实际情况来决定PPP保险承保方案中政府与商业保险机构的定位，融合双方的比较优势，一方面可以发挥政府强有力的动员能力，资金筹集和调配能力，另一方面可以运用保险公司的市场化机制调动广大民众的风险自救和保险意识，减轻政府的负担，更好地发挥政府的财富再分配职能，防止因灾返贫、因灾致贫的发生。然而，我国目前实践中，对于推行承保模式的区域性划分缺乏科学依据和统一标准，基本上由当地政府根据地区财政状况和保险业发展情况自行选择发展模式。发展模式的碎片化不利于建立统一的地震巨灾保险制度，亟待按照科学依据和标准，在建立全国统一的发展模式基础上，实施区域差异化的推行承保模式。

2．风险分散模式

地震巨灾保险的风险分散模式的选择，在更大程度上体现了政府与保险机构合作的责任与角色分工。日本、美国加州、新西兰、中国台湾和土耳其等国家或地区都在充分考虑当地地震灾情、保险业发展状况及经济社会等条件下，通过实践检验，构建了自身的风险分散模式。

我国目前的城乡居民住宅地震巨灾保险的风险分散模式是建立风险分层方案，

设定总体限额，由投保人、保险公司、再保险公司、地震巨灾保险专项准备金、财政支持等构成分担主体。投保人是地震巨灾保险产品的购买者，以自留的方式承担小额度的第一层损失。经营地震巨灾保险的保险公司，承担地震巨灾保险自留保费所对应的第二层损失，目前由45家符合资质的保险公司通过住宅地震共同体来分担这一层损失风险。参与地震巨灾保险再保险经营的再保险公司，承担地震巨灾保险分入保费对应的第三层损失。地震巨灾保险专项准备金按照相关部门的具体管理办法提取，以专项准备金余额为限，承担第四层损失。当发生重大地震灾害，损失超过前四层分担额度的情况下，由财政提供支持或通过巨灾债券等紧急资金安排承担第五层损失。在第五层财政支持和其他紧急资金安排无法全部到位的情况下，由国务院保险监督管理机构会同有关部门报请国务院批准，启动赔付比例回调机制，以前四层分担额度及已到位的财政支持和紧急资金总和为限，对地震巨灾保险合同实行比例赔付。[①]

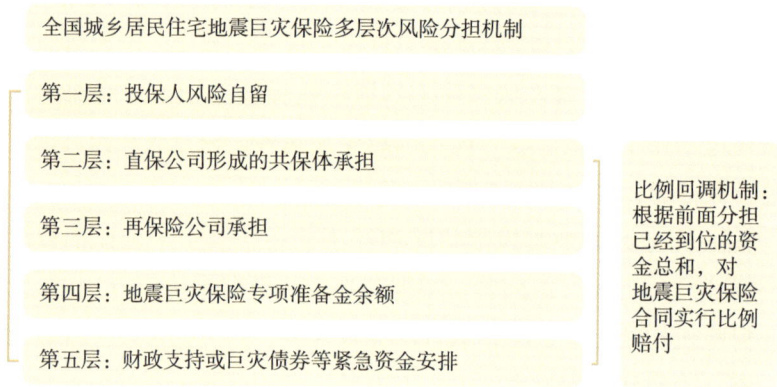

图6-2 全国城乡居民住宅地震巨灾保险多层次风险分担机制

风险分散的每个层次都涉及政府公共部门与私营部门之间的责任比例划分问题。

第一，在投保人风险自留的第一层，政府和保险公司可以通过采用政府支付保费补贴或者保险公司对保费进行让利折扣，或二者兼有的制度设计来划分公共和私营部门之间的责任边界和比例。

第二，在保险公司承担赔付责任的第二层，政府可以通过对保险公司经营地震巨灾保险的税收优惠政策、地震专项责任准备金提取的税前列支，以及为保险公司

---

① 参见《中国保监会 财政部关于印发〈建立城乡居民住宅地震巨灾保险制度实施方案〉的通知》（保监发〔2016〕39号）。

支付的再保险费提供再保险分出保费的补贴等多种方式分担保险公司的责任，而保险公司可以通过该层赔偿限额的设定来决定责任比例的大小。

第三，在再保险公司的再保险责任层，政府可以通过举办政策性再保险的形式完全介入再保险层，也可以通过对再保险的保费进行补贴来承担部分责任。再保险公司则通过这一层的赔偿限额的设定来分配责任比例。

第四，地震巨灾基金层，是抵御严重巨灾风险责任的重要缓冲池，任何建立地震巨灾保险制度的国家或地区都有这样的资金池的积累，以应对重大地震灾害事件。地震巨灾基金的资金来源决定了政府与保险行业之间合作的责任比例划分，政府是否需要投入一次性的初始资金，每年是否需要投入固定金额的资金。保险公司每年提取的地震专项责任准备金的比例和限额、地震巨灾基金的管理主体等问题的协调都是决定PPP模式的要素。

第五，发生超出地震巨灾基金累积金额之上的灾害损失时，政府承担兜底的风险分担责任或者封顶责任，以及重大地震灾害损失的比例回调机制的设计等，也是PPP模式关键问题。

基于以上的每个层次PPP模式的设计，我国目前地震共同体运行的城乡居民住宅地震巨灾保险机制基本体现了政府与市场合作的PPP模式，一方面体现了政府的主导地位和作用，另一方面，也为住宅地震共同体成员公司的市场化运作提供了充足的空间。在推行承保模式上考虑了区域性差异，同时在风险分散模式上设计了多层次风险分担主体的合作与分工。因此，住宅地震共同体及其运行的城乡居民住宅地震巨灾保险可以作为基础保障的政策性地震巨灾保险制度的基本框架。

二、拓展保障的地震巨灾保险发展模式选择

目前，城乡居民住宅地震巨灾保险仅保地震灾害下居民的住宅损失，居民的其他财产，如车辆、贵重物品、室内装修等都不在保障范围；居民在地震灾害中可能遭受的人身伤亡损失、医疗费用支出等也不在基础保障范围内。此外，地震灾害造成的企业生产经营场所、设备等的损坏，已经由于地震灾害导致的停工停产或营业中断产生的损失等，在基本保障中也没有被覆盖。

与此同时，城乡居民住宅地震巨灾保险基本保额为农村住房2万元、城镇住房5万元，只有基本保额才在半强制投保和政府保费补贴范围内。全国大部分地区的房价远超过这一保额，地震巨灾保险的基础保障水平较低，仅能为灾后人们提供一些补贴，无法满足灾后重建的资金缺口。

从保障范围和保障力度等方面看，政策性基础保障遵循"广覆盖，低保障"的

原则，只能提供最基础的灾后救助，人们更高层次、更个性化地拓展地震风险保障需求还要由商业保险公司通过市场化经营来提供。

（一）针对居民拓展性多层次、个性化地震风险保障

居民人身保障、超出基础保额的住宅保障、机动车辆、室内装修及附属财产等人身和财产在地震灾害中可能受到的损失，可以依据居民自身的个性化需求和财力，自愿购买。

1．城乡居民人身保障

目前，我国保险市场上销售的大部分个人意外伤害保险、个人意外医疗保险、旅游意外险等都包含地震责任。此外，以人的生命为标的的寿险（定期寿险、终身寿险、两全寿险等），都未将地震排除到保险理赔范围外，即如果被保险人遭遇地震而导致身故，除特殊说明外，受益人都能获得相应的保险理赔。

2．机动车辆保障

通常地震在车险中是除外责任，由地震及其次生灾害造成的损失保险公司不予理赔。但地震造成的汽车损失要看损失的原因。如果由于地震造成外界物体倒塌或高空坠物造成的车辆损坏，或由地震造成的车辆倾覆造成的损坏等，机动车辆损失险可以理赔。

3．超出基础保额的住宅保障

目前，全国城乡居民住宅地震巨灾保险可以保障超出基本保额的额外住宅地震损失，上限为100万元。超出部分完全由投保人自愿购买，不享受政府保费补贴，但与基本保额一样，由住宅地震共同体进行多层次风险分散管理。在家庭财产险的基础上附加地震责任的，应选择全国城乡居民住宅地震巨灾保险作为附加险，并将其纳入住宅地震共同体，交由上海保险交易所统一出单管理。

4．其他财产保障

对于投保人的其他财产的地震损失保障，如超出100万元的住宅损失、贵重物品、室内财物损失等，商业保险公司在地震灾害风险管理技术支撑下，科学合理定价，可与投保人签订个性化地震保险合同。但应按照地震专项准备金的规定提取准备金，并针对地震风险进行风险管理和控制。

（二）企业地震损失及责任信用保障

企业在地震灾害中遭受的损失，目前均通过商业保险公司进行纯市场化经营，没有纳入住宅地震共同体的范围，也没有政府的优惠和补贴。

企业的地震损失可以通过购买企业财产保险及其地震扩展条款进行承保，且企

业财产保险一般都约定了较高的免赔额，只保障地震造成的大额财产损失部分。

此外，因地震灾害造成的企业责任风险及营业中断、停工停产导致的信用风险等衍生灾害损失，可以通过引导企业购买责任保险和信用保证保险的方式进行分散化解。

综上所述，对于居民和企业的个性化地震直接损失保障的保险，在推行承保模式上由投保人自愿投保，没有政府的保费补贴，但政府可为投保居民或企业提供税收优惠政策，鼓励其投保高额地震保险；在风险分散模式上，由承保公司自行提取专项准备金，并安排风险转移分散。政府应为商业保险公司提供地震风险地图和区域费率等地震灾害风险管理技术支撑，以提高商业保险公司的地震灾害风险管理能力，保证其经营的稳定性。对于居民和企业由于地震巨灾风险遭受的营业中断、合同违约、民事责任、法律纠纷等所引发的次生灾害财务损失的保障，鼓励商业保险公司在风险管理技术可控的前提下，积极开发相应的营业中断保险、信用保证保险、责任保险等进行分散。

三、政府财政资金保障保险模式选择

政府作为财政主体，在地震、洪水、台风等自然灾害存在的情况下，有依照法律法规履行应急响应、抢险救灾、灾后重建、灾后救助等公共利益责任，因此有可能发生巨额计划外公共财政支出，以及灾后财政收入减少，这些可能性属于"表外或有财政负债责任"。

当地震灾害发生时，政府可能发现实施灾难救助的预算资金存在巨大缺口，灾后重建虽然可以举债，但灾后财政信用等级下降需要承担更高的举债成本，而且面临一系列次生财政灾害，包括财政收入骤降、救灾支出骤升、赤字扩大、公共开支缺口扩大、税负加大、公共设施建设延期以及政府服务和治理规模缩减，进而波及宏观经济层面，例如GDP、就业、债务违约、通货膨胀、生产力、消费能力等。因此，或有责任和或有资金的科学化、制度化配置和管理是阻断巨灾风险进一步引发次生灾害的重要机制。特别是当极端重大地震灾害发生时，灾难救助和灾后重建责任均转嫁到政府身上，政府是极端灾害的主要财务损失主体，也是极端灾害的最后一道防线。"财务损失主体"和"最后一道防线"揭示了政府公共财政应对巨灾风险的责任和挑战。面对地震巨灾风险，政府应该是巨灾保险的实际需求方和被保险主体。

探索地震巨灾财政指数保险模式，作为撬动有限财政资金的杠杆机制，放大各级政府财政救灾资金规模，可以提高政府履行灾难救助和灾后重建的能力。

目前，云南大理和玉溪试点的政策性震级触发的农房地震指数保险就是一种地震专项的政府财政指数保险。广东的地震指数保险是保障综合灾种的政府财政指数保险，黑龙江试点的农业巨灾财政指数保险也是指数保险在保障政府涉灾财政风险的成功尝试。

我国在应对政府财政地震巨灾风险时，应采用财政指数保险的模式，探索全国统一的触发机制和费率标准，按照灾情和财政收支情况来确定试点的范围和推进顺序。

第二节　发展模式应用分析

国外和国内部分省份的地震保险风险分散模式为我国建立全国性地震风险分散机制提供了参考，但由于经济发展状况、财政实力、灾害情况和保险业发展基础不同，很难直接移植并推广。Bruggeman（2012）提出了六种政府管理巨灾风险及参与巨灾损害补偿的模式，本书以这六种模式为参考，借鉴国内试点方案和国外的地震巨灾经验，根据PPP中各参与方（政府、保险公司和再保险公司）的参与程度和角色定位不同，提出了四种可选的风险分散模式。

模式一：保险公司购买商业再保险，击穿再保险后的风险由政府兜底。这种模式为现行的城乡居民住宅地震保险的风险分担模式，直保公司和再保险公司承担了较大部分的损失风险分担责任，政府仅在最后才介入地震巨灾风险分散。

模式二：保险公司购买商业再保险，政府对保险公司支付的再保险保费进行补贴，对商业保险公司的风险也提供了部分补贴和保障，政府从第二层就开始介入风险责任的分担。

模式三：保险公司承担第一层责任，由政府通过经营政策性地震再保险公司提供再保险。这种模式与日本的JER类似，政府通过政策性再保险方式参与地震巨灾风险分散。

模式四：由政府管理地震巨灾保险业务，商业保险公司的作用仅为经办机构，收取保费收入的10%作为经办费用，仅代办承保、理赔业务，不参与风险分担，这种模式为完全政策性地震巨灾模式，政府承担几乎全部责任。

上述风险分散模式各有特点，政府的干预程度、各方的参与方式及资金使用方式均有差异。模式一是我国现行的城乡居民住宅地震巨灾保险采用的损失分担模式，近似于市场化运作模式，政府仅作为最终兜底者，在巨灾责任未击穿地震巨灾基金时，不参与地震风险的分散。在模式二和模式三中，政府通过不同方式参与风险的分散，模式二中政府对保险公司的再保险分保费进行补贴，降低了部分直保公司的风险；模式三中政府通过经营再保险，参与风险分散。这两种模式用于比较政府采购再保险和政府提供政策性再保险模式的差异，第一层的地震风险仍由保险机构承担。模式四由政府承担全部地震风险，类似于新西兰的地震保险模式，保险公司只起经办人的作用，收取经办费，不参与风险分担。该模式与我国现行的医疗、养老等社会保险类似，属于纯政策性的保险模式，并没有发挥出商业保险损失补偿的杠杆效应。我国目前有部分地区的巨灾保险试点方案就采取了模式四，保险公司作为经办人收集保费，代为管理保费，并在保费限额内办理理赔，扣除管理费用后，将每年保费结余退还政府，若出现保费不足以支付赔款的情况，则由政府承担兜底责任。

从模式一到模式四，政府在地震巨灾保险中的角色和作用越来越强，在各种不同的承保模式下，哪种风险分散机制下各方的支出和波动情况较小，政府资金使用效率更高？在构建中国地震巨灾保险制度中，模式选择是亟待解决的最基础问题之一，科学地比较分析各种模式，进而选择适合的模式，并就我国相关机制的建立提出建议，是本书尝试解决的问题。

对于各种地震保险制度模式的比较一直是政府、保险学界和业界关注的重要问题之一。Cuong Nguyen 和 Ilan Noy（2017）[①]以新西兰2010—2011年发生的系列地震为例，从赔付绝对额、赔付率以及公平与效率等角度，比较新西兰、日本和美国加州地震保险制度；Wei-Chun Cheng（2020）[②]对日本、新西兰和中国台湾的地震保险中政府与私营保险机构的合作方式进行了比较研究；伍国春（2015）、林婷婷等（2019）、吴大明等（2019）、金满涛（2018）、高颖（2018）等，均对各国已经建立的地震巨灾保险制度进行了比较分析，提出了诸多政策建议。但是，这些研究仅针对某次地震灾害对各种模式进行横向比较，缺乏对特定地区长期纵向的跟踪分析，或者仅停留在理论构建，缺乏量化分析和实证分析。对于我国在各种实施发展模式下选择的不同的风险分散模式中，政府、保险公司和再保险公司等参与方的长期平均支出和支出波动情况鲜有研究。本书使用蒙特卡洛模拟，测算在不同实施推广模式的不同保险覆盖率情况下，这四种风险分散模式中各参与方的赔付责任和风险大小，通过比较说明我国应建立哪种地震巨灾风险分散体系，以及政府在地震保险中的角色与定位等问题。

---

① Nguyen C，Noy I. Insuring Earthquakes：How Would the Californian and Japanese Insurance Programs Have Fared down under（after the 2011 New Zealand Earthquake）[R]. SEF Working Paper 14/2017，2017.

② Cheng W C. Comparative Studies on the Similarities and Diversities of the Legislations Regarding Earthquake Insurance in Asia-Examples of Japan，New Zealand and Taiwan [J]. US-China L. Rev.，2020（17）：225.

一、推行模式模型构建

（一）基本假设及数据说明

为了使模型简化，本书的模拟建立在以下假设之上。

假设一：测算按照现行城乡居民住宅地震保险的基本框架，保障范围限于城乡居民的住宅损失，保额、保费率都与之相同，地震损失假设为全损，赔付100%基本保额。

假设二：测算在全国层面进行，不考虑各地在保费率、保费补贴和赔付政策等方面的差异。投保人按照基本保额交纳保费，保费率取平均估值0.06%，不考虑各省份因子的差异，房屋结构均假设为砖木结构，保险期限全部设为一年期产品，每年交纳保费，从2019年起开始有保费率八折的政策性让利优惠。据此可以计算出保险费农村居民为20元/年，城镇居民为48元/年。再保险采用比例分保形式，直保公司按照每张保单10%的保费支付再保险费。

假设三：按照现行城乡居民住宅地震保险的损失分层责任，不考虑起赔点，直保赔付的损失为0~10亿元，再保险赔付区间为10亿~20亿元。由直保公司按照现行办法计提地震巨灾保险专项准备金，即每年保费的15%，这一专项准备金在使用时可以在全国范围统筹。

假设四：投保户数按照《中国统计年鉴2020》中的全国户数折算，农村居户和城市居户的投保比例按照4∶6计算，并且在模拟的时间内不考虑变化。保险费率及保额在模拟期间也保持不变，不考虑费率调整和通货膨胀等因素。

假设五：不考虑保险公司的资本金和其他准备金，不考虑保险费及地震巨灾保险专项准备金的投资收益。

假设六：直保公司管理地震保险的费用率为10%。

假设七：政府建立政策性地震巨灾再保险公司为保险公司提供再保险，无初始资本金的支出。

（二）研究模式设定

1. 实施推行模式设定

针对不同的实施推行模式，按照Cuong Nguyen 和 Ilan Noy（2017）介绍的新西兰采用的默认强制投保方式，全国有95%以上的住房都在地震保险保障中，日本的保费折扣较大，所以投保率为27.7%~64.9%，美国加州保费折扣较少且政府干预少，投保率为2.4%~30.6%。据此，且基于我国2016年以来城乡居民住宅地震巨灾保险的实际数据，设定采用强制投保的方式全国地震保险覆盖率将达到90%；采用自愿投保方式且政府没有补贴的覆盖率为10%，采用自愿投保或半强制投保方式且政府按照四川方案（即60%的比例）补贴保费时的保险覆盖率为30%，各种模式下保险覆盖率及政府补贴情况如表6-1所示。

表6-1　各种实施推行模式下政府保费补贴及保险覆盖率

实施方式	政府保费补贴	地震保险覆盖率
自愿	0	10%
自愿或半强制	60%	30%
强制	60%	90%

2．风险分散模式设定

根据上文介绍的风险分担模式，将各参与主体——政府、直保公司和再保险公司的收入及支出项列表，如表6-2所示。

表6-2　各种风险分散模式参与方的收支

模式	简介	收支	保险公司	再保险公司	地震专项准备金	政府
模式一	保险公司承担0~10亿元损失；再保险公司10亿~20亿元；地震专项基金负担20亿元至其累计余额；击穿部分由政府兜底	收入	0.75×保费	0.1×保费	0.15×保费	0
		支出	0~10亿元	10亿~20亿元	20亿元至累计余额	原保费补贴兜底责任
模式二	政府对再保险费进行补贴，其他与模式一相同	收入	0.85×保费	0.1×保费	0.15×保费	0
		支出	0~10亿元	10亿~20亿元	20亿元至累计余额	原保费补贴再保险费补贴兜底责任
模式三	政府举办政策性再保险，为保险公司提供再保险并兜底	收入	0.75×保费	0	0.15×保费	0.1×保费
		支出	0~10亿元	0	10亿元至累计余额	原保费补贴兜底责任
模式四	保险公司仅作为经办人，收取10%的管理费用，其余赔付责任均由政府承担	收入	0.1×保费	0	0.15×保费	0.75×保费
		支出	经办费用	0	0元至累计余额	兜底责任

（三）蒙特卡洛模拟过程

1．生产地震灾害损失序列数据

对地震灾害损失的分布进行拟合，来预测地震损失风险大小的相关研究较多。

郝军章和翟嘉（2020）以我国1961—2014年地震造成的风险损失值作为研究样本，使用偏正态分布和偏t分布两种偏态分布进行拟合，最终选取了拟合效果最好的偏t分布，计算不同的地震保费规模与地震保险的价格。巢文和邹辉文（2020）用POT模型对于我国1990—2013年的地震直接经济损失数据进行实证分析；刘新红等（2019）建立了地震灾害造成的直接经济损失和死亡人数的Copula混合分布模型；田玲等（2019）基于中国1990—2015年的地震损失数据，论证了半参数分位数回归法的预测效果；田玲等（2016）以1996—2011年中国地震巨灾损失数据为样本，以对数正态分布拟合地震巨灾损失分布，并以CVaR为风险度量指标进行地震巨灾基金规模的测算。郝军章和翟嘉（2020）使用的地震损失数据涵盖的时期更长，且采用偏态分布比对称分布拟合地震损失的效果更好，因此本书基于郝军章和翟嘉（2020）文献中拟合的偏t分布和参数，利用蒙特卡洛模拟生成我国地震灾害损失的时间序列数据，模拟期限为50年，模拟运行次数为10万次。采用的偏t分布的形式及参数如下：

$Y = \xi + \omega Z / \sqrt{W / \upsilon}$ 为具有参数(ξ, ω^2, α)的偏t分布，记为$Y \sim ST(\xi, \omega^2, \alpha)$，$Y$为年度全国地震灾害造成的直接经济损失（单位为万元）的对数，其中$W \sim \chi^2(\upsilon)$为具有自由度υ的卡方分布，Z是独立于W的偏正态分布$Z \sim SN(0,1,\alpha)$。对参数的估计值如表6-3所示。

表6-3　偏t分布函数拟合结果

分布函数	参数	估计值
偏t分布	ξ	12.68662137
	ω	1.78177164
	α	−0.624932711
	υ	2.74411068

资料来源：郝军章和翟嘉（2020）。

经过模拟，全国50年时期内，每年因地震灾害造成的平均直接损失金额为25.76亿元。城乡居民住宅地震巨灾保险的标的为住宅，对于其他直接损失不承担赔偿责任，因此需要估算直接损失中居民住房的损失占比，来确定保险的赔付额度。地震造成的直接经济损失包括房屋建筑损失、生命线系统等基础设施、水利工程、企业商贸的厂房设备、农林牧渔、室内外财产等破坏损失。每次地震各部分损失的比例有较大差异，为了简化模型，采用汶川地震中居民住房损失在全部直接经济损失中所占比重为30%进行估算，且假设居民房屋实际损失价值与保险金额相等，即所有住房损失为地震住宅保险应给付的责任。估算出平均年均地震住宅保险责任为7.73亿元。

2. 估算各方赔付与支出

在不同实施推行模式下，是否强制投保及政府是否对保费实行财政补贴，将对投保人数和赔付金额产生较大影响，从而使各主体责任发生变化，因此，针对表6-1中的三种实施推行模式分别估算和比较各参与方的风险责任。

（1）完全自愿投保，且政府没有保费补贴。这种模式设定全国地震巨灾保险的覆盖率为10%，且假设保险公司和再保险公司的赔付能力能够承担其所应承担的赔付责任。四种风险分散模式中各参与方的收入与支出情况如表6-4所示，各参与方支出波动情况（使用各次仿真标准差的均值作为平均支出波动）如表6-5所示。

表6-4 自愿投保、政府无补贴模式下各风险分散方的收入支出情况

单位：亿元

模式	直保公司		再保险公司		政府	
	收入	赔付	收入	赔付	收入	支出
模式一	12.8766	1.4992	1.7169	0.3197	0	0.3556
模式二	14.5935	1.4992	1.7169	0.3197	0	2.0725
模式三	12.8766	1.4992	0	0	1.7169	0.4464
模式四	1.7169	0	0	0	11.2569	0.4134

注：表中数值为年平均值；模式三中未考虑政府开办地震再保险机构的注册资本金和运营费用；模式四中直保公司不承担赔付责任，赔付支出为零，但需要支付经办管理费用，该费用假定与收入一致，收支相抵后，实际利润为零。

表6-5 自愿投保政府无补贴模式下各风险分散方的平均支出波动情况

模式	平均支出波动（各次仿真标准差的均值）		
	直保公司	再保险公司	政府
模式一	2.5458	1.634	11.7543
模式二	2.5458	1.634	11.7543
模式三	1.6943	0	12.2321
模式四	0	0	12.0722

（2）自愿或半强制投保，政府支付60%的保费作为补贴。这种模式下将全国地震巨灾保险的投保率设定为30%，四种风险分散模式中各参与方的收入与支出情况如表6-6所示，各参与方支出波动情况如表6-7所示。

表6-6　自愿投保、政府补贴60%保费模式下各方的收入支出情况

单位：亿元

模式	直保公司		再保险公司		政府	
	收入	赔付	收入	赔付	收入	支出
模式一	38.6298	2.9177	5.1506	0.9879	0	32.3986
模式二	43.7804	2.9177	5.1506	0.9879	0	37.5493
模式三	38.6298	2.9177	0	0	5.1506	32.6551
模式四	5.1506	0	0	0	33.773	32.143

表6-7　自愿投保、政府补贴60%保费模式下各风险分散方的平均支出波动情况

模式	平均支出波动（各次仿真标准差的均值）		
	直保公司	再保险公司	政府
模式一	3.4957	2.8067	36.9027
模式二	3.4957	2.8067	36.9027
模式三	2.1606	0	37.888
模式四	0	0	35.7227

（3）强制投保，政府补贴60%保费。这种模式将全国地震巨灾保险的投保率设定为90%，四种风险分散模式中各参与方的收入与支出情况如表6-8所示，各参与方支出波动情况如表6-9所示。

表6-8　强制投保、政府补贴60%保费模式下各方的收入支出情况

单位：亿元

模式	直保公司		再保险公司		政府	
	收入	赔付	收入	赔付	收入	支出
模式一	115.8894	4.8168	15.4519	2.3408	0	98.4129
模式二	131.3413	4.8168	15.4519	2.3408	0	113.8648
模式三	115.8894	4.8168	0	0	15.4519	99.043
模式四	15.4519	0	0	0	101.305	96.4658

表6-9 强制投保、政府补贴60%保费模式下各风险分散方的平均支出波动情况

模式	平均支出波动（各次仿真标准差的均值）		
	直保公司	再保险公司	政府
模式一	4.0073	4.0173	124.6298
模式二	4.0073	4.0173	124.6298
模式三	2.4717	0	126.5298
模式四	0	0	117.1358

从表6-9可以看出，在三种不同的承保模式下，直保公司、再保险公司和政府等参与方的自留保费收入和赔付支出呈现出同样的规律。目前的费率水平对于补偿地震灾害损失中的住宅风险部分是充足的，保险公司和再保险公司各自的赔付限额对于公司不存在偿付能力不足的问题，地震专项准备金的提取对于应对重大地震灾害具有较强的缓冲作用，是必要且有效的，政府的兜底责任在个别年份出现特重大地震灾害时，将发挥重要作用，然而发生需要政府兜底的地震灾害的概率较低，对于政府财政波动的影响不大，完全可以通过巨灾保险的方式平滑财政支出的波动。

直保公司自留保费与赔付支出的差额从高到低依次为模式二、模式一、模式三、模式四。模式一和模式三中直保公司承担的责任相同，都是所有保费收入的75%为自留保费，交纳10%的保费作为再保险费，保费的15%计提地震巨灾专项准备金，模式二中直保公司得到了政府支付的再保险费的补贴，因此自留保费比例最高，模式四中直保公司作为经办人，只收取10%的保费作为经办管理费，因此自留保费比例最低。

再保险公司保费收入与赔付支出的差额就模式一和模式二来说没有差别，模式三和模式四没有再保险公司的参与，收支均为零。

政府的平均收入与平均支出的差额从高到低依次为模式四、模式三、模式一和模式二。在这四种模式下，政府针对灾害的兜底救助责任支出相差很小，收入与支出之间产生巨大差异的主要原因在于政府是否对直保和再保险保费进行补贴以及是否将地震保险保费自留。模式一中，政府不收取任何保费，仅有兜底责任的平均支出以及对居民的保费补贴支出。模式二中，政府同样不收取保费，支出不仅包括兜底责任、对居民的保费支出，还有对直保公司的再保险费的补贴，因此政府的支出最大。这是因为直保公司收取的保费完全能够满足大部分情况下的赔付，政府为应对个别年份出现的巨灾赔付每年购买的商业再保险的保费进行补贴，产生了较高的支出。模式三中，政府通过开办政策性再保险公司提供再保险，政府代替再保险公司承担直保公司赔付后的兜底责任，并收取再保险费，利用盈利年份的资金盈余来

弥补大灾年份的亏损，在不考虑初期投资的资本金及每年的营运费用的情况下，平均收入能够弥补赔付支出，且有较多盈余。模式四中，政府承担全部赔付责任，保留75%的保费，保费收入较为充足，能基本满足政府所有的保费补贴、偿付和兜底责任。

就平均支出的波动而言，模式四中，直保公司与政府支出的平均波动最小，该模式中保险公司不承担风险分散责任，仅作为经办人收取固定比例保费并支付相同的成本，不存在风险中的支出波动；模式一与模式二中各参与方的平均波动一样，政府补贴再保险费对于支出波动并未产生影响。模式三中政府支出的波动最大。

综上所述，将中国地震巨灾保险模式按照业务流程和内容分为实施推行模式和风险分散模式两部分，前者主要考量地震巨灾保险的承保方式是自愿还是强制投保，以及政府对于投保居民的保费是否有财政补贴；后者主要衡量各参与方（政府、直保公司和再保险公司）对于地震灾害损失的风险责任分层和角色分工。针对三种不同的实施推行模式，对直保公司购买商业再保险并由政府兜底，直保公司购买商业再保险、由政府补贴再保险保费并兜底，政府主办再保险公司承担直保公司赔偿额度之外的损失，政府承担全部地震灾害损失风险、保险人仅作为经办者四种风险分散模式进行了比较。分别比较了在三种设定的实施推行模式的保险覆盖率水平下，这四种风险分散模式下各参与方的收入与支出、平均支出波动等情况。

在强制投保的情况下，积累的保费更多，但同样也产生了更多的责任风险，不论投保率为多少，针对各种风险分散模式而言，地震巨灾保险的原始保费均充足且对于一般的地震灾害具备足够的偿付能力，强制投保不会对保险公司及再保险公司的偿付能力产生显著影响，但却会显著提高社会的总体福利。保费补贴会增加政府的财政压力，但对于原始保费的补贴会提高投保率、激励地震保险需求、解决地震高风险地区贫困人群的实际困难，提升人民的福利，然而在保费充足的情况下，政府对于原保费的补贴在更大程度上成为保险公司的利润，可以考虑采用保费折扣的形式来刺激需求，而保费折扣长期看来会扭曲地震巨灾保险的公平保费，进而影响投保人对真实风险的认识。

在原保费充足、直保公司损失风险较小的情况下，模式二中针对再保险保费对直保公司的补贴更增加了直保公司的利润，还挤占了本就稀缺的财政资金，所以模式二不应作为我国地震巨灾保险风险分担的备选方案。在模式一、模式三和模式四中，可以根据各地不同情况进行差异化的调整和选择。

基于上节内容对我国地震巨灾保险可选实施推行模式与风险分散模式的设定与比较，我们尝试在本节中给出适合我国灾情形势的地震巨灾保险基本框架，并在此框架的基础上，分别按照地震风险大小以及地区经济发展水平高低来划分区域，并对地震巨灾保险方案进行区域差异化调整，以更好地适应各地的特殊情况。此外，针对地震巨灾保险应具备的理论业务规模及实际业务规模进行预测，设计风险控制方案，进一步提出政府应对地震巨灾保险的财政安排及地震保险资金管理方面的措施。

二、全国基本推行模式框架

（一）全国实施推行模式基本框架

1. 自愿投保，还是强制投保

地震巨灾保险是采用自愿投保，还是强制投保，是地震巨灾保险制度需要回答的基本问题，在学术界也存在争议，实践中各个国家和地区也有不同的选择。

Wei-Chun Cheng（2020）认为居民由于对地震风险认知不足且对灾害损失期望不准确，导致地震保险需求不足，强制开展地震保险是提高地震保险覆盖率的有效办法。新西兰强制附加在居民火灾保险上的地震保险使地震保险覆盖率高于90%，处于世界首位，而日本和中国台湾由于采取自愿投保的方式，地震保险覆盖率平均仅不到46%和31%。Faure 和 Bruggeman（2008）支持强制保险，认为强制保险能够消除信息不对称下的保险的逆向选择问题，可以将风险在更大的人群得以分散。Sandroni 和 Squintani（2007）认为强制保险能够保护盲目自信，对认为自己不会遭受损失的潜在损失人群是一种有力的措施。

也有众多学者反对强制的地震巨灾保险，Bruggeman（2010）认为强制投保地震保险忽略了不同地区、不同住房建筑结构的居民存在的不同需求，迫使完全没有地震风险的人群为地震保险埋单，补偿地震风险高的人群，难以实现社会公平和整个社会福利的提高。Bergh（2006）[①]认为强制保险会造成保险费较低，扭曲了风险基础保费，进而影响市场化公平费率的形成，对于商业地震巨灾保险市场造成打击，对于整个市场的发展与完善不利。

基于模式比较的结果，强制或自愿投保地震巨灾保险会显著影响保险的覆盖率，然而通过测试10%（完全自愿投保）、30%（通过教育、鼓励等行政色彩的手段以及保费全额补贴等经济手段，半强制投保）和90%（强制投保）三种保险覆盖率，发现其对于保险公司对地震巨灾风险损失的偿付能力没有显著影响，按照现行

---

① Van den Bergh R. Compulsory Insurance of Loss to Property Caused by Natural Disasters：Competition or Solidarity？［J］. World Competition，2006，29（1）.

的全国平均保险费率计算，保费是充足的，保险公司与再保险公司的偿付能力不受投保率的影响。因此，考虑是自愿投保还是强制投保，应从对高危人群福利的提升、未来商业巨灾保险市场的发展完善等角度考虑。

综上所述，在全国层面，我国应采用强制投保的方式，一方面强制投保会使地震保险覆盖率显著提升，风险在全国范围得到更好的分散，为地震巨灾专项准备金资金池的积累提供更多来源；另一方面也有助于培养居民的灾害风险意识，提升对地震巨灾保险产品的认知，为今后商业化地震巨灾保险市场的培育和发展创造条件。但在实施强制投保的过程中，要注意以下几个问题：首先，强制实施要循序渐进，不能一蹴而就，先从地震灾害风险高的地区着手，逐步扩展到全国；其次，注意保费的补贴或折扣措施的配套，以防对居民保费负担能力造成较大影响，进而影响居民的获得感和福利；最后，科学设置强制地震巨灾保险的基本保障金额，给商业地震巨灾保险市场发展留出充分空间，避免过度挤占商业市场。

2. 由政府补贴保费，还是实行保费折扣

作为激励人们投保地震保险的经济手段之一，现行的城乡居民住宅地震巨灾保险在部分地区实行政府保费补贴的方式，同时在全国层面的保费计算式采用了0.8的政策性因子，即将保费八折让利。通过上文模式比较中的测算可知，目前的地震巨灾保险仍存在较大的利润空间，商业保险公司赔付风险不大，完全能够负担灾害损失赔偿责任，政府补贴保费的结果使保险公司的利润进一步扩大，而补贴保费使政府的财政负担大大加重。特别是在保险覆盖率越高的情况下，政府保费补贴的财政支出压力就越大，而巨额的保费补贴大部分成为保险公司的利润，因此，通过保费补贴的方式提供政府财政支持的效率较低，没有较好地利用稀缺的财政资金。而通过保费折扣的方式，直接降低保险费，对居民来说效用不变，却可以在不影响保险公司偿付能力的前提下，大幅缓解政府财政压力。然而，采用保费折扣的方式长期看来，会使地震高风险地区的居民对地震风险产生错误认识，扭曲了市场价格。此外，地震风险高的地区采用折扣费率可能会使风险保费降低，不能应对赔付责任，而对保险公司的偿付能力产生影响。

综上所述，建议在全国层面，采用保费折扣的方式直接降低保费，而不是采用政府保费补贴的方式，但针对地震风险高的地区，仍需采用政府补贴，而非保费折扣的方式。

3. 维持低保额，还是提高保额

我国现行的城乡居民住宅地震巨灾保险的基本保额是农村房屋2万元，城镇居民房屋5万元，该额度的制定是为了在制度运行初期，防止出现大灾而导致保险公司和政府偿付能力不足的问题。然而，经过测算，保险费率充足，保险公司和政府的损失分担压力不大，并且该保额相对目前我国房屋的建造成本和房屋价格来说，保障过低，因此，可以适当调高保额，使对居民的保障更为充分。此外，较高的保险金额，使投保人预期损失后的赔偿较高，也会提高地震保险的吸引力，进而促进需求的增加。

在全国层面上，可以将基本保额适当提高，不仅不会影响地震保险的偿付能力，还能在一定程度上解决需求不足的问题。

（二）全国基本风险分散模式框架

1. 政府在风险分散中的角色与定位

政府在地震巨灾风险分散中是担任保险人、再保险人还是最终再保险人的角色，决定了政府从哪个层次开始介入，并在多大程度上参与分散巨灾风险。政府在地震巨灾中的角色并没有得到完全一致的认识。从国际经验看，在日本的JER中，政府的角色类似于再保险人，JER作为政府开办的地震再保险公司，为保险公司提供再保险；在新西兰EQC中，政府角色为保险人，由保险公司代收代缴保费，扣除一定比例的手续费后交给EQC，EQC作为政府开办的地震保险机构承担损失分担责任。

政府角色的选择取决于各国（地区）保险市场的情况，也取决于政府的态度。无论是保险人、再保险人还是最终再保险人的角色，都不是纯粹的市场化地震巨灾运营模式。而理论上已经得到验证的巨灾保险市场失灵及实践中纯商业化模式的失败都决定了政府需要参与到地震巨灾风险分散中，世界上主要的地震灾害多发国家和地区大都采取政府直接介入的形式。但政府的介入一方面要考虑通过制定有效的制度，提供适当的财政资助，发挥政府的作用；另一方面需要考虑保险行业的广泛参与，尽量不干预和挤占巨灾保险市场，通过对巨灾保险市场的培育和扶持，逐渐形成一个国家性或地区性的全面保障体系。

基于对国际经验的研究和前文对各种模式比较的结果，在全国层面可以推行的地震巨灾保险风险分散模式是以现行的城乡居民住宅地震巨灾保险的风险分散模式为全国推行的基本框架，即投保人作为第一层的风险承担者，承担支付保费的责任；保险公司作为第二层的风险责任主体，承担其份额内的赔偿损失；再保险公司作为第三层的风险责任主体，承担其限额内的赔付责任；每年按照15%的保费计提并累计滚存形成的地震巨灾专项准备金作为第四层的责任主体；政府作为最终兜底者，负责偿付击穿前四个层次的巨额地震灾害损失。这一安排充分考虑到了保险公司和再保险公司等市场力量的广泛参与，可以在全国层面培育巨灾保险市场的力量，并逐渐引导民众形成保险意识。政府作为最终再保险人，给市场提供了强有力的支持和后盾，同时不会挤占市场，有利于巨灾保险商业市场的长远发展。

测算发现，模式四（政府承担全部责任，保险公司仅作为经办人）中政府的收支余额和支出波动情况相对其他模式都较好，说明政府的强力干预能够在短期内提高财政资金利用效率，但这种模式可以看作是传统地震灾害救助的一种变形，还延续了政府"大包大揽"的救灾体制，无法调动保险市场的力量，保险公司的作用仅仅是经办人，没有参加到地震巨灾风险管理和分担的体系中，长远来看不利于巨灾保险体系建立、发展和完善。因此，建议采用模式一作为全国推行的基本框架，即政府作为最终兜底者的角色参与到风险分散中。该模式正是目前中国城乡居民住宅地震巨灾保险采用的风险分散模式的基本框架，但应对每层的责任限额作适当调整，对政府与私营部门的责任比例的分配更合理。

2.责任分层限额的划定

目前我国城乡居民住宅地震巨灾保险的责任划分限额是保险公司承担0~10亿元的地震损失，再保险公司承担10亿~20亿元的损失，超过20亿元的损失由累计的地震巨灾专项准备金承担。

作为地震灾害损失补偿的第一道屏障，就我国保险公司的发展状况和水平来看，10亿元的责任限额定得过低。现行城乡居民住宅地震巨灾保险由45家资质良好的保险公司成立的住宅地震共同体进行承保，每家的偿付能力充足率都达到了150%，它们完全有能力提供更高限额的保障。在面对重大地震灾害时，10亿元的赔付限额只能是杯水车薪，无法发挥地震保险的作用。例如，汶川地震中直接经济损失为8451亿元，保险赔偿为16.6亿元，保险赔偿占直接经济损失的比重不到0.2%。如果按照现行10亿元的赔偿限额，在大灾来临时，又会重复汶川地震中的问题，保险机制没有发挥应有作用。

此外，通过测算，将保险公司责任限额提高至20亿元，不会对保险公司的支出产生太大影响，虽然保险公司的盈余会有所减少，但不会影响其偿付能力。同样，再保险层次的责任限额提高至20亿~40亿元，也不会对再保险公司的偿付能力产生影响。但是保险公司和再保险公司分层额度的提升会导致地震巨灾专项准备金支出的显著减少，有利于地震巨灾专项准备金的积累，为应对大灾做好充分准备。因此，建议将保险公司分层责任限额提升20亿元，再保险的责任额度提高至20亿~40亿元，这一调整是必要且可行的。

3.地震巨灾基金的设立及资金来源

目前是由保险公司每年从保费中计提15%存入地震巨灾专项准备金。四川城乡居民住宅地震巨灾保险方案中有地方政府需投入一次性初始资金的规定，金额为8000万元，而其他地方的试点没有该项规定。所以需要建立全国性的、全国跨省统筹使用的地震巨灾基金，在制度运行的初期，需要政府一次性投入一笔资金，以后每年度由保险公司计提地震巨灾保险保费的15%累积滚存进入基金。地震巨灾基金管理的主体为政府，政府可以通过支付管理费用的方式委托专门的机构进行管理。

综上所述，建议在全国范围内推行强制投保的实施模式，但应以循序渐进的方式进行；用保费折扣代替政府财政补贴；保额略高于现状的全国基本地震巨灾保险制度框架，在风险分散方面由保险公司承担第一层责任，责任限额提至20亿元；再保险公司承担20亿~40亿元的损失赔偿责任；地震巨灾专项准备金为第三层的责任主体，在余额范围内承担责任；地震巨灾损失击穿后的兜底责任由政府承担。

三、区域推行方案的差异化调整

我国地域辽阔，各地地震灾情和经济社会发展水平存在较大差异，需要根据各地区的实际情况进行区域化方案的调整。方案调整的依据主要是该地区的地震发生频率及财政收支情况。

（一）区域划分

1. 考虑地震灾情状况的区域划分

本书统计了1992—2019年我国各省份发生的造成灾害的地震次数，如表6-10所示[①]。

表6-10　1992—2019年我国各省份造成损失的地震灾害发生次数

省份	次数	省份	次数
云南	84	广东	4
新疆	78	广西	4
四川	46	贵州	3
青海	25	辽宁	3
西藏	21	河南	2
甘肃	19	山东	2
内蒙古	9	浙江	2

---

① 不含港澳台，下同。

省份	次数	省份	次数
重庆	8	安徽	2
湖北	7	江西	1
山西	6	江苏	1
河北	5	宁夏	1
吉林	5	陕西	1
福建	4	黑龙江	1

资料来源：根据1992—2019年《中国大陆地震灾害损失述评》汇总整理。

云南、新疆、四川、青海、西藏和甘肃6个省份的地震发生超过10次，地震灾害发生的次数显著高于全国其他地区，本书将其划分为地震高风险地区。

致灾地震发生5~10次的省份为内蒙古、重庆、湖北、山西、河北和吉林，将其划为地震中高风险区。致灾地震发生1~4次的省份为中低风险区；1992—2019年没有发生致灾地震的地区为低风险地区。按照地震灾情发生情况，将全国各省份分为地震高风险、中高风险、中低风险和低风险地区，具体情况如表6-11所示。

表6-11　全国地震风险情况划分

分类	省份
高风险地区	云南、新疆、四川、青海、西藏、甘肃
中高风险地区	内蒙古、重庆、湖北、山西、河北、吉林
中低风险地区	福建、广东、广西、贵州、辽宁、河南、山东、浙江、安徽、江西、江苏、宁夏、陕西、黑龙江
低风险地区	海南、湖南、上海、北京、天津

2. 考虑经济发展状况的区域划分

为科学反映我国不同区域的社会经济发展状况，为党中央、国务院制定区域发展政策提供依据，根据《中共中央、国务院关于促进中部地区崛起的若干意见》、国务院西部开发办《关于西部大开发若干政策措施的实施意见》以及党的十六大报告精神，将我国的经济区域划分为东部、中部、西部和东北四大地区[①]，如表6-12所示。其中东部地区是我国经济发展较快的地区、中部和东北部地区的经济发展水平相当，西部地区经济发展水平相对较低。

———————————

① 划分方法参见国家统计局。

表6-12 我国四大经济区域划分情况

分类	省份
东北地区	辽宁、吉林、黑龙江
东部地区	北京、天津、河北、上海、江苏、浙江、福建、山东、广东、海南
中部地区	山西、安徽、江西、河南、湖北、湖南
西部地区	内蒙古、广西、重庆、四川、云南、贵州、西藏、陕西、甘肃、青海、宁夏、新疆

3. 综合考虑地震灾情和经济发展情况的区域划分

将地震灾情和经济发展状况综合起来，可将我国各个省份作出综合性区域划分，能够有针对性地制定相应的地震巨灾保险推行模式。划分情况如图6-3所示。

图6-3 按照地震灾情和经济状况划分区域

（二）区域推行方案的差异化调整

1. 地震风险高且经济发展程度低的区域

图6-3中左上角的6个地区——云南、四川、青海、西藏、新疆和甘肃，应采取强制投保的方式，保费不采用较低折扣，而是采用政府补贴的模式，以防保险公司风险积累过高，产生系统性风险，导致偿付能力不足的问题。财政补贴保费的比例可以设定为60%的保费，设定收入水平线，低于某一收入水平的，由政府全额补贴保费。由于当地财政状况较紧张，可以由中央财政增加补贴的比例，以减轻地方财政的压力。

2.地震灾害处于中等风险且经济发展程度低的地区

如内蒙古、重庆、广西、贵州、宁夏、陕西等地，应采取半强制的投保方式，即动用政府的行政力量，鼓励、教育和宣传地震保险的作用，以提高居民的投保率。保费不采用较低折扣，而是采用政府补贴的模式。财政补贴保费的比例可以设定为60%的保费，并设定收入水平线，低于某一收入水平的，由政府全额补贴保费。由中央财政提高补贴的比例，以减轻地方财政的压力。

3.地震风险中等的中部地区

如湖北、山西、河南、安徽、江西等地，应采取半强制的投保方式，即动用政府的行政力量提高居民的投保率。保费采用较低折扣的方式，而不是政府财政补贴，防止地震保险成为政府财政的负担，防止当地本来就紧张的财政资金变成了转移支付的工具，降低财政资金的使用效率。

4.地震风险中等的东北地区

如辽宁、吉林和黑龙江，可以采用半强制的投保方式，即动用政府的行政力量提高居民的投保率。保费采用较低折扣的方式，而不是政府财政补贴。

5.地震风险中高的东部地区

如河北，财政资金较为充足，可以采用强制投保、政府全额补贴保费的统保模式，将辖区内所有居民均纳入保障范围。在实践中，河北张家口市已经开始了政策性统保地震巨灾保险的试点工作。

6.地震风险中低的东部地区

如福建、广东、山东、浙江、江苏等地，可以采用自愿投保的方式，保费采用较低折扣的方式，而不是由政府财政补贴，此外可以通过提高保额的方式来增加投保人的需求。已经开办巨灾保险的省份，如广州可以在综合性巨灾保险的保险责任中加入地震巨灾，由政府统保。

7.地震风险低的中部地区

如湖南，可以采用自愿投保的方式，通过保费折扣来激励人们的投保意愿。此外，该地区可以考虑将地震灾害纳入综合灾种的巨灾保险体系。湖南已经建立了当地的多灾种的巨灾保险方案，但并未将地震灾害包括在内。建议将地震灾害纳入其中，一方面并不增加过多的风险，另一方面对居民有了范围更广的保障。

8.地震风险较低的东部地区

如海南、上海、天津和北京，可以采用自愿投保的方式，保费采用较低折扣的方式，而不是由政府财政补贴，此外可以通过提高保额的方式来增加投保人的需求。或者采用政府统一投保且全额负担保费的综合灾种巨灾保险的方式。

总之，地震风险越高的地区，越需要采用强制投保的方式，地震风险较低的地区可以采用自愿投保的方式。经济发展较为落后的地区政府应加大补贴的力度，而较为发达的东部地区则可以采用保费折扣的方式，并且提高保险金额来应对当地较高的房屋价格。

四、地震巨灾保险的保险资金管理和财政安排

（一）地震巨灾保险资金管理

目前我国城乡居民住宅地震巨灾保险的保费由住宅地震共同体的成员公司收集后，归集到上海保险交易所的中国城乡居民住宅地震巨灾保险运营平台，由平台按照各成员公司的比例份额分拨给各公司。各公司独立设置账户管理地震巨灾保费，并按照《城乡居民住宅地震巨灾保险专项准备金管理办法》（以下简称《办法》）规定每年计提保费的15%作为地震巨灾保险专项准备金，累计滚存的专项准备金作为再保险赔付限额后的赔付责任主体，在地震损失分担中起到了非常重要的缓冲作用，对于重大地震灾害损失补偿意义重大。地震专项准备金来自每年保费的积累，来源稳定、体量巨大，但支出的金额与时间不确定，因此对这一部分资金进行管理和妥善投资，通过投资收益来增加应对地震巨灾的资金池，是地震巨灾保险资金管理的关键环节。

国外建立地震巨灾保险制度的国家和地区大多设置了地震巨灾基金。例如，新西兰1988年设立EQC之初，政府从国债全额出资15亿新西兰元作为自然灾害基金的本金。EQC基于1993年1月的《地震委员会法》（*Earthquake Commission Act 1993*，ECA 1993）管理运营自然灾害基金，截至2006年6月，自然灾害基金累积到了50.2亿新西兰元。在2010—2011年新西兰坎特伯雷系列地震的理赔中，动用了自然灾害基金累积的近57亿新西兰元（伍国春，2015）。

通过测算，我国住宅地震巨灾保险专项准备金在应对地震巨灾风险中的作用重大，可对重大地震灾害造成的巨额损失提供补偿，所以妥善运营管理这一保险资金对于地震巨灾保险制度的稳定有重要作用。然而，目前我国这部分资金的利用并没有达到预期效果，甚至有学者认为该部分基金的提取会削减商业保险的偿付能力。地震巨灾保险专项准备金目前存在的主要问题有以下几个。

第一，准备金的权属规定不明。《办法》规定，计提的住宅地震保险准备金应当交由市场化机构代为集中管理，然而实施中并未设置这样的市场化机构来管理保险资金，因此保险公司无法将这部分准备金转移交付，仅在账户上体现了计提，并不使用该部分资金。

第二，准备金无法有效投资。保险公司留存着专项准备金却无法使用，资金不属于保险公司，也没有相应的管理机构和部门，管理运营的主体缺失，造成该部分资金在保险公司账户上的闲置和浪费。

第三，准备金没有相应的使用流程。一旦发生了超过再保险赔付限额的地震灾害损失，需要专项准备金承担赔偿责任，而目前该准备金都沉淀在各个成员公司专设的独立账户中，需要使用时的归集方法、流程以及使用的主体都没有可操作的相关规定，使这个层次的风险分散机制形同虚设。

我国在城乡居民住宅地震巨灾保险开办以来，所幸尚未发生需要地震巨灾保险专项准备金承担赔付责任的地震灾害。然而，这部分资金闲置与浪费，导致分散风险的机制无法发挥应有作用却是亟待解决的问题。一方面，要设置管理专项准备金的机构或部门。政府可以设置专门的机构来管理地震巨灾保险专项准备金，或者通过在应急管理部中设置专门的管理办公室来管理该部分地震准备金，也可以委托专门的资金管理公司对其进行管理。另一方面，需要尽快制定专项准备金归集、投资及使用办法。来充分利用好这部分资金，使其保值增值，能更好地应对地震巨灾风险，成为政府财政应对巨灾的缓冲工具。

（二）地震巨灾保险的财政安排

在现有的城乡居民住宅地震巨灾保险制度中，政府公共财政的作用主要有保费补贴和兜底。

1. 保费补贴的财政安排

现行地震保险的财政补贴"重投入、轻产出"，从中央财政到地方财政普遍存在重视补贴数额的确定和发放，忽视对补贴资金的管理、风险控制以及效率评估的问题。优化设计保费补贴制度是完善和调整补贴政策的主要方法，补贴效率评价是改进政策的依据。在设计地震巨灾保险承保模式时，建议在全国层面将保费补贴制度改为保费直接折扣的方式，这种改变首先不会改变投保人的保费负担，其次可以减轻政府财政的负担；再次，避免将保费补贴变成向保险公司转移财富的工具，减少道德风险的发生；最后，可以提高社会资金的使用效率。

但是，对于采取强制投保的高地震风险地区以及经济发展较为落后的西部和中部地区，需要采取保费补贴的方式，减轻群众负担。

在中央与地方财政对保费补贴的分担机制上，目前我国采用的是中央和地方平均分担保费补贴的做法，建议针对不同的区域作出差异化调整。对于西部地区，地方财政状况比较紧张，可采用中央政府补贴大部分保费的方式，减轻地方财政负担，反之，对于发达的东部地区，中央财政可以少补贴或者不补贴。

此外，应制定类似于《中央财政农业保险保费补贴管理办法》的地震巨灾保险保费补贴的实施细则，设定补贴保费的人群、保费补贴的比例及标准、预算管理、机构管理等具体实施方案。

2. 兜底责任的财政安排

政府承担着地震巨灾损失击穿地震专项准备金之后的兜底责任，这部分责任属于政府源于地震巨灾的或有负债，财政涉灾或有负债的管理工具种类较多，如发行巨灾债券、财政巨灾指数保险等。其中，通过购买地震巨灾财政指数保险的方式，将支付时间及金额不确定的或有负债风险转移，变为小额稳定的表内预算支出，平滑财政资金的巨额波动，阻断财政次生灾害的发生。

我国目前虽然明确规定了政府在重大地震灾害击穿各层次的责任主体后的兜底责任，但对于政府哪个部门履行责任、如何履行责任，兜底有没有最高限额，比例回调机制的实施方案均缺乏明确规定。

第三节 落地实施与协作体系

长期以来，由于缺乏专门的法律规定、配套政策和协作体系，以及在一段时间内完全放任由商业保险公司经营地震保险相关业务，我国的地震保险在地震灾后损失补偿和重建方面发挥的作用微乎其微。汶川大地震的惨重损失和保险业较低的赔付比例再一次验证了地震保险具有准公共产品的属性，不能完全按照商业保险的模式来运行，政府必须在其中发挥主导作用。自2016年起，监管部门先后发布《建立城乡居民住宅地震巨灾保险制度实施方案》与《城乡居民住宅地震巨灾保险专项准备金管理办法》，政策性基础保障的专项地震保险制度在我国的构建呼之欲出。然而，个性化的居民保障和企业的风险转移需求的发展较为缓慢，由于技术障碍和政府支持的缺失，商业保险在开发和承保地震灾害保险方面还较为落后，且风险控制能力薄弱。此外，政府财政指数保险的构建还处于起步试行阶段。

本书通过对地震灾害损失的仿真模拟，对设定的几种地震保险模式展开比较，进一步验证了城乡居民住宅地震巨灾保险制度的科学性，适合作为全国的基本框架进行推广实施。然而，地震保险制度作为一个庞大的体系，需要保险公司、再保险公司、各级政府和投保人等多主体的协作，对于各主体的角色分工和责任义务，均要有相应的规定，才能保障一个良好制度的落地和顺利实施。此外，我国各个省份之间，不论是地质条件还是经济发展状况，均存在较大差异，在制度制定和推行时，必须考虑区域差异，科学划分区域，进行制度的差异化调整。

我国地震巨灾保险发展模式的落地实施需要各主体的协作与立法及政策的有力支撑。本节将探讨前文提出的地震巨灾模式的落地实施与协作体系的构建，对中国地震巨灾保险提出适当的政策方案，并尝试推进中国地震巨灾保险的创新模式及其应用。

一、落地实施与协作支持体系的基本要求

基于前文提出的全国地震巨灾保险制度的推广模式基本框架，以及区域化差异调整的方案，为了保证制度的顺利落地实施，需要坚持"政府推动、市场运作、保障民生"的原则。[①]

第一，要更好地发挥各级政府的作用，为制度的建立和稳定运行营造良好的制度环境、法律环境和政策环境。以推行全国基本框架为顶层设计，制定地震巨灾保险制度框架体系，制定相关法律法规，以及财政和税收等相关支持政策。加强地震巨灾保险制度的宣传和教育，提高全社会利用保险机制分散风险的意识，增强全社会的风险管理能力。

第二，应引导商业保险公司积极参与地震巨灾保险制度建设，发挥其在风险管理、专业技术和人才、服务能力和营业网点等方面的优势，为地震巨灾保险提供承保理赔服务，利用保险公司的营销能力和策略，提高地震保险的投保率，进而提高全社会地震灾害风险管理水平。利用保险产品的价格调节作用，采取折扣让利的方式，通过风险定价和差别费率，引导社会提高建筑物抗震质量，利用再保险市场和资本市场，有效分散风险。鼓励保险公司将自有服务体系与政府灾害救助体系有效衔接，借助政府相关体系资源提升保险行业查勘定损效率。构建和谐稳定的政府、私营部门合作机制。

第三，满足人们地震灾害风险保障需求，利用宣传教育、说服劝导等方式促进地震风险较高的地区保险覆盖率的提高，满足人们的基本保障需求；对于有能力的居民，可提供多层次的保额方案。

第四，运行保障——"住宅地震共同体+上海保险交易所"运行平台。目前我国已经建立了由45家财产保险公司根据"自愿参与、风险共担"的原则发起成立的住宅地震共同体，以整合保险行业承保能力，并且开发了标准化地震巨灾保险产品，建立了统一的承保理赔服务标准，共同应对地震灾害。上海保险交易所为住宅地震共同体搭建了业务平台，集中管理保费和赔款等清分结算，积累和管理地震保

---

① 参见《中国保监会 财政部关于印发〈建立城乡居民住宅地震巨灾保险制度实施方案〉的通知》。

险业务数据及灾害信息等。

第五，资金保障——地震巨灾保险专项准备金。为了增强风险抵御能力，应对重大灾害的发生，实现准备金跨期积累、跨区统筹，按照保费收入的一定比例计提，单独立账、逐年滚存，并暂由中国保险保障基金有限责任公司设立专门账户代为管理。

第六，协作机制保障。推进城乡居民住宅地震巨灾保险制度需要多部门合作，为加强沟通协调、统筹管理，由银保监会、财政部牵头相关部门设立制度实施领导小组，办公室设在银保监会财产保险监管部，具体负责推进制度的落地和实施。建立部门协调合作机制，加强沟通协调与配合，促进商业保险与社会保障有效衔接、保险服务与社会治理相互融合、商业机制与政府管理密切结合。建立信息共享机制，逐步实现地震等灾害数据共享，提升风险甄别水平和风险管理能力。

第七，区域化差异性调整机制。鼓励风险集中的地方政府出台地震巨灾保险制度的配套支持政策，积极探索农房地震指数保险、地震巨灾财政指数保险、涵盖地震灾害的综合灾种巨灾保险等各类提高地震巨灾保险覆盖面的有效模式，与城乡居民住宅地震巨灾保险实现有效衔接，将以上业务逐步纳入我国巨灾保险制度建设，逐步扩大覆盖面。

第八，法律环境保障。对巨灾保险制度进行立法保障是世界各国确保巨灾保险制度各项措施落实的关键。巨灾保险制度的建立实施必须依靠完善的法律体系。需加快出台《地震巨灾保险条例》，为城乡居民住宅地震巨灾保险制度的实施提供法律保障。

二、提供中国地震巨灾保险政策方案

（一）强制投保的政策方案

虽然在全国层面地震巨灾保险的基本推行框架采用自愿投保的方式，但是在地震风险集中的地区应强制投保。我国地震高发的地区恰好是经济发展相对落后的西部地区，居民受收入水平和保险意识的限制，对地震保险的需求较低，但他们却是受地震灾害危害最大的脆弱群体，一旦大灾发生，没有地震保险的保障就会陷入因灾致贫或因灾返贫的境地，因此，强制投保政策应该在这些区域推行。新西兰等在实践中通过将住宅地震保险作为火灾或者房屋财产保险的附加险，在提高投保比例方面取得了非常好的成效。在构建区域差异化地震巨灾保险制度时，可以借鉴其做法，直接将住宅地震巨灾保险纳入火灾保险的范畴或作为火灾保险的强制附加险，特别是与现有的房屋抵押贷款保险相结合。但考虑到我国普通家财险和火灾保险的投保率也不高，将住宅地震巨灾保险强制附加在家财险或火险上的效果可能达不到预期。因此，在某些面临较大地震风险的区域可以考虑强制推行地震保险，如农村以村为单位、城镇以街道为单位购买地震保险等。

（二）保费补贴及税收优惠的政策方案

在全国层面可用保费折扣代替保费补贴，但对于强制投保地震巨灾保险的区域，应有配套的保费补贴方案。各地可建立差异化的保费补贴政策方案，设置适合当地的保费补贴比例及享受保费补贴的人群，可以按照家庭收入作为划定补贴比例的依据，当其低于某一额度时，政府全额补贴，在某一范围时，政府补贴一定比例，超过了某一收入标准则不享受保费补贴。保费补贴仅针对基本保额的保费，超出基础保额的保费不应给予补贴。在保费补贴中，中央和地方财政的比例份额也应采用差异化政策方案，对于西部地区，由中央承担更高的比例，对于中部和东北部地区，可以按照同样比例，对于东部地区，中央应降低补贴比例。将政策性地震巨灾保险的保费补贴纳入各级财政预算中，事先预留这部分资金。同时需要建立保费补贴效率评价机制，针对保费补贴的财政支出，比较地震巨灾保险投保率的提升比例以及财政用于救灾的灾后救助资金的减少额，适当调整保费补贴的比例和标准。

在全国层面对地震巨灾保险实行税收优惠政策。税收优惠政策包括两个层面，一是对购买地震巨灾保险的居民可以将保费从应纳税所得额中进行扣除，抵扣部分个人所得税；二是对于经营地震巨灾保险的保险公司，可以对地震巨灾保险等部分的收入减免增值税，并且将地震巨灾保险专项准备金从税前列支。

（三）地震巨灾保险专项准备金管理的政策方案

应明确地震巨灾保险专项准备金的管理主体，目前规定暂由中国保险保障基金有限责任公司代为管理，并没有长期安排。可以借鉴《农业保险大灾风险准备金管理办法》，在《城乡居民住宅地震巨灾保险专项准备金管理办法》中明确规定管理主体、计提方案，每年调整计提比例的依据、准备金使用方案，以及资金运用和投资管理方法、准备金监管部门等。

（四）政府兜底责任的政策方案

在现行住宅地震巨灾保险方案中的损失分担机制中设置了损失超过前面分担额度的情况下，由财政提供支持或通过巨灾债券等紧急资金安排承担损失。此外，在财政支持和其他紧急资金安排无法全部到位的情况下，由国务院保险监督管理机构会同有关部门报请国务院批准，启动赔付比例回调机制，以前四层分担额度及已到位的财政支持和紧急资金总和为限，对地震巨灾保险合同实行比例赔付。①这一安排缺少实施细则，应设置地震巨灾保险专项准备金管理部门与政府负责管理地震巨灾保险的部门的对接机制，一旦准备金赔付被击穿，则通知政府部门采用财政资金进行赔付。对于政府使用财政资金或者巨灾债券等资金安排来偿付的限额，也应作出明确规定。比例回调机制在何时被触发，回调的比例是多少，进行比例赔付时在保险产品合同中如何体现等问题，均需要更为详细的政策方案安排。

三、推进中国地震巨灾保险创新模式的应用

我国推行的城乡居民住宅地震巨灾保险保障城乡居民的住房损失，虽然住房是人们最重要的物质财产，也是在地震灾害中最易受损的部分，但还应注意到群众地震灾害中其他损失。在地震灾害中，灾区民众受到重大损失时需要保险保障，但同时灾区的地方政府甚至中央财政都会受到沉重打击；虽然保费收入作为赔款支出的主要来源能在一定程度上满足偿付能力的需求，但如果遭遇特别重大的地震灾害（类似汶川地震），则更广泛的融资渠道将会为地震保险损害赔偿提供巨大帮助。因此，在地震巨灾保险创新模式中，要考虑产品创新、保障主体创新和融资渠道创新等几个方面。

（一）产品创新：一揽子保险

在新西兰的地震保险实践中，不仅房屋、屋内的财产，土地也作为地震保险的保险标的。我国云南临沧实施的《临沧市农房地震巨灾综合保险实施方案（2018—2020）（试行）》将承保标的拓展到房屋、家用电器用电损坏、农户因灾因故死亡伤残和农户因灾因故基本生活困难救助等，是在城乡居民住宅地震巨灾保险基础上，对承保标的的综合扩展。这一创新大大提高了地震保险的投保率，2019年，在取消了保费补贴且自愿投保的情况下，临沧市地震保险覆盖率达到22.89%，保费合计714.50万元。各地可以借鉴"临沧模式"针对当地居民的风险设计适合当地特色的一揽子保险，既可以保障地震风险，同时还能为其他风险提供保障。

---

① 参见《中国保监会 财政部关于印发〈建立城乡居民住宅地震巨灾保险制度实施方案〉的通知》。

（二）保障主体创新：地震巨灾财政指数保险

地震巨灾风险不仅对居民产生直接损失，还产生对社会经济的影响等间接损失，而且间接损失的金额远远比直接经济损失更为巨大，政府履行灾难救助和灾后重建的巨大财政或有责任更应受到保障。因此，建立及完善地震指数保险作为或有资金工具，可以填补公共财政涉灾预算的缺口。

地震指数保险设计的关键是地震灾害指数触发机制的选择。我国云南大理的震级触发的农房地震指数保险就是选择地震震级作为地震指数触发机制，市场还有地震烈度监测指数、地震烈度模型指数、地震损失模型指数、地震行业损失模型指数等多种触发机制，各地区可按照自己的需求和地震灾害的特点选择适合的地震灾害指数保险。在经济较为发达的地区，财政资金充足，应该投保地震巨灾财政指数保险，如果当地地震灾害的风险较低，则可以考虑综合多灾种的地震巨灾财政指数保险。

（三）融资渠道创新：地震巨灾债券

地震巨灾债券是保险连接的一种风险债券，通过发行与地震指数保险相连接的债券，将保险公司、再保险公司、工商机构、政府作为被保险人的部分灾害风险转移给债券投资者。如果没有发生地震灾害，投资人将获得本金返还以及保费和固定收益，如果发生地震灾害，投资者将损失部分或全部本金，支付给被保险人。地震巨灾债券将地震巨灾风险分散的范围从保险和再保险市场延伸到资本市场，是保险和再保险的延续，也可以作为政府应对巨灾的或有资金工具。美国加州地震局（CEA）通过地震巨灾债券分散地震风险，我国于2015年才发行了首只巨灾债券（魏龙飞等，2020）。我国资本市场的规模远远大于保险和再保险市场，政府同样可以通过地震巨灾债券的方式将地震巨灾风险向资本市场转移。

第 七 章

发展地震巨灾保险：
立法与政策方案设计

在确定我国地震巨灾保险制度构建的基本原则和推行模式后，需要进一步明确我国地震巨灾保险制度运行的立法环境及政策方案，通过法律及政策机制强化"政府主导、市场运作、社会参与"巨灾保险的设计初衷，充分释放地震巨灾保险防范化解地震灾害风险的作用。本章在地震巨灾保险总体政策目标的指导下，结合前文对于地震巨灾风险特征、巨灾保险必要性和可行性等问题的论证结果，提出符合中国国情、灾情的地震巨灾保险法律制度及政策方案。

第一节　立法与政策支持体系：基本思路

一、基本思路

（一）坚持政府主导、市场化运作的原则

建立与我国经济社会发展阶段相适应的巨灾保险制度，必须从顶层设计的理念出发，坚持"政府主导、市场运作"的原则，从全局的高度统筹规划巨灾保险制度建设。通过巨灾保险手段，对地震灾害风险进行防范、化解和分散，在国家未来远景发展规划中，对地震风险管理，人身生命安全保障，居民、企业和国家财产、资金安全，灾后损失经济补偿，恢复重建资金筹集，平滑财政资金巨额波动等方面彰显其特有的功能。不仅要充分利用政府的执行力和号召力，而且要充分发挥市场的服务效率，在解决地震巨灾风险方面充分发挥经济保障作用，通过创新金融市场工具与机制，调动社会各主体力量参与灾前风险防控、次生风险的管理、灾后的评估、重建的经济支持，乃至整个综合应急管理能力的提升，更好地服务于国家治理体系与治理能力现代化。

（二）优先推动地震巨灾保险立法，增强政策的协调性

党的十九届四中全会通过的《中共中央关于坚持和完善中国特色社会主义制度推进国家治理体系和治理能力现代化若干重大问题的决定》指出，"完善以宪法为核心的中国特色社会主义法律体系，加强重要领域立法"，在通过科学立法促进中国特色社会主义法治体系发展的同时，对重要领域形成有力的法律保障体系。党的十九届五中全会在国家治理效能得到新提升方面规划长远发展目标，提出新要求，指出"防范化解重大风险体制机制不断健全，突发公共事件应急能力显著增强，自

然灾害防御水平明显提升"，地震巨灾风险管理作为提升应急管理能力和地震灾害防御水平的重要突破口，需要通过周密的立法和监督，为地震巨灾保险的建设和发展创新提供良好的法治环境。

良好法治环境的构建需从以下几个方面着手。第一，坚持地震巨灾保险立法先行，从顶层设计进行规范，将巨灾保险立法纳入国家重点立法范围，通过立法逐步加强基础地震保险保障的强制性和财政涉灾资金运用的规范性。第二，通过立法明确主体责任，协调一般法与特殊法、部门及地方规章的一致性，做到主体责任边界明晰、行动协同。第三，落实监督职能，在渐进推动强制性的同时，加强地方与中央防范巨灾风险认知的一致性，保证巨灾保险经营不偏离防范化解重大风险的主线。第四，释放财税改革激励，将对巨灾保险的经营和保费补贴制度化，使优惠措施有章可循，激发更高层次的地震巨灾保险商业补充的供给和需求。

（三）逐步拓展市场工具运用，提升地震巨灾保险的可持续性

充分发挥市场作用是巨灾保险制度可持续的保障之一，在地震巨灾保险经营方面，保险机构发挥自身在网点和专业能力上的优势，加快巨灾保险的实施，提高巨灾保险灾前风险管理水平和灾后补偿效率；在巨灾风险分散方面，使用更多市场渠道分担巨灾损失，尝试利用资本市场为地震巨灾损失进行高效的事前融资安排，进一步分散巨灾风险。积极发挥金融市场工具在风险管理、精算定价和巨灾保险方案设计等方面的引导和支持作用，进一步完善巨灾风险分散转移和补偿机制，同时解决我国巨灾保险制度的可负担性、公平性等问题。

（四）分阶段推进地震巨灾保险落地，实现风险有效防范

要因地制宜有重点、分阶段推进构建地震巨灾保险落地，且同样适用于巨灾保险制度的整体建设。巨灾保险制度是非常复杂的经济保障与风险管理制度安排，涉及众多利益群体，巨灾保险制度建设应建立在经济和财力可持续增长的基础之上，不脱离实际、超越阶段，地震巨灾保险成功地落地也依赖众多主客观因素，如经济发展的具体阶段、国民的风险和保险意识、地震巨灾损失历史数据的积累和地震风险图制定等。

（五）加强地震巨灾保险监管，强调地震风险控制

地震巨灾风险低频高损且难以预测等特性决定了地震风险与一般灾害或事故风险不同。地震灾害标的具有高度关联，一旦地震发生，可能造成极大的损失，如果没有相应的风险控制机制，容易对保险公司的偿付能力产生严重威胁。1994年美国

加州北岭地震后，就有多家保险公司破产并退出保险市场。因此，中国在大力推进政策性专项地震巨灾保险制度及鼓励保险公司开发多种地震相关直接或衍生灾害产品时，要加强对地震保险共同体的监管，以及对开展地震保险的保险公司的监管，引导保险行业在地震巨灾保险险种上保持理性、科学的态度，防止保险业内部风险的发生。

构建中国地震巨灾保险法律及政策方案的总体框架，首要的任务是通过立法及政策规范公共和私人跨部门合作机制，突出政府在巨灾保险制度建设核心作用的同时，对私人商业部门和社会公众进行科学、规范的政策支持和引导，打造"新举国体制"下"政策性专项巨灾保险制度＋商业地震巨灾保险保障产品体系补充"的财务性地震灾害风险管理模式，可持续地为个人、企业和政府所面临的地震巨灾风险提供综合覆盖的风险保障。

二、总体目标

中国地震巨灾保险建设的总体法律及政策环境构建目标充分体现了防范与化解重大风险整体工作的统一性与细分领域的特殊性，旨在将地震灾害风险分主体、分种类、分层次进行综合保障，实现地震巨灾保险制度对个人、企业和其他社会团体、组织中的人身健康和财产损失风险，以及政府的公共财政涉灾预算风险的多维度覆盖。

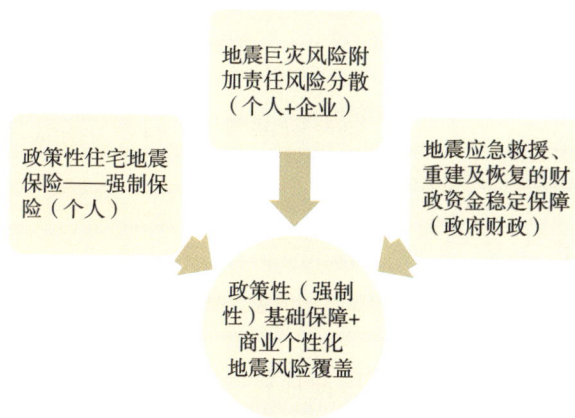

图7-1 中国地震巨灾保险分主体架构

在构建综合地震风险分散安全网的目标的指导下，从风险分散的角度，地震巨灾保险针对不同的保障对象设立不同的分项目标：针对个人的地震巨灾保险着力居民安全的生活问题，强调对居民住房的保障，是政策方案制订的核心，政府提供基本的且具有强制性的政策性住宅地震巨灾保险，通过政策培育、引导和激励商业保险开发相应的高保障水平、市场化定价的地震保险，同时在室内财产、车辆和人身安全方面通过产品线升级或设置附加承保选项的形式，强化现有保险产品体系对地震巨灾风险的覆盖；针对企业及其他社会团体、组织的地震巨灾保险依托于传统财产保险和责任保险产品体系，扩充保险在应对地震巨灾的适用场景，加强对企业经营或社会团体、组织运行的必要地震风险控制要求；而政府面临的地震巨灾风险，具有直接和间接损失的双重特征，结合中国社会体制、经济发展、应急管理等国情和现行财政涉灾预算体系，需要构建公共地震巨灾财政指数保险，通过保险和资本市场的力量，有效分散我国地震灾害损失的最终承担者——政府的巨灾风险。通过有效的政策衔接，将地震巨灾保险体系与工程性措施相结合，构成了完备的多阶段地震灾害风险管理架构。

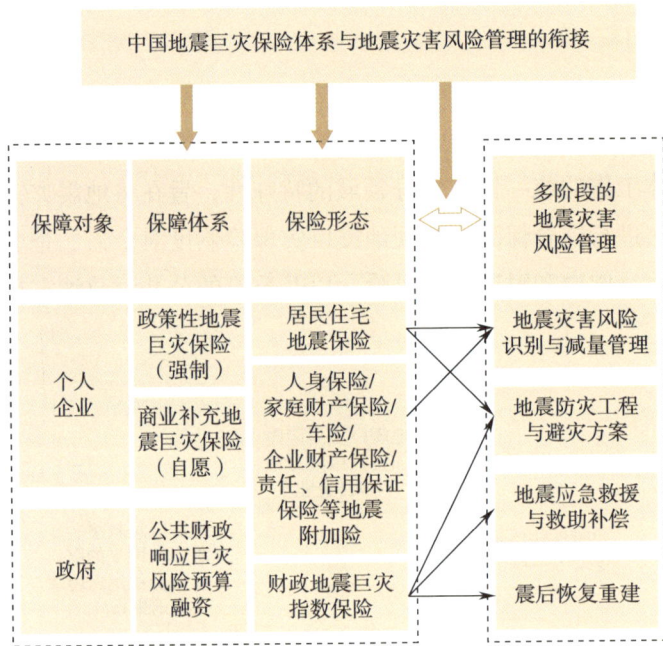

图7-2　地震巨灾保险体系与地震灾害风险管理的政策衔接

地震承灾体具备不同的特征，因此地震巨灾保险的总体政策方案需要在充分统筹协调安排的基础上，做到保障体系内部的差异化运行和分步骤实现。即地震巨灾保险的总体政策目标的实现，需要分别对保障对象进行不同的机制设计、对覆盖地区进行不同的标准制定，区分保障体系的细分领域中参与主体的职能定位和责任边界。

充分吸取国际巨灾保险模式和我国已有巨灾保险实践的经验和教训，建立以政府为主导、商业保险体系为有效支撑、国家财政支持且作为某些具体工具单元的投保资金，利用政策再保险和资本市场分散风险的综合地震巨灾保险体系，形成由政府、私人部门和社会公众共建、共享的地震巨灾保险机制，扩充地震巨灾保险制度化、科学化融入的地震灾害应急管理工作流程，实现对地震巨灾风险的有效防范与化解。

根据政府、保险公司、企业及社会公众的不同定位，共同参与地震巨灾风险管理的制度建设及维护，在符合我国体制特征的基础上，实现地震巨灾风险管理的创新发展，进而完善防灾减灾、应急救援、经济救助、恢复重建的地震应急管理体系和国家地震灾害防范体系。

三、运行机制框架

（一）核心机制：政策性（强制性）居民住宅地震巨灾保险

目前，我国进行了多种居民住宅地震保险实践，在不断摸索的过程中，已具备了一定的政策性，形成了针对居民住房安全的地震灾害风险基础层次保障。当前居民住宅地震巨灾保险通常以商业保险合同为基础，地方政府与保险公司（共同体）合作推动，地震巨灾保险的政策性保障作用需要进一步释放。

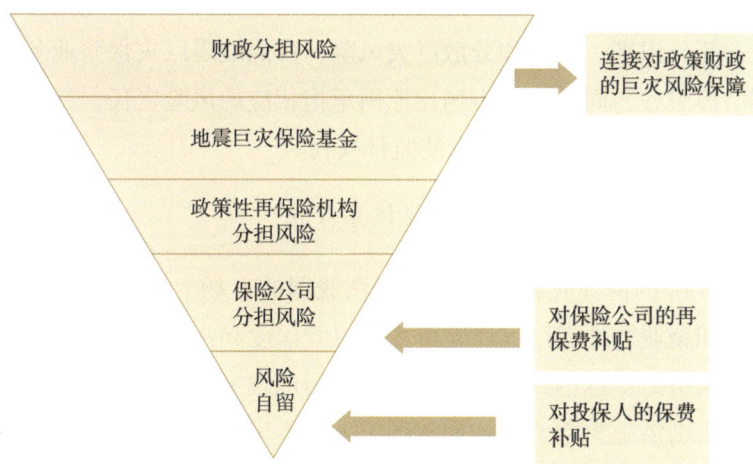

图7-3　政策性居民住宅地震巨灾保险风险分担机制

政府主导的政策性居民住宅地震巨灾保险，在比例保费补贴（对困难群体进行全额补贴）的基础上，逐步推行强制投保模式。需要财政、应急、民政、保险监管等部门的协同配合，给予居民基本的因地震造成的住房损失和人身伤亡保障。构建政策性居民住宅地震巨灾保险的多层次风险分担机制，除了保险公司、再保险公司、巨灾基金、政府的责任限额的合理划分外，还需要外部金融市场的支持，降低政府兜底的风险，实现保险服务政府职能转换的设计初衷。

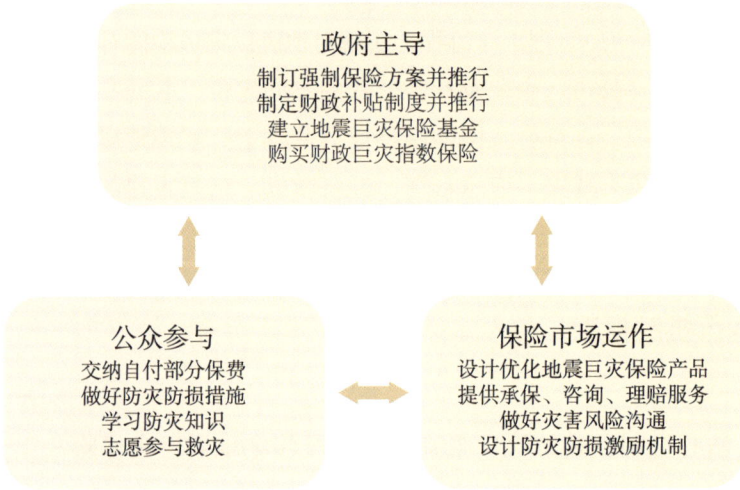

图7-4　政策性居民住宅地震巨灾保险主体责任

从各主体的责任来看，政府对政策性居民住宅地震巨灾保险给予财政、税收支持，推动制度完善与落地，必要时对巨灾保险经营主体提供相应的兜底保障，充当地震巨灾的最终再保险人的角色。保险公司利用专业化技术和网点优势负责地震巨灾保险展业，充分识别、汇集和分散巨灾风险，按照地震巨灾保险业务规范提供防灾防损、理赔等服务，同时依据市场化原则承担相应的风险责任。社会公众按照规定投保享受地震巨灾保险服务，并行使监督权利。

（二）商业地震灾害风险保障产品体系补充

涵盖巨灾风险的商业化保险产品逐步在我国的市场上出现，但仍需要优化改进：针对个人和企业的地震巨灾风险覆盖的保险深度和密度都很低，保险产品本身不具备足够的吸引力，达不到补偿个人和企业因地震灾害而造成的经济损失的要求等。方案应以激励措施为主，在初期兼顾扩大地震风险保险服务范围与进一步加强对地震风险分散和定价技术的应用的双重目标，逐步推进，避免盲目承保地震风险而引发的系统性经营风险。

首要的是坚持"保险姓保"的基本原则，符合对地震巨灾风险充分分散的要求，机制安排必须能够调和巨灾风险对"大数原理"的冲击和提升保障程度的需求，兼顾政策保险与商业保险的协调推进。第一，从行业层面建立地震巨灾风险的承保标准，通过附加险扩展现有保险产品的责任范围来适应地震巨灾风险保障需求。在此过程中，保险公司需要根据更具科学精算技术的计算地震风险附加费率，以保障可持续为第一原则进行承保，提供填补政策性巨灾保险保障范围空白区域的产品。第二，通过地方政府与保险公司的合作，制度上明确包括地震巨灾风险的综合责任，借由经营政策性地震巨灾保险展业渠道，在坚持政策性保险费率的基础上，扩充巨灾风险保障范围并在综合责任定价上适度让利，实现保险公司经营与政策地震巨灾保险发展的双向促进，体现一定的普惠性。第三，提供税收优惠等激励措施，为保险公司提供设计独立的地震巨灾保险产品线和定制化的保险服务的动力，实现由市场提供较高层次保障水平的地震巨灾风险保障和财务支出平滑工具。

政策激励地震巨灾风险扩展
·商业车险地震损失扩展
·企业财产保险地震损失扩展
·公共责任保险地震风险扩展

行业引导创新综合险种
·政策性保险附加人身伤害
·政策性保险附加灾后救济

创造产生独立产品线的市场条件
·高保障水平住宅地震保险
·企业灾害风险应对服务方案

图7-5 政策激励商业地震灾害风险保障产品体系示例

（三）地震巨灾财政指数保险——全面巨灾风险分散

我国的经济、社会体制决定了政府是地震灾害经济损失的最终承担人，政府几乎肩负了全部地震救援和灾后恢复重建责任，这虽然体现了"集中力量办大事"的制度优越性，但给公共财政造成了巨大的缺口，可能直接影响受灾和援助地区的经济发展进程。针对地震的风险特点，构建不同地区的地震灾害风险指数，进而建立地震巨灾财政指数保险，保障平稳的政府财政支出，能够提高财政涉灾资金管理和运用的能力和效果。

作为地震巨灾保险内部并行机制之一，地震巨灾财政指数保险主要解决的是财政地震救灾、恢复重建资金不足的问题，同时关联政策性居民住房保险的超赔责任的财政分担问题，真正破除传统意义上的巨灾保险因过分强调财政兜底的作用而违背了保险的基本原则的困境。地震巨灾财政指数保险方案的制订，既包含最优投保方案、投保资金来源等投保和保险外部操作流程问题，还包含地震巨灾财政指数保险及其证券化的内部运行方案设计问题。

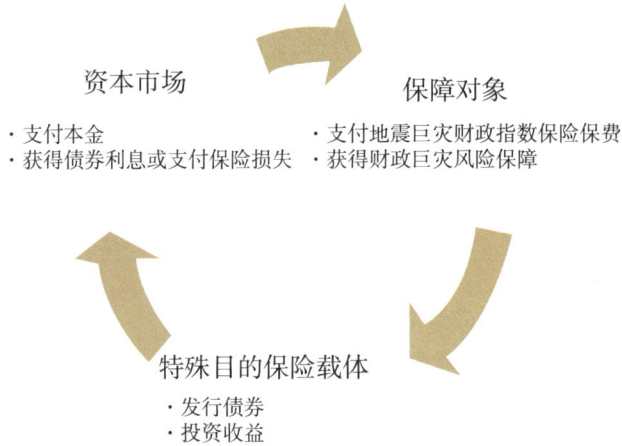

资本市场
·支付本金
·获得债券利息或支付保险损失

保障对象
·支付地震巨灾财政指数保险保费
·获得财政巨灾风险保障

特殊目的保险载体
·发行债券
·投资收益

图7-6　地震巨灾财政指数保险及证券化流程

有效的政策方案设计能够将政府应对地震灾害的无限责任进行转化，并在地震巨灾财政指数保险基础上进一步使地震巨灾保险证券化，在制定统一标准的基础上，充分分析计算政府因地震救援和灾后恢复重建而可能发生的或有财政支出责任，通过合格特殊目的载体（SPV），发行风险债券，利用债券本金作为偿付能力担保出售地震巨灾财政指数保险，整合或有资金工具和资本市场力量，实现财政投入的放大效应，提升公共服务资源的配置效能，真正实现用少量的财政投入撬动巨大的社会资金积累，缓解灾害发生时政府财政救济资金不足的困难。

四、其他配套政策安排

地震巨灾保险制度的落地，离不开应急、住建、财政等多部门配套政策的支持。从供给角度来看，优化地震巨灾保险税收机制需要实行适度的地震巨灾保险税收减免优惠和针对共同体等新型主体的税收方案，既是巨灾保险制度顶层设计需要考虑的重要问题，也是实际工作推进中降低巨灾保险供给成本，激励供给主体的发展与创新的手段。

为了应对地震巨灾风险，将分散在社会各个方面的力量和资金聚集起来是有针对性地防范地震巨灾风险的重要保证。巨灾保险保障基金相关政策的安排，为巨灾风险分散提供了适应性风险分层，在保障被保险人利益的同时，直接对地震巨灾保险的可持续性产生了积极影响。扩展巨灾风险基金的来源渠道，建立包括政府财政预算投入、保费提取、资本市场工具运用等资金流入政策保障，并强化基金管理运用规范。

从需求角度来看，相关配套政策需要解决公众对巨灾风险和巨灾保险的认知缺失和错位问题，这不仅包含对居民和企业的风险认知和风险防范能力培训，而且适用于对政府工作人员的巨灾保险服务效能认知水平提升，推动地震巨灾保险成为真正的风险防范和社会治理工具。

部门协同配合，是建立在认知提升的基础上，地震巨灾保险的体系化建设需要不同部门间高效的信息联动，严格落实制度要求，加强对制度运行的管理监督。总体来说，配套政策的安排需要遵循"统筹推进，重点突破"的思路，优先在直接关系到地震巨灾保险实施成败的问题上发力，做到整体策略的一致性，从部门规章、分级政策和工作范式不冲突、不矛盾，到逐步实现各部门相互促进，制度建设协调推进、不留短板。

第二节　立法框架

第一，在立法路径上，增设巨灾保险专章。巨灾风险的特殊性决定地震保险不能完全适用《保险法》的一般规则，须首先在《保险法》中增加附则，规定巨灾保险经营原则及相关制度，统领巨灾保险、地震保险单行法律法规的有关指导与约束。

第二，在立法机制上，提升巨灾保险领域专家对立法工作的指导作用。在全国人大指定专门工作委员会进行《保险法》的修订工作的同时，成立由银保监会牵头、应急管理部门及保险机构参与的包括《地震巨灾保险条例》在内的地震保险法律制度起草小组，充分吸纳研究机构、高校智库的立法思路与建议，促进单行法律法规与一般法的协调一致。

第三，在立法内容上，重点响应巨灾保险制度对法律制度的特殊需求。在立法目的上，要体现对风险的有效防范；在适用规则上，要体现灾害保障需求的差异化；在适用范围上，要体现风险保障的全面覆盖；在监管介入上，要体现专业性和权责明晰；在制度配套上，要体现基础性。

地震巨灾保险的立法工作应紧扣其政策目标，在《地震巨灾保险条例》的制定过程中，需要着力明确地震保险的性质、类别、实施主体、保障主体、合同形式、经营规则、监督与法律责任等问题，将目前地震巨灾保险多线运行的工作规范化。针对居民、企业和公共财政的地震巨灾保险，补充相应的操作规范示范条例，在充分统辖的基础上，给予各区域结合实际风险状况进行差异化作业的自由度，将"统"与"分"的关系限定在明确的范围内。

针对居民住宅地震巨灾保险，须逐步建立和完善政策性再保险制度和地震巨灾基金管理制度立法，通过统筹再保险和巨灾风险基金，强化其政策性和公益性，优化地震巨灾风险分散机制，实现地震巨灾保险信息的共享和管理，规划和推动地震巨灾保险的迭代，更有效地落实国家相关灾害防控政策。涉及个人或企业的人身、财产（包含高层次居民住宅保障需求）、责任的地震巨灾风险保障，主要在既有《保险法》的基础上，增强对地震巨灾保险业务的引领性规范，对经营主体、经营范围、监管要求予以明确，同时配合激励性的行政政策，克服巨灾风险保障供给意愿低的问题。

而政府地震巨灾财政指数保险，涉及启动中央及地方政府财政涉灾预算改革问题，同样需要以立法的形式限定运行模式、组合资金工具途径、建立风险分散机制等问题，更具复杂性，应通过相应的立法建立新型公共财政响应灾害风险预算融资制度，实现更高阶的地震巨灾风险分散目标。

逐步修订规范包含地震巨灾保险的一般法

优先推动地震巨灾保险专项特殊法立法

协调地震巨灾保险特殊法、一般法与其他部门法

图7-7　地震巨灾保险立法思路

此外，地震巨灾保险立法需要体系化建设，须对已有的《突发事件应对法》《防震减灾法》《保险法》等与巨灾保险直接相关的一般法进行修订，强化地震巨灾保险的实际地位和主体责任规范，保证地震巨灾保险的供给和科学运行。同时，逐步在《安全生产法》《建筑法》《预算法》等其他部门法律中附加与地震巨灾保险相关的行为约束规范，既进一步明确地震巨灾保险的主客体的权利与义务，消除法律适用盲区，也形成制度化的操作范式和行为激励。

第三节　政策体系

一、政策性地震巨灾保险核心政策方案

（一）坚持运行原则

通过顶层设计，坚持地震巨灾保险"政府主导、市场参与、兼顾政策性目标和风险分散效率"的原则，这一原则既是政策性居民住宅地震巨灾保险的指导，总领了我国巨灾保险制度建设的发展模式与方向，也是对政策性居民住宅地震巨灾保险、商业地震灾害风险保障产品、地震巨灾财政指数保险三条并行建设路线之间相互作用关系及各路线内部运行的规范。

（二）明确强制性承保方式

通过制度总体推进方案和各地方的巨灾保险建设合作方案明确承保方式，承保方式是地震巨灾保险运行原则的直观体现，因地震巨灾保险运行有多种方式，具体的承保方式也存在较大差异。具体而言，政策性居民住宅地震巨灾保险需要在政府的主导下，通过强制投保、财政补贴、成立政策性再保险机构等一系列顶层设计实现对居民住房安全的基本保障，商业保险机构则充分发挥专业化服务优势，提升保险的运行效率，通过相关制度安排进行有效的风险分层设计，实现准公共物品供给。

（三）确保定价反映实际风险

政策性住宅地震巨灾保险定价是其政策属性和公益属性的体现，基准费率包括基本费率、折扣费率和长期系数。需要通过法律规定的形式，将地震保险费率维持在收支平衡范围内，同时进行以省级财政为主的中央、省、县三级财政保费补贴安排。提升保险可负担性并减少对地震巨灾风险定价的扭曲，进行差异化定价，影响费率的因素包含住宅所属区域、住宅位置、住宅房龄、建造材料及结构、房屋面积、楼层数、房屋的地基、重建房屋的费用等，在一定程度上反映实际风险的基础上，充分发挥费率杠杆对防灾防损工作的促进作用。

（四）制定理赔方式及统一标准

理赔方式的标准制度需要通过整体化的政策方案进行匹配，是全国统一标准和

区域调整过程的结合，这一工作需要与地震巨灾保险在全国范围内的差异化推广落地过程相适应。同时，对于政策性居民住宅地震巨灾保险及部分商业地震灾害风险保障产品体系，保险公司各级分支机构均成立专门理赔查勘团队，负责地震灾害的查勘定损工作，保险机构协同地方政府应急、民政等部门完成地震巨灾保险金的快速支付（涉及责任险的，在必要的勘察后和责任审核后进行垫付），给予被保险人经济补偿和一定程度上的灾后精神慰藉。

二、地震巨灾保险体系化政策方案

（一）商业地震灾害风险保障产品体系

商业地震灾害风险保障产品体系虽采用完全市场化的承保方式，但仍需要政策的激励和规范，克服地震巨灾风险供给的动力不足和市场乱象，在税收政策和保险公司巨灾风险经营偿付能力评价方面，尤其需要政府和保险监管部门进行适应性的机制调剂。同时，在承保过程给予商业地震灾害风险保障产品与政策性保险结合的空间，激发市场活力与创新。

突出政策对市场创新的引导，商业地震灾害风险保障产品体系定价依托于保险精算技术和新型保险科技，优化地震巨灾风险保障的定价工作的费率结构设置，突出保险在事前灾害预防服务中的价格效应，彰显风险减量管理思维。

（二）地震巨灾财政指数保险

地震巨灾财政指数保险是政府主导的灾前融资策略之一，搭配巨灾债券，充分借助保险和资本市场力量分散政府巨灾风险。政府作为指数保险的投保人和被保险人，利用财政资金向商业保险公司投保，真正实现对在传统巨灾保险中所承担的超赔责任的转移，利用或有资金工具放大后的财政资金实现对救灾工作、生产生活快速恢复、地方政府基础设施快速修复、供电供水恢复等的有力支撑。

地震巨灾财政指数保险则根据风险敞口分析、治理缺口分析、必要性和可行性分析，确定保险灾害在保险区域的回归期和损失概率，选定保险指数和触发机制，理算保险事件与保险利益的关联，设定满足保险利益的保险额度，完成保险结构基础设计，据此向保险市场征询价格和条件，这构成了相关政策制度具体准则的主要发力点。而定价模型等问题由保险公司、再保险公司、第三方风险模型公司运用其专业化技术定制，充分反映风险脆弱性特征。

同时，政策方案给予政府与保险人在合作协调方面的可操作性，例如，在理赔流程中，地震巨灾财政指数保险的赔付依据不是地震实际引发的损失，而是地震指数达到和超过赔付阈值，而保险触发赔付条件的设定依据需要政府和保险公司对地震震级与其可能造成的经济损失或资金需求之间的关联性进行分析和达成共识。可以参考的，将保险条件设定为：指数是地震震级，赔付阈值是5.4级至8级，保险区域是行政区域的规定面积坐标，当实际地震灾害影响范围进入监测坐标范围时，保险赔付即启动，直接对受灾地区政府进行赔付。

三、基金管理政策方案

在政策性居民住宅地震巨灾保险机制建设中，涉及巨灾风险专项基金管理的问题，以保费提取及其他形式积累地震巨灾保险基金，既形成巨灾风险的有效分散层级，也通过科学管理放大资金规模。地震巨灾保险基金管理的任务由政策性再保险机构承担，在最大限度地保障基金安全性的前提下，进行常规投资或风格对冲投资，在该层次的风险分散中，地震巨灾保险基金可以在条件成熟时运用国内外的资本市场发行巨灾证券。

政策性再保险机构的成立与运行，需要规范化的内部组织体系和运行准则，而其中对于地震巨灾保险基金的管理需要匹配高效的投资管理机制，首要注重资金的安全性，在此基础上，科学布局基金投资方式、久期管理、应用管理等。

同时，地震巨灾保险基金衔接了政府财政的最终风险分层，在不考虑地震巨灾财政指数保险的情况下，是常规保险运行机制中的最后方向，其基金管理政策的稳定性关乎风险分散的综合能力。由于初期资金池的规模无法实现快速扩展，需要政府的资金支持。随着地震巨灾保险基金屏障的不断增加，可以削减终层的风险压力，进而实现地震巨灾财政指数保险的跨期动态调整。

四、税收优惠及优化政策方案

政策性居民住宅地震巨灾保险虽提供较为基础的巨灾风险保障，但仍会因"一次事故、集体损失"而产生较高的经营风险，并有可能引发系统性的金融风险。而政策性居民住宅地震巨灾保险的强制性所规范的权利与义务既体现了对居民的投保约束，也体现了对保险公司承保工作的强制要求。在政策性居民住宅地震巨灾保险运行的初期，可以适当地进行税收优惠，相当于政府进一步分担了保险公司的承保风险，同时间接地延伸了政策性保险的普惠属性。

税收优惠政策的作用效果同样具有差异化特征和动态调整机制，一方面，引导保险公司的巨灾保险服务水平的提升，完成从增量到提质的转变，提升政策性地震巨灾保险的供给活力，促进集体智慧对保险方案的迭代优化；另一方面，税收优惠超出了简单的税收减免的限制，成为巨灾保险交易市场风险总量控制的具体指标，成为政府主导巨灾保险市场的一项政策工具。

在税收优化层面，特别需要针对政策性住宅地震共同体和政策性再保险机构的税收方案，消除当前财税机制中涉及保险行业的相关制度要求的模糊性，将风险的或有负债属性和共同体的新型组织特征纳入税收机制的考量之中。例如，提升住宅地震共同体的增值税信息协同性，业务形成时由出单公司代开增值税发票，其他共保公司份额税款自动通过信息平台向出单公司"发出"增值税专用发票，消除出单公司的资金占用成本和税收管理成本。

第 八 章

发展地震巨灾保险：
相关建议

第一节 政府层面

一、国家顶层制度设计

（一）全国地震巨灾保险运行机制的基本框架构建

地震巨灾保险是以政策性居民住宅地震巨灾保险为核心的机制，在此基础上通过商业地震灾害风险保障产品体系补充机制以及地震巨灾财政指数保险的全面巨灾风险分散机制，构成完整的、多层次的地震巨灾风险分散框架。

政策性地震巨灾保险关键是解决好体系架构与组织形式、产品设计、运营模式和分担机制等问题。

一是体系架构与组织形式，政策性地震巨灾保险采取政府主导的方式，由中央政府统筹指导，树立法律法规与制度规范，提供基本工作思想和原则，进行长期和短期工作部署，由各级地方政府承办实际工作，针对各地地震风险情况和经济情况，因地制宜开展巨灾保险制度的推广。

二是产品设计，政策性地震巨灾保险的目的是保基础，保障范围包括针对人身伤害的基础定额人身伤亡给付和针对财产损失的居民住宅损失补偿。对于个人和家庭更高保额和更广泛责任的人身伤害和健康责任、住宅内附属物及其他财产的损失补偿保障，以及本身承担风险能力较强的企业主体遭受的巨灾损失，均不在政策性巨灾保险的承保范围内。

从性质定位上，要政策性地震巨灾保险实现广覆盖的保障效果，鉴于国际经验以及结合我国巨灾保险试点中覆盖率较低，导致全社会巨灾风险保障仍存在较大缺口且保险资金可持续受到较大挑战的现实情况，针对风险高发的特定城市和地区，即地理位置位于地震带上的城市和地区，有必要采取强制投保的模式。通过法律的强规范性手段，提高高风险地区整体抵御风险的能力，在权利和义务对等的条件下，对高风险地区居民灾后最基本生活水平进行优先保障，先易后难，逐步推进，这也是风险保障最优化和社会福利最优化的均衡决策。

从费率标准上，我国地域辽阔，各地区的地震灾害情况存在较大差异，人们的风险意识也随之显著不同。另外，随着我国居民生活水平提升和社会经济发展，各地区的房价差异也在不断攀升，政策性地震巨灾保险应结合各地区实际风险情况，采取差异化的定价策略。随着地震巨灾保险的推广，居民防范意识的增强，加之公共设施和应急管理中对地震风险防御、预警、救援能力的加强，为反映风险的实际价格，激励减灾行为，采取浮动费率的定价策略。

三是运营模式，在政府的主导下，推动具备一定资质、偿付能力充足、业务经营能力优秀的商业保险公司形成地震巨灾保险共同体，作为地震巨灾保险业务运营和管理的核心机构，成员公司承担保险产品的销售、保险理赔服务，再保险方案的组织安排，保险业务的管理等职能，贯穿投保、理赔、结算等全流程。

在承保环节，地震巨灾保险共同体成员公司利用各自渠道和营销网络，组建专业化营销团队，销售标准化的地震巨灾保险产品，收取的保费可以通过建立地震巨灾保险共同体专项账户的方式，建立地震巨灾保险保障基金，统一转入结算和提取准备金，各家公司依据市场份额或其他综合指标确定和划分风险承担比例。在理赔环节，各家成员公司充分调动定损理赔人员，第一时间进行损失核算，通过各服务网点和团队迅速履行赔付责任，保险损失分摊和资金结算由各成员公司、保险准备金、再保险公司及更高层风险分摊主体共同完成。

四是分担机制，包括保费分担机制和风险分散机制。保费分担机制采取投保人和政府保费补贴共同承担的方式。各级政府根据各地区地震风险情况、经济发展情况和财政财力，提供适宜本地区的保费补贴，在地震巨灾保险制度推行初期，为增强居民的风险意识和投保积极性，保费补贴比例略高，待制度成熟及风险防范管理机制完善后，保费也会随着相应风险暴露的降低而调整，由此逐步扩大个人承担比例，或采取多渠道缴费等分担机制。对于低收入困难群体和残疾人等特殊人群，可以由政府对其提供全额的保费补贴。

风险分散机制采取多层次分担的方式，由投保人、共同体成员公司、再保险公司、巨灾衍生品与国际转分保、地震巨灾保险专项准备金、政府财政支持与兜底等逐层共同构成风险分摊主体。第一层由投保人以风险自留的方式承担较小额度的损失风险；第二层共同体成员公司依据自身的承保经营能力，自留一部分保费，承担对应的赔付责任；第三层一方面由再保险公司依据分入保费，承担相应的地震巨灾损失风险，分入保费的比例和价格可以根据各地区当年的承保情况进行动态调整，另一方面采取巨灾债券等金融衍生品的形式，在国际资本市场上进行风险转移和分散；第四层以提取地震巨灾保险专项准备金为限，承担超出再保险部分的损失；在巨灾造成的损失击穿前四层分担额度的情况下，第五层由国家财政提供的紧急资金拨款承担兜底责任。

商业地震巨灾保险作为补充，从产品开发角度需要对现有商业巨灾保险市场进一步完善，从政府的政策支撑以及与政策性地震巨灾保险的有机衔接上进行体系化的设计。

首先，进一步丰富商业巨灾保险的产品供给，拓展商业巨灾保险展业销售。增加产品供给的三条路径如下。一是将已有在售产品的责任范围扩展至地震风险。虽然目前商业保险公司可以事先在保险合同中附加条款，将事先难以估算发生概率与损失分布的地震巨灾风险约定为除外责任而规避风险，但由于市场竞争的缘故，越来越多的保险公司逐渐开始承保巨灾损失，在实际地震事件发生时，采取通融赔付的方式。随着我国地震损失模型的不断开发与完善，在合理的精算定价基础上，保险公司可以考虑产品责任范围的扩展和巨灾责任承保的清晰化。

二是商业保险公司可以开发承保地震风险的附加险产品，包括定期寿险产品、健康险产品、家庭财产保险、企业财产保险、火灾保险等，这种方式更为灵活，能够提供给消费者更多的选择空间，也对保险公司的展业销售能力提出更高的要求，通过专业营销团队的推广，地震巨灾风险管理和地震巨灾保险的概念能够更快地深入人心，提高人们的风险意识。

三是商业保险公司可以开发作为政策性地震巨灾保险补充的专项商业地震保险产品。从保障额度补充角度，以政策性地震巨灾保险赔付额度作为免赔额，向投保人提供更高保额的人身伤害和住宅损失保险赔付。从保障主体补充角度，纳入企业主体的损失，包括员工的人身伤害和企业厂房设备损失。从保障范围补充角度，在横向的承保标的上，可以纳入对居民住宅的室内附属物及财产的赔付责任、企业的生产资料损失等；在纵向时间额度上，不仅承保地震灾害造成的直接损失，还包括次生灾害造成的一系列损失、生产和营业中断造成的长期间接经济损失等。

其次，构建政府对商业巨灾保险的支持政策。一是税收减免政策，通过降低保险公司的经营成本，传导至巨灾保险产品的定价，缓解依据传统精算公平定价保费较高、保险需求不足的问题，提高投保人的购买需求和保险公司的经营积极性。二是保费补贴政策，对于主动购买地震巨灾商业保险的主体，可以减免购买商业巨灾保险的支出抵扣个人所得税，在企业进行银行商业贷款时提供一定优惠，对商业巨灾保险产品起到推广宣传作用，进一步激发社会的地震风险主动防范意识。

此外，做好商业地震巨灾保险和政策性巨灾保险的划分与衔接。必须明确二者在政府主导下，互为基础和补充，统一于我国地震巨灾保险保障体系中。各地应结合实际风险保障缺口进行责任划分和标准界定，使产品能够合理满足居民和企业的实际需求，政策能够落到实处。与政策性巨灾保险不同，商业巨灾保险可以以盈利为目的，但其全部经营行为应在银保监会、保险行业协会的规范和监督下进行。

地震巨灾财政指数保险作为一种全面风险分散机制，是对冲公共财政涉灾资金缺口风险的市场化风险融资机制和方法，在一定地域范围内，当风速或降水量或地震烈度等客观灾害因子指数达到阈值时，地震巨灾财政指数保险人按约定支付保险补偿金，用于政府救灾及恢复重建。从防范化解不同地区政府面临的地震巨灾风险的角度出发，完善地震巨灾财政指数保险设计框架中的承保机制、风险分散原则、最优再保险安排等设置，为巨灾保险体系的完善和创新提供运行原则和实施标准；量化灾害对公共财政资金缺口、财政波动及财政风险管理效果等的影响，评估地震巨灾财政指数保险工具效果，为评价巨灾保险制度建设水平提供标准。

（二）完善法律制度体系

我国巨灾保险制度立法体系应遵循规范化的原则，首先在《保险法》中明确对巨灾保险制度的最基本的法律规范，对巨灾保险的基本属性、适用原则、角色定位等提出总括性的要求，为具体法律提供必要的指引。

我国幅员辽阔，灾害风险种类多，虽然全国范围内各种风险均有分布，但具体到每个省份，面临的主要巨灾风险存在较大差异，针对单独灾种进行特别法的立法有其必要性。以即将出台的《地震巨灾保险条例》为突破口，出台具有地区差异性的配套管理办法和监督运行制度，逐步完善全国地震巨灾保险制度体系建设，推广并切实落地全国的地震巨灾保险实践。以台风、洪水等灾害为主要风险的沿海城市地区，针对风险和地域的具体特征，对单项灾种进行特别法的制定。从长期来看，应逐步建立并完善多灾种巨灾保险法律制度，最终形成多层次多灾种综合风险管理体系，将保险切实融入国家防灾减灾整体规划，推动国家治理体系和治理能力现代化建设。

（三）配套补贴和优惠制度制定

在"政府推动，市场运作"的原则下，政府对地震保险方案实施提供的支持不仅包括立法层面，还应包含财政支持，并涉及对保费端和理赔端两个方面的支持。在保费端，加大对居民购买地震保险的保费补贴，提高居民投保意愿，扩大保险覆盖面。在理赔端，承担部分巨灾风险，与保险公司共同参与地震风险分散，形成多方参与、多层级的风险分散机制，提高共同体的承保能力。对于各级财政应承担的责任，也需明确界定，在各级职能范围内科学分配，不致使某级财政压力过重或过轻。

此外，优化税收机制，实行适度的税收优惠。对各保险公司在销售环节、保费筹集环节和再保险环节会面临复杂的增值税问题，产生较高的操作成本、额外税收成本和潜在风险，在一定程度上限制了保险公司开办住宅地震保险的积极性。因此，需要从顶层设计层面，对保险公司涉地震保险业务税收进行优化。

（四）统一地震保险相关技术标准

地震保险相关技术标准可分为灾前防御体系标准、灾前风险分析和风险评估标准、灾后损失评估标准。

灾前防御体系标准的研究对指导全国性地震灾害防御工作的优先发展，提高各行各业的抗震能力，保证人民群众生命财产安全至关重要，在地震保险法律框架内由政府部门（如财政部、农业部、银保监会等）制定与地震保险相配套的标准规范及相关制度，如房屋抗震建筑标准等。综合基础标准是由地震主管部门对全国各行业提出的抗震设防要求，其中包括中国地震烈度表、中国地震动参数区划图、工程场地地震安全性评价技术规范等；第二层及第三层是国家及全国12个行业发布的20余项地震灾害防御国家标准及50余项行业标准，主要涉及房屋建筑，城市给水、排水，燃气，铁路，公路，信息，电力、工业设施，水利，人防等多种领域，涵盖了抗震规划、设计、施工、验收、鉴定及加固等多种专业。[①]

灾前风险分析和风险评估，有利于进行灾前风险防范并采取一定风险防范措施，也有利于承保公司根据风险评估结果进行产品定价与相关经营安排。统一的风险分析和评估标准在这个过程中相当重要。我国目前进行的全国风险普查，即通过推进技术规范编制工作，完善风险评估标准。

同时，要高度重视科技进步对风险认知和预警产生的赋能作用，要充分利用现代科技手段，特别是各类传感监测技术、互联网、物联网技术以及以5G为代表的传输技术，实时获取并处理风险相关信息，打造基于数字的风险管理平台，对风险了如指掌。同时，还要开发利用人工智能技术，打造智能化的风险预警、调度和协调机制和能力，全面提升社会风险管理的综合能力和总效率。

灾后损失勘探，推进科技赋能，提升数字治理能力。把科技作为提升防灾减灾救灾能力的重要手段，大力开展应急科研和技术创新，推广使用先进技术装备；消除灾害数据资源之间"纵向分割""横向独立"的现象，打破数据壁垒；提高综合防灾减灾救灾工作科学化、标准化、数字化、精准化水平，不断提升数字应急能力；运用互联网和共享经济思维，鼓励政府、智库、企业、社会众创共享"开放式的应急公共服务平台"，形成各方齐抓共管、协同配合的综合防灾减灾救灾新格局。我国目前采用的巨灾损失评估模型包括巨灾损失次数模型和巨灾损失金额模型，统一模型中的相关技术标准有助于得出相对准确且争议较少的损失结果，便于灾后理赔和救助。

---

① 郑辉. 加快建设和完善中国巨灾保险制度的路径探析［J］. 保险理论与实践，2020（11）：69-81.

二、地方政府

（一）差异化地震巨灾保险方案制订

我国幅员辽阔，地震风险程度、经济价值分布、个人的风险承受和保费支付能力、财政收入和承担能力等方面差异大。各地需在前期试点经验的基础上，围绕国家巨灾保险相关制度规定，结合地方实际，按照国家整体规划，从政策支持、配套措施、专业风险管理等方面分步骤、分阶段开展地震巨灾保险工作，逐步形成具有地方特色的地震巨灾保险体系。

筹资组建并监管地方地震巨灾保险基金。地震巨灾保险制度的建立任重道远，从核心上，需要解决地震巨灾保险基金的问题，基金归集的渠道、规模、效率关乎地震巨灾保险保障功能的发挥。各地根据财政部制定的《城乡居民住宅地震巨灾保险专项准备金管理办法》，按照国家巨灾保险相关制度规定和银保监会文件规定，建立统一的地震巨灾保险专项准备金，具体提取、积累和使用办法按照财政部门制定的管理办法执行。

在风险分担机制上，采取风险共担的原则，依托再保险或建立保险基金，建立发展理赔由保险公司—再保险公司—保险基金—政府的风险分担模式，逐级降低保险公司自身的自留风险和政府财政支出，最终将风险转移到国际市场，保障保险公司和投保人的利益。我国应充分调动各级政府、保险公司、再保险公司、投保人等各方面积极性，分级分类建立巨灾保险基金账户，建立全方位多层次的风险防范机制。

将地震巨灾保险纳入地方财政预算。全省各级财政部门应按规定比例承担地震巨灾保险保费补贴，将所需资金纳入年度预算安排，建立健全财政补贴资金的管理、使用和监督机制。地方政府可以直接充当投保人，通过地方财政预算覆盖地震保险保费支出，向商业保险公司购买地震巨灾保险，灾害发生以后，利用保险赔付进行灾后救助和灾后重建。

完善地方灾害预警系统。地方政府完善包括灾前风险分析、灾害预防措施、灾害预报等在内的灾害预警体系。保险公司应积极发挥保险防灾防损和风险管理作用，主动排查承保房屋风险，通过参与研发和运用抗震新材料、新技术等，配合政府开展承保房屋防灾防损工作。保险公司应积极对接、依托地方地震灾害应急和救灾机制，开展理赔应急演练，完善服务网络建设。保险公司应在政府统一指挥下参与抗震救灾工作，结合专业灾害评估和房屋损坏鉴定标准及结果，认真履行理赔服务职责，提高理赔服务质量。

提倡保险公司与当地气象部门等机构保持密切合作，例如，保险公司和消防部门合作进行灾害预警演练，提高居民灾害躲避意识和能力。通过GIS技术或者卫星遥感技术建立灾害监测和预警机制，对巨灾风险进行识别、评估和灾前预警。一旦巨灾发生，及时启动灾害应急响应机制，开展灾区紧急救援，在政府的引导下进行灾区重建，以及受灾人员的安置及物资补偿，同时通过灾害预警系统继续对灾害风险进行评估和监控，防止二次灾害的发生。

（二）针对地域特点的地震巨灾保险模式创新

应当以创新性和前瞻性的思维，看待新形势下地震保险制度的建立，敢于突破，勇于创新，提出有建设性的模式和操作方案。应当以实事求是的态度，理性制订整体规划，对于有利于制度建设的基础性工作要加快推进，对于耗时较长、收效不明显的工作可以暂缓推行，避免空谈和久拖不决。

各地因地制宜创新地震巨灾保险产品。一是可根据各地情况进行综合承保，增强产品的可接受度。每个地区面临的主要自然灾害不同，居民有选择某种巨灾保险的特定偏好。部分地区城乡居民住宅地震巨灾保险的投保率不高的原因是该地地震发生概率较低，居民认为购买地震保险的必要性不强。实践中解决此问题的方法之一是将地震风险与台风、洪水等风险进行综合承保并提高科技对巨灾保险的支撑，增强保障范围的全面性，提高居民的投保意愿。二是改变产品周期，地震巨灾保险产品可根据实际情况，设置1年、3年、5年、10年的投保期限，使政府和居民能够根据实际情况自行投保。

（三）地方性政策规章的制定

各省级党委和政府要组织制订工作方案，成立由财政部门牵头，应急管理部门、民政局和各保险公司参与的地震保险工作小组，设立专职管理部门进行监督管理。做好协调中央政府统筹规章制度和地方实际情况工作，确定本地区地震保险财政支持政策和重点，统筹推进地震保险工作。若低收入群体和困难群体只能承担部分保费或者完全不能承担保费，应通过制定地方性政策规章的方法实现对这类困难人群的补贴保障。

领导小组应定期对地震巨灾保险工作开展监督检查，认真总结工作经验和不足，针对存在的问题和困难提出解决办法和措施，完善配套制度和推广政策，定期将落实推动情况报省政府。

国家地震巨灾保险相关制度和具体政策发布以后，各地人民政府可根据中央工作方案制订地方具体实施方案，明确相关工作机制和工作内容并组织开展工作，认真落实各项任务，加强政府资源和保险资源的协调配合，提升社会公众的自然灾害防御意识及全社会防震减灾综合能力。当国家巨灾保险相关制度规定和具体政策发生调整时，地方工作方案随之调整，具体由领导小组研究后报省政府批准。

第二节　商业保险机构层面

一、优化现有的地震保险实践

2013年11月12日，党的十八届三中全会通过《中共中央关于全面深化改革若干重大问题的决定》，明确提出建立巨灾保险制度。2014年3月5日，李克强总理在作政府工作报告时，提出要探索建立巨灾保险制度。2014年8月13日，《国务院关于加快发展现代保险服务业的若干意见》正式发布，确立建立巨灾保险制度的指导意见。2014年7月，深圳第一个开始巨灾保险试点，此后宁波、云南、四川、广东、黑龙江等地相继开展巨灾保险试点，我国巨灾保险试点工作拉开帷幕。

自地震巨灾保险试点以来，商业保险机构层面在实践中还存在一些问题，主要体现在以下方面。一是政策性地震巨灾保险产品与保险公司的地震保险产品之间存在竞争。目前政策性的城乡居民住宅地震巨灾保险产品与部分保险公司的家庭财产一切险的地震责任之间有重合。因此，大部分财产保险公司作为住宅地震共同体的公司，需要销售全国统一的城乡居民住宅地震巨灾保险，而本公司的家庭财产保险中的地震附加险也要同时经营，二者产生竞争，在这种情况下，保险公司更倾向于销售本公司的产品，导致对城乡居民住宅地震保险的经营懈怠。

二是商业保险机构自行承保的地震责任与国家方案存在差异。2016年5月，中国保监会和财政部联合印发《建立城乡居民住宅地震巨灾保险制度实施方案》，明确要在全国范围内开展城乡居民住宅地震巨灾保险。目前开展的城乡居民住宅地震巨灾保险国家方案在保额设定、风险分担、保险责任、保险标的、保费来源、承办机构和地震保险基金等方面的统一规定，与部分商业保险机构的家庭财产保险中地震责任无法衔接。

三是商业保险机构对地震巨灾风险管理的技术和能力较为有限，缺少行业层面对于承保地震巨灾风险的指引和规范。如果保险公司承保了大量同质风险标的，一旦遭遇特重大地震灾害，将陷入偿付能力危机，影响公司的稳定经营。

四是商业保险机构将地震保险的重心仍放在展业和承保上，对于地震灾害预防的措施、地震灾害的风险沟通等工作重视不足。试点工作遵循商业保险的基本原则，同时兼具政策性保险的主要特点，以政府宣传为主还是以企业宣传为主的定位和责任划分不够清晰，导致宣传力度不足，社会、政府和基层群众对巨灾保险的了解还不多，对巨灾保险的认可度和接受度有待提高，制约了巨灾保险承保覆盖面的扩大。目前已经有保险公司与地震局等专业机构合作开发了地震预警平台等系统，但作用有限。

二、地震巨灾保险产品的创新与升级

城乡居民住宅地震巨灾保险的保费和保额是在综合考虑我国国情后制定的，目的在于保障城乡居民因地震造成的基本住宅损失。在"保基本、广覆盖"的理念下，保障范围和保险金额有限，无法满足部分居民高层次的保障需求。因此，中国地震巨灾保险推行模式需要在政策性巨灾保险的基础上，完善商业巨灾保险的设计，并加强政策性巨灾保险和商业巨灾保险的衔接，提升保障水平，满足居民多层次的保障需求。

通过一揽子保险和地震巨灾指数保险实现地震巨灾保险产品创新。各地可以借鉴"临沧模式"，即针对当地居民的风险设计一揽子保险，既可以保障地震风险，同时还能为其他风险提供保障。地震巨灾指数保险设计的关键是地震灾害指数触发机制的选择。我国云南大理的震级触发的农房地震指数保险就是选择地震震级作为地震指数触发机制，市场还有地震烈度监测指数、地震烈度模型指数、地震损失模型指数、地震行业损失模型指数等多种触发机制，各地区可按照自己的需求和地震灾害的特点选择适合的地震巨灾指数保险。在经济较为发达的地区，财政资金充足，应该投保地震巨灾指数保险，如果当地地震灾害的风险较小，则可以考虑综合多灾种的财政地震巨灾指数保险。

根据各地实际风险情况，高风险地区将地震作为主险产品，低风险地区可将地震保险作为家庭财产保险附加险。在产品周期方面，地震巨灾保险产品可根据实际情况，设置1年、3年、5年、10年的投保期限，政府和居民能够根据实际情况自行投保。丰富住宅地震巨灾产品形式，降低投保成本，提升政策性普惠型产品的覆盖率、可得性和满意度，提高社会公众对防灾减灾和巨灾保险的认识和关注。

三、充分发挥市场与政府合作的机制优势，提高地震巨灾保险运行效率

《中共中央 国务院关于推进防灾减灾救灾体制机制改革的意见》和《国

务院办公厅关于印发国家综合防灾减灾规划（2016—2020年）的通知》（国办发〔2016〕104号）进一步提出发挥市场和社会力量在防灾减灾救灾中的作用，建立完善灾害保险制度，强化保险等市场机制在风险防范、损失补偿、恢复重建等方面的积极作用，不断扩大保险覆盖面，完善应对灾害的金融支持体系。

在"政府推动，市场运作"的原则下，政府对地震巨灾保险实施提供的支持包括立法和财政支持，以及相应的税收优惠政策。同时也需要充分发挥市场机制的作用：在巨灾保险产品定价方面，保险公司可以利用其精算资源提供数据支持；在产品销售方面，可以利用其完善的系统网络资源，将保险产品及时传递给投保人并提供相关服务；在理赔及支付方面，可以积极参与赔款的发放、补偿资格的审核等各项工作；在风险管理方面，可以采取事前风险评估、建立风险模型、减灾工程管理、防灾防损等工作；在风险分散方面，可以利用再保险市场、资本市场在更大的范围内分散风险。可以看出，市场的作用不仅限于灾后的经济补偿，还可以贯穿于事前的防范、事中的监督管理全过程。

第三节　社会层面

一、建立体系化、制度化的巨灾保险教育宣传机制

加强地震灾害风险应对知识的宣传教育，增强全社会的地震灾害风险意识，对提升整个社会防范和应对地震灾害风险的能力具有重要意义。建立搭建体系化、制度化的巨灾保险宣传教育机制，需要政府政策指导，以全面增强社会、个人及家庭对巨灾风险及巨灾风险管理与保险的意识、互救能力和规范应急避险行为为重点，建立健全防震减灾宣传教育长效机制，扩大覆盖面，提高有效性。推进防震减灾知识"进学校、进机关、进企业、进乡村、进社区、进家庭"。

巨灾保险教育宣传机制可由政府机关牵头，学校和企业提供信息知识池，联合制定相关教育宣传准则和手段，设立专门的教育宣传小组，形成完整丰富的教育宣传知识体系。

政府和保险公司充分利用各自角色特征和资源，最大限度地普及地震保险。政府通过加强地震保险的宣传，广泛宣传人人参与地震保险的重要性和意义，积极宣传地震保险政策，提高社会各阶层对地震保险的认识。保险公司加强对地震保险产品与服务的宣传，提高公众参保地震保险的积极性，大力推广地震保险，提高地震

保险的覆盖面。保险公司还可出资建立地震体验室，邀请公众广泛参与，提升公众的地震灾害风险意识和风险应对知识。

学校可通过与机关、企业进行联动宣传机制，学校发挥理论知识池和智库的特点，机关发挥政策制度制定者角色特点，公司充分利用市场实际案例，进行知识和信息的联合，可通过巨灾保险宣传讲座，邀请学校、机关和企业的有关专家进行知识宣传普及；将形成的联合知识信息库带入社区、带入乡村、带入家庭，充分发挥各类角色和平台的作用。

同时，在技术上可进一步完善宣传工作基础条件和技术平台，壮大宣传工作队伍，丰富宣传产品。充分利用各类科普平台和设施，通过多种渠道，开展形式丰富的防震减灾科普教育，提高防震减灾意识和水平。

二、加强社会监督和社会服务

建设巨灾保险制度建设，需要充分发挥社会制度优势。社会主义制度下的巨灾风险管理针对的是灾后广大人民群众的生命和财产安全，提高国家治理水平。因此，保险作为巨灾风险的管理者，在社会治理中扮演着不可替代的角色，通过将保险机制嵌入应急管理体系和国家治理体系，使之发挥其特有的支撑性功能，同时，还可以成为社会巨灾风险管理意识教育、宣传和普及的重要力量，即保险一方面可以分担政府部门的相关职责，另一方面与巨灾风险管理的相关部门，如应急、气象、地震、环境保护、生产安全、卫生管理和农业等，提升全社会巨灾防治水平。

通过建立舆情平台，借助社会第三方力量，监督社区和企业投保情况。同时监督社区、企业是否按照地震风险管理指导要求，进行必要的风险管理措施，如避免在地震高发风险地段建立厂房、员工宿舍等；是否为企业建筑物配备地震逃生设备紧急通道。同时加强财政补贴资金监管，对骗取财政补贴资金的保险机构，依法予以处理，实行失信联合惩戒；对基层政府滥用职权、贪污挪用保费补贴资金的，严格追究有关部门和相关人员责任，构成犯罪的，坚决依法追究刑事责任。既要避免对基层政府的监管真空，也要防止对保险公司不必要的重复检查造成经营干扰。

在社会服务方面，通过设立专职管理部门，召集和管理社会志愿者，提供风险识别预警、防灾防损等服务。还可以通过邀请高校和部门专家通过普及地震风险与防范知识，充分利用各类科普平台和设施，通过多种渠道，开展形式丰富的防震减灾科普教育，提高防震减灾意识和水平。

第四节　综合支持

一、综合应用新兴技术

地震巨灾风险管理是一门在多种学科基础上发展起来的综合性科学，与灾害学、保险学、地球物理学、气象学、地质学、海洋学、金融学、公共管理、法学、社会学、历史学等学科关系密切。保险学是一门研究保险及保险相关事物运动规律的经济学科，其涉及的领域是多元化的，包括金融学、法学、医学、数学、经济学、统计学等，其研究对象是保险商品关系。风险的客观存在是保险产生和发展的自然基础，剩余产品的存在为保险的产生和发展奠定了经济基础。

随着社会经济的不断发展，很多部门和领域都不再采用单一化的数据整合模式，而是呈现出多元性和交叉性的特点，大数据模型的建构对于信息检索和查阅具有重要意义。大数据技术能推动保险行业的大变革，加快跨界融合，为保险公司提供更多潜在解决方案，对于巨灾保险而言，首先继续深入开展全国主要灾种风险的普查工作，整合地震、洪水、台风等常见灾种的风险信息，配合当地经济、人口、水文、地形等基础数据，预测易受灾地区可能出现的自然灾害层级和伤亡情况，推演出巨灾保险中保险人、政府和个人的投保最优比率，汇总全国自然灾害风险基础数据，利用现代人工智能、区块链、云计算、大数据等信息技术在巨灾数据信息平台上的深入应用，加入概率论和数理统计，分析承保数据差异，建立巨灾风险模型，完善精算方法，针对巨灾开展风险压力测试，确定巨灾保险的最优方式。加快建立开放共享的数据平台，提高数据透明度，引进巨灾风险大数据模型，为科学测算巨灾保险费率以及设计巨灾超赔再保险提供数据参考，使之覆盖灾前、灾中、灾后全过程，有利于实现灾前科学预防、灾中减少损失、灾后快速理赔的理想化状态，尤其是灾后保险合同及相关凭证可能因灾毁损时，通过系统内数据，确认被保险人身份，确保投保人的利益。

二、强化地震巨灾模型应用

巨灾已经成为全球经济损失的重要原因之一。近二十年来，巨灾频繁发生，造成了重大的人员伤亡和财产损失，巨灾的发生甚至可能造成国家政治经济的不稳定。巨灾风险评估模型作为应对巨灾风险最为有效的分析工具，近二十年来得到了长足的发展，同时巨灾模型已成为巨灾保险设立的根本依据。

目前世界上的主流巨灾风险分析模型的构架基本相同，但是不同模型针对同一事件的分析评估结果却差距较大，差异主要来源于数据的准确性、模块的方法差异、针对不同区域的模型开发情况。故需要规范化地震巨灾风险模型评估结果，不断完善《巨灾保险数据采集规范》（保监会2009年发布），大力协调气象、地震、环保、应急、保险和财政等相关部门和各个地方政府，有效整合台风、地震等主要巨灾的风险、损失和补偿数据资源，加快建立统一的巨灾风险管理数据库，并逐步向保险公司等机构开放共享，为保险公司开发高质量的巨灾保险精算模型和定价工具提供数据与技术支撑，增强保险公司对巨灾保险产品的供给和创新动力。

对比发达国家的巨灾模型发展过程，我国在建立巨灾模型方面应该注意以下几点。

一是政府牵头，联合开发。由于巨灾种类多，涉及的行业领域较宽，应协调各家之力，如国家相关部委、科研院所等。这种方式可以有效地弥补专业人员分散、跨学科和跨领域人才稀少的情况。

二是确保数据质量。我国幅员辽阔，加之城镇基本数据变化较快，对准确的数据收集造成了困难。但是数据的完整和准确与否直接关系到模型最终的分析结果，因此要建立一套有效的数据采集办法。

三是加强中外合作，加强高校联合。由于巨灾模型需要多学科专业知识，应该加强与国际前沿领域专家学者的交流，获取前沿资讯。同时应与高校联合，重点培养相关领域的科技人才，加强巨灾风险模型领域的人才储备。

四是综合考虑风险并存的情况。目前大多数巨灾模型主要针对单一灾害，如地震模型、洪水模型等。这些模型忽略了不同灾害之间的关联性，当保险公司同时面对不同巨灾风险时，依赖单一模型的结果就容易造成错误的判断。中国各种自然灾害并发现象十分常见，在创建巨灾模型大架构伊始，就应该为未来各个灾害巨灾模型结果的融合留下接口。

三、推动公共安全学科与应急管理思想的现代化

提升国家应急管理体系和能力的现代化，是一项涉及多学科、多领域、多行业、多部门、多地区的长期而艰巨的工作。当前应急管理所主要应对的重大突发事件的复杂性、严重性的不断增强，传统应急管理体系和能力并不足以充分应对，有必要进一步拓展现代化的应急管理体系相关研究，提升我国应急管理体系和能力现

代化水平。发达国家和我国一些代表性试点地区的经验证明，从保险角度研究如何提升应急管理体系和能力现代化水平具有重要意义。随着传统应急管理预防为主、预防与应急相结合的局限性逐渐暴露，加之灾害风险管理、保险的风险管理与社会管理职能和科技进步等新思想、新观点、新技术的发展，使应急管理现代化与保险的相关议题和内容越来越受到国内外学者专家的关注和重视。以新科技赋能的保险融入应急管理体系为切入点，充分利用现代保险机制和科技创新力量，提高社会抗风险能力，帮助政府提高应对风险的管理能力和财政韧性，从而提升政府、市场和社会公众在灾害治理过程中的融合与信任度，提升国家的现代化治理能力。

针对当前我国应急管理前端缺陷进行延伸研究，从我国的应急管理面临的主要核心问题出发，提出全新的、现代化和高水平的应急管理体系架构和现代化提升路径，即应急管理体系下保险和巨灾保险的嵌入使全社会风险防范意识和应急管理社会信任度增强，使政府在应急管理中的具体职能的市场化转换程度提高。

参考文献

［1］曹斯蔚．农房地震保险对接城乡居民住宅地震巨灾保险模式研究——基于精准扶贫视角
［J］．保险职业学院学报，2020，34（1）：30–36．

［2］巢文，邹辉文．基于POT模型的巨灾损失VaR和CVaR估计［J］.北京化工大学学报（社会科学版），2020（2）：18–22，39．

［3］陈秉正．建设韧性社会　保险业应有为［N］.中国银行保险报，2020-08-24（002）.

［4］陈秉正．从保险大国到保险强国［J］.保险研究，2018（12）：68–72．

［5］陈威荣．台湾巨灾风险管理证券化问题研究［D］.长沙：中南大学博士学位论文，2011．

［6］陈亚男，薄涛，熊政辉，等．超大城市推进地震巨灾保险工作的若干建议——以首都北京为例［J］.地震科学进展，2021，51（5）：206–214．

［7］陈育林．巨灾保险制度探索［J］.中国金融，2021（1）：51–53．

［8］丁少群，王一婕．地震保险共保模式的优劣势及制度完善的对策建议——基于四川省地震保险试点方案的分析［J］.上海保险，2016（2）：40–44．

［9］段胜．巨灾损失指数在巨灾风险综合评估体系中的作用探析［J］.保险研究，2012（1）：14–20．

［10］高海霞，王学冉．国际巨灾保险基金运作模式的选择与比较［J］.财经科学，2012（11）：30–36．

［11］高颖．日本、新西兰地震再保险制度对比及启示［J］.中国保险，2018（3）：58–64．

［12］郭金龙，胡宏兵．我国保险资金运用现状、问题及策略研究［J］.保险研究，2009（9）：16–27．

［13］郭金龙，朱晶晶.保险业：积极发挥经济社会稳定器功能［J］.当代金融家，2020（Z1）：83–85．

［14］郭静，张连增．基于Mixed Erlang-Pareto组合分布的巨灾风险评估——以中国地震灾害为例［J］.统计与信息论坛，2021，36（3）：119–128．

［15］郝军章，翟嘉．基于有偏分布的我国地震风险测度与保费厘定［J］.数学的实践与认识，2020，50（23）：57–68．

［16］何小伟．准公共产品、正外部性与政府对巨灾保险市场的干预［J］.金融与经济，2011（6）：84–87．

［17］胡雪琴，李全. 重大自然灾害面前的财政支持政策及途径［J］. 中国金融，2008（16）：54–55.

［18］黄小敏. 论地震保险制度建设中的政府责任［J］. 金融与经济，2010（5）：69–71.

［19］贾清显，朱铭来. 国际视角下中国地震保险基金制度构建探析［J］. 四川大学学报（哲学社会科学版），2009（3）：12–18.

［20］金满涛. 日本、中国台湾、新西兰地震保险制度研究及借鉴［J］. 上海保险，2018（6）：57–59.

［21］李昌珑，李宗超，吕红山，等. 基于三维图像模式识别的西藏东南部地震灾害损失风险评估［J］. 地球物理学报，2019，62（1）：393–410.

［22］李曼，田玲，方建，等. 中国农房地震指数保险指标设计研究［J］. 保险研究，2019（4）：27–42.

［23］李全. 指数保险撬动财政救助的中国实践［J］. 农经，2018（12）：34–36.

［24］李卫江，蒋湧，温家洪，等. 地震灾害情景下产业空间网络风险评估——以日本丰田汽车为例［J］. 地理学报，2016，71（8）：1384–1399.

［25］李志锋，孙华. 再保险在我国巨灾保险中的作用与机遇［J］. 中国保险，2019（12）：37–40.

［26］林婷婷，叶先宝. 美国加州地震保险模式［J］. 中国金融，2019（11）：91–92.

［27］刘博，唐微木. 巨灾风险评估模型的发展与研究［J］. 自然灾害学报，2011，20（6）：151–157.

［28］刘玮，郭静. 保险平滑政府自然灾害涉灾支出波动风险研究——以地震巨灾财政指数保险为例［J］. 保险研究，2021（1）：22–39.

［29］刘玮. 多灾种重大灾害风险与城市韧性研究——保险机制的嵌入［N］. 中国保险报，2019-02-15（004）.

［30］刘新红，孟生旺，李政宵. 地震损失风险的Copula混合分布模型及其应用［J］. 系统工程理论与实践，2019，39（7）：1855–1866.

［31］毛德华等. 灾害学［M］. 北京：科学出版社，2011.

［32］孟生旺，李政宵. 地震死亡人数预测与巨灾保险基金测算［J］. 统计研究，2018，35（10）：89–102.

［33］潘红艳. 巨灾保险试点问题解析及对策研究［J］. 行政与法，2021（2）：82–91.

［34］齐超，陈方正. 日本与中国地震灾害损失补偿机制研究［J］. 西北地震学报，2010，32（3）：248–252.

［35］邱剑. 财产保险公司对地震保险的承保管控和风险控制分析［J］. 保险研究，2012（1）：78–85.

［36］陶存文. 地震风险管理：国际经验与借鉴思考［J］. 中国金融，2008（13）：35–36.

［37］田玲，成正民，高俊. 巨灾保险供给主体的演化博弈分析［J］. 保险研究，2010（6）：9–15.

［38］田玲，刘帆. 巨灾保险产品设计相关问题探讨［J］. 保险研究，2013（7）：49–56.

［39］田玲，彭菁塑，王正文. 承保能力最大化条件下我国巨灾保险基金规模测算［J］. 保险研究，2013（11）：24–31.

［40］田玲，孙宁，杨琛. 地震指数保险的帕累托最优赔付比例研究——以EQⅡ产品为例［J］. 保险研究，2019（6）：39–50，80.

［41］田玲，孙宁，杨琛. 基于CARA效用的帕累托最优地震指数保险设计［J］. 保险研究，2018（2）：17–31.

［42］田玲，孙宁，杨琛. 基于半参数分位数回归法的地震损失研究［J］. 统计与决策，2019，35（9）：11–14.

［43］田玲，吴亚玲，沈祥成. 基于CVaR的地震巨灾保险基金规模测算［J］. 经济评论，2016（4）：141–150.

［44］田玲，姚鹏，王含冰. 政府行为、风险感知与巨灾保险需求的关联性研究［J］. 中国软科学，2015（9）：70–81.

［45］田玲，姚鹏. 我国巨灾保险基金规模研究——以地震风险为例［J］. 保险研究，2013（4）：13–21.

［46］田玲，姚鹏. 灾后捐助、保费补助对巨灾保险需求影响的理论研究［J］. 武汉理工大学学报（社会科学版），2014，27（5）：727–733，740.

［47］田玲，张岳. 政府效应、再保险与巨灾保险供给结构——基于巨灾债券、再保险最优结构的模型分析［J］. 商业时代，2010（34）：58–59，115.

［48］田玲，左斐. 中国财产保险业巨灾赔付能力实证研究［C］//中国保险学会. 中国保险学会首届学术年会论文集. 北京：中国保险学会，2009：9.

［49］万斌. 日本地震保险立法的启示［J］. 法制与经济，2020（7）：99–100.

［50］汪桂霞，粟芳. 风险导向的保险保障基金费率模式研究［J］. 保险研究，2019（6）：51–65.

［51］王丞. 农业保险运行模式的国际比较及中国实践与启示［J］. 山东农业工程学院学报，2020，37（11）：22–28.

［52］王瀚洋，孙祁祥. PPP巨灾保险的理论评述［J］. 财政研究，2020（11）：115–128.

［53］王和，杨牧. 巨灾保险助力韧性城市建设［J］. 中国金融，2021（1）：54–56.

［54］王和. "新型举国体制"下巨灾保险新出发［J］. 清华金融评论，2020（5）：85–89.

［55］王和. 推动巨灾保险制度全面落地［J］. 中国减灾，2016（13）：18–21.

[56] 王和. 我国巨灾保险的定位、创新与路径 [J]. 保险研究，2020（6）：29-40.

[57] 王和. 新理念　新格局　新能力——保险业"十四五"规划的思考 [J]. 中国保险，2021（1）：8-10.

[58] 王杰秀，谈志林，张静. 巨灾保险试点现状、问题与对策 [J]. 中国民政，2017（8）：49-51.

[59] 王力. 巨灾可转换债券的定价模型研究 [J]. 保险研究，2018（6）：56-65.

[60] 王翔，李云仙，李幸. 农房地震保险费率厘定研究——以云南省为例 [J]. 保险研究，2015（8）：88-97.

[61] 王向楠，韩文龙，谢璐. 中美巨灾保险的比较分析 [A]. 清华大学经济管理学院中国保险与风险管理研究中心（China Center for Insurance and Risk Management of Tsinghua University SEM）、伦敦城市大学卡斯商学院（Cass Business School，City University London）. 2015中国保险与风险管理国际年会论文集 [C]. 清华大学经济管理学院中国保险与风险管理研究中心（China Center for Insurance and Risk Management of Tsinghua University SEM）、伦敦城市大学卡斯商学院（Cass Business School，City University London）：清华大学经济管理学院中国保险与风险管理研究中心，2015：11.

[62] 王绪瑾，易珊梅. 我国巨灾保险制度研究 [J]. 中国保险，2014（6）：8-10.

[63] 王一惠，杜奎峰. 巨灾风险证券化中的操作风险及其控制途径 [J]. 财务与金融，2016（3）：51-56.

[64] 王伊琳. 巨灾失踪保险理赔问题 [J]. 保险研究，2012（2）：65-71.

[65] 魏钢，易辉，刘纯德，等. 农业巨灾风险管理与农业保险 [J]. 农经，2018（12）：37-41.

[66] 魏钢，于晓非. 从被保险人的视角认知气象灾害指数保险 [J]. 农经，2020（6）：38-43.

[67] 魏钢. 从财务和财政科学的视角重新认知灾害和保险 [J]. 农经，2018（12）：24-29.

[68] 魏钢. 巨灾保险制度融合社会治理任重而道远 [J]. 金融博览，2018（6）：58-59.

[69] 魏华林，洪文婷. 巨灾风险管理的困境与出路——兼论中、美洪水灾害风险管理差异 [J]. 保险研究，2011（8）：3-12.

[70] 魏华林，李文娟，程志刚. 大地震发生规律及其保险问题研究 [J]. 武汉金融，2009（3）：7-11.

[71] 魏华林，龙梦洁，李芳. 旱灾风险的特征及其防范研究——由西南旱灾和冬麦区大旱引发的思考 [J]. 保险研究，2011（3）：3-18.

[72] 魏华林，向飞. 地震灾害保险制度的法律依据和前提条件——兼评《中华人民共和国防震减灾法》第45条 [J]. 武汉大学学报（哲学社会科学版），2009，62（6）：755-760.

[73] 魏华林，张胜. 巨灾保险经营模式中政府干预市场的"困局"及突破途径 [J]. 保险研究，2012（1）：21-29.

［74］魏龙飞，赵苑达，包振华．基于触发机制和支付结构的巨灾债券定价研究——以我国地震灾害为例［J］．财经论丛，2020（11）：53–62．

［75］温家洪，焦思思，涂家畅．管理极端事件与灾害风险　实现可持续发展——联合国减灾30年回顾［J］．城市与减灾，2019（6）：1–5．

［76］温家洪，颜建平，王慧敏，等．韧弹性视角下的城市综合巨灾风险管理［J］．城市问题，2019（10）：76–82．

［77］吴大明，赵歌今．国外地震灾害保险制度概况与启示［J］．中国安全生产，2019，14（3）：68–69．

［78］伍国春．巨灾保险机制研究——新西兰、土耳其、美国加州、中国台湾、日本案例分析［J］．国际地震动态，2015（3）：20–30，40．

［79］徐伟进，高孟潭，左惠强．地震巨灾模型中的随机地震事件集模拟［J］．地震工程学报，2020，42（4）：1024–1034．

［80］许闲，王丹阳．东亚救灾合作机制与跨国自然灾害基金构建［J］．保险研究，2014（8）：17–27．

［81］许闲，张涵博，陈卓苗．财政波动风险与保险平滑机制：以地震灾害救助为例［J］．财经研究，2016，42（5）：28–42．

［82］许闲．“一带一路”防灾减灾合作：挑战与应对［J］．国际问题研究，2017（1）：33–44．

［83］许闲．建立多元化的中国巨灾保险制度［J］．金融博览，2016（9）：13–14．

［84］许闲．中国巨灾保险研究：内容特征与理论视角［J］．财经理论与实践，2018，39（6）：36–43．

［85］叶明华，孙蓉．农业水旱灾害的分级评估与农业保险的风险分担［J］．农村经济，2013（6）：3–8．

［86］叶谦．保险业应对全球气候变化背景下系统风险的若干思考［J］．农经，2018（12）：30–33．

［87］于汐，唐彦东．灾害风险管理［M］．北京：清华大学出版社，2017．

［88］张广萍．甘肃省建立地震巨灾保险制度的可行性探讨［J］．法制与社会，2021（1）：55–57．

［89］张力毅．台湾地区政策性地震保险制度构建经验之启示［J］．保险研究，2018（9）：108–118．

［90］张圣翠，陶存文．美国水灾风险保险制度及其启示［J］．保险研究，2007（4）：88–92．

［91］张信，何晓霞，宁黎明．基于VAR模型的巨灾保险影响因素研究——以广东省为例［J］．当代经济，2020（4）：120–125．

［92］张蕴遐．从地震保险看商业保险在国家治理中的作用和价值［J］．中国保险，2020（5）：

28–31.

［93］张宗军. 基于公共性基础上的巨灾保险制度研究［J］. 保险研究，2008（7）：15–17.

［94］张宗军. 我国地震保险的商业化困境与选择［J］. 广西金融研究，2008（8）：36–39.

［95］赵月旭，刘洁. 美国巨灾灾害保险期货期权的鞅方法定价［J］. 数学的实践与认识，
　　　2019，49（22）：16–21.

［96］郑辉. 加快建设和完善中国巨灾保险制度的路径探析［J］. 保险理论与实践，2020
　　　（11）：69–81.

［97］周俊华，史鑫蕊，陈丹梅. 有效发挥再保险在我国地震保险体系构建中的作用［N］. 中国
　　　保险报，2017–08–23（002）.

［98］周俊华. 巨灾保险的主要模式及对我国巨灾保险的意见和建议［J］. 资本市场，2008
　　　（7）：22–25.

［99］卓志，段胜. 地震巨灾风险管理制度的比较研究——基于政府与市场的视角［J］. 上海保
　　　险，2010（9）：6–9，17.

［100］卓志，段胜. 防减灾投资支出、灾害控制与经济增长——经济学解析与中国实证［J］. 管
　　　理世界，2012（4）：1–8，32.

［101］卓志，段胜. 中国巨灾保险制度：政府抑或市场主导——基于动态博弈的路径演化分析
　　　［J］. 金融研究，2016（8）：85–94.

［102］卓志，邝启宇. 巨灾保险市场演化博弈均衡及其影响因素分析——基于风险感知和前景
　　　理论的视角［J］. 金融研究，2014（3）：194–206.

［103］卓志，王化楠. 巨灾风险管理供给及其主体——基于公共物品角度的分析［J］. 保险研
　　　究，2012（5）：16–22.

［104］卓志，吴婷. 中国地震巨灾保险制度的模式选择与设计［J］. 中国软科学，2011（1）：
　　　17–24.

［105］卓志，周志刚. 巨灾冲击、风险感知与保险需求——基于汶川地震的研究［J］. 保险研
　　　究，2013（12）：74–86.

［106］卓志. 改革开放40年巨灾保险发展与制度创新［J］. 保险研究，2018（12）：78–83.

［107］卓志. 扎根中国大地　创新保险理论——写在《保险研究》创刊四十周年［J］. 保险研
　　　究，2020（10）：3–19.

［108］邹奕格，粟芳. 重大事件对保险业系统性风险的冲击研究［J］. 财经论丛，2020（8）：
　　　53–62.

［109］Bruggeman，V. Compensating Catastrophe Victims—A Comparative and Economic Approach
　　　［M］. Zuid–Holland，Netherlands：Wolters K，2010.

［110］Bruggeman，V.，Faure，M.，& Heldt，T. Insurance against Catastrophe：Government

Stimulation of Insurance Markets for Catastrophic Events ［J］. Duke Environmental Law & Policy Forum, 2012, 23（185）.

［111］ Camerer C F, Kunreuther H. Decision Processes for Low Probability Events：Policy Implications ［J］. Journal of Policy Analysis and Management, 1989, 8（4）：565–592.

［112］ Cavallo E A, Noy I. The Economics of Natural Disasters：a Survey ［R］. IDB Working Paper, No. 35, 2009.

［113］ Faure, M., & Bruggeman, V. Catastrophic Risks and First–party Insurance ［J］. Connecticut Insurance Law Journal, 2008, 15（1）：21–27.

［114］ Kunreuther H. Mitigating Disaster Losses through Insurance ［J］. Journal of Risk and Uncertainty, 1996, 12（2）：171–187.

［115］ Kunreuther H. The Role of Insurance in Reducing Losses from Extreme Events：The Need for Public – private Partnerships ［J］. The Geneva Papers on Risk and Insurance–Issues and Practice, 2015, 40（4）：741–762.

［116］ Lin J H. Earthquake Insurance Pricing：a Risk - based Approach ［J］. Disasters, 2018, 42（2）：392–404.

［117］ Nguyen C, Noy I. Insuring Earthquakes：How Would the Californian and Japanese Insurance Programs Have Fared after the 2011 New Zealand Earthquake? ［J］. Disasters, 2019.

［118］ Noy I, Nualsri A. Fiscal Storms：Public Spending and Revenues in the Aftermath of Natural Disasters ［J］. Environment and Development Economics, 2011, 16（1）：113–128.

［119］ Noy I. The Long–term Consequences of Disasters：What Do We Know, and What We still Don't ［J］. International Review of Environmental and Resource Economics, 2018, 12（4）：325–354.

［120］ Palm R, Hodgson M. Earthquake Insurance：Mandated Disclosure and Homeowner Response in California ［J］. Annals of the Association of American Geographers, 1992, 82（2）：207–222.

［121］ Palm R. The Roepke Lecture in Economic Geography Catastrophic Earthquake Insurance：Patterns of Adoption ［J］. Economic Geography, 1995, 71（2）：119–131.

［122］ Sandroni, A., Squintani, F. Overconfidence, Insurance, and Paternalism ［J］. American Economic Review, 2007, 97（5）：1994–2004.

［123］ Seko M. Households' Risk Mitigation Activities and Risk Perception Bias：Earthquake Insurance Purchase and Seismic Retrofitting ［M］. // Housing Markets and Household Behavior in Japan. Singapore：Springer, 2019：251–272.

［124］ Tsubokawa H. Japan's Earthquake Insurance System ［J］. Journal of Japan Association for Earthquake Engineering, 2004, 4（3）：154–160.

［125］ UNISDR. Mayors Statement on Resilient Cities for the 3rd Global Platform for Disaster Risk Reduction ［R］. United Nations International Strategy for Disaster Reduction，2011：1-4.